国家社科基金一般项目"新媒体环境下公民有效参与公共决策制度建设研究"成果（项目批准号：14BZZ090）

新媒体环境下
公民有效参与公共决策研究

李占乐　著

New Media
Public
Decision Making

中国社会科学出版社

图书在版编目（CIP）数据

新媒体环境下公民有效参与公共决策研究／李占乐著 . —北京：
中国社会科学出版社，2021. 3

ISBN 978 - 7 - 5203 - 7985 - 4

Ⅰ. ①新…　Ⅱ. ①李…　Ⅲ. ①公民—参与管理—研究—中国
Ⅳ. ①D621

中国版本图书馆 CIP 数据核字（2021）第 038174 号

出 版 人	赵剑英
责任编辑	孔继萍
责任校对	季　静
责任印制	郝美娜

出　　版	中国社会科学出版社
社　　址	北京鼓楼西大街甲 158 号
邮　　编	100720
网　　址	http://www. csspw. cn
发 行 部	010 - 84083685
门 市 部	010 - 84029450
经　　销	新华书店及其他书店

印　　刷	北京君升印刷有限公司
装　　订	廊坊市广阳区广增装订厂
版　　次	2021 年 3 月第 1 版
印　　次	2021 年 3 月第 1 次印刷

开　　本	710 × 1000　1/16
印　　张	18. 25
插　　页	2
字　　数	290 千字
定　　价	108. 00 元

凡购买中国社会科学出版社图书，如有质量问题请与本社营销中心联系调换
电话：010 - 84083683
版权所有　侵权必究

序

　　现代社会的发展，一次次印证和诠释着马克思主义的科学真理性："科学是一种在历史上起推动作用的、革命的力量"（马克思语），"科学技术是第一生产力"（邓小平语）。以信息技术为中心的技术革命，正在加速重造社会的物质基础，同时不断地"造成新的力量和新的观念，造成新的交往方式，新的需要和新的语言"（马克思语）。以互联网和智能手机为代表的新媒体的使用和普及，使社会逐步形成了一种新的公民参与的社会生态环境。新媒体作为一种具有交互性、便捷性、隐蔽性、离散性的信息传播工具，不仅极大地促进了公民政治参与的广度，也提升了公民政治参与的深度。公民通过新媒体途径表达自己的诉求来影响或者改变政府的公共决策，成为政府公共事务管理中的常态。各级政府公共决策过程中的公民参与正在从传统的政治参与向新媒体环境下的新型公民参与转变。

　　在新媒体环境下，近年来公民参与的事件与活动蓬勃兴起，大量的公民参与以公共决策为指向，并最终对政府的公共决策产生了影响，其中在新媒体上产生和传播的舆论发挥了巨大的作用。新媒体舆论已经从大众媒体舆论的补充形式发展成为社会舆论的主要表现形式。新媒体作为当代社会公民参与最重要的工具和途径，成为社会舆论的放大器、晴雨表和风向标，在社会舆论的形成和发展中起着关键作用。

　　新媒体作为一种技术工具，对政府公共决策的科学化和民主化而言，是一把利弊并存的双刃剑。在公共决策过程中，新媒体环境引发的公民参与的种种弊端，也表现得十分明显。这影响到公共决策的科学性和民主性，制约了公共决策公共利益目标的实现。简言之，就是公民参与公共决策总体的有效性程度偏低。本书作者敏锐地看到了新媒体环境下公民参与公共决策的有效性的极端重要性，因而以此为选题，通过充分论证，申请并成功获批国家社科基金项目的资助。经过几年的全面深入研究，呈现在读者面前的这一著作即是这一国家社科基金项目的最终结项成果。

该研究在上述背景下，聚焦于有效参与主题，分析探讨新媒体环境下如何实现公民有效参与公共决策的问题。该研究从当前中国的实际国情出发，指出新媒体环境下公民有效参与公共决策的根本对策是制度建设和制度创新，目的是在政府的主导权、决定权和公民的参与权、制约权之间取得平衡。具体而言，该研究具有以下几个特点：

第一，选题具有重要的现实意义和学术价值。随着社会经济的快速发展，尤其是新媒体的迅速普及，公民权利意识不断增强，公民参与已成为公共决策过程中不可或缺的组成部分，具有非常重要的现实意义。但是，目前我国公民参与公共决策还存在许多问题，而学界关于这一问题的研究主要是以网络条件下公民政治参与为主题，内容十分宽泛，聚焦公民参与公共政策的研究成果比较鲜见，因此，选题具有重要的现实意义和学术价值。

第二，该研究坚持中国特色的社会主义民主理论，综合运用新媒体理论、参与式民主理论、强势民主理论、协商民主理论、信息—知识社会学理论等多学科知识，同时结合中国场域，提炼丰富了公民有效参与公共决策的理论体系，有效融合了源于西方共和主义的直接民主理论。

第三，构建了自己的理论分析框架。该研究将公共决策过程界定为问题界定、议程设立、政策规划和政策合法化四个阶段，并将公民参与公共决策划分为信息传递、价值聚合、建言献策和咨询沟通四个类别。作者在研究总结新媒体环境下公民参与公共决策的特点、生成机理以及归纳当代公民有效参与公共决策的理论模型的基础上，按照公共决策过程的四个阶段分别提炼出新媒体环境下公民有效参与公共决策的衡量标准。这就构建出了本书的基本分析框架。

第四，该著作从技术、制度、文化三个层面提出了新媒体环境下公民有效参与公共决策的实现路径，强调了不同层面的协调配合，从而为解决公民和政府在公共决策中角色和权力配置不合理、沟通效果不理想等问题提供了较为全面的保障。作者在实证研究的基础上，从顶层设计制度和基本制度两个方面提出了新媒体环境下公民有效参与公共决策的制度建设建议，具有一定的科学性和可操作性。

基于对当前中国政治学和公共管理学界关于新媒体以及网络环境下公民参与领域研究的了解，该著作具有一定的创新性和前沿性，主要表现在以下几个方面：

首先，本研究综合运用政治学、传播学、社会学、管理学等多学科交叉的理论作为理论工具来展开分析研究，特别是将知识社会学理论、哈贝马斯的公共领域和有效沟通理论与公共政策学理论结合起来，围绕有效参与这一主题，设定新媒体环境下公民参与公共决策中有效参与的衡量标准，分析当前公民有效参与公共决策的各种制约因素，探寻实现公民有效参与公共决策的解决之道。这是个具有显著综合特色的较新的理论视角，目前学术界的研究成果并不多见。

其次，通过跨学科研究深入分析了公民参与公共决策的内在机制和制约因素。综合运用了新闻传播理论和公共决策理论，从主体特征、主体结构、主体意见表达方式、公众舆论传播等角度全面分析了公民参与制约公共决策的内在机理。同时，充分结合新媒体传播和新媒体舆论等理论，界定了公民有效参与公共决策的衡量标准，总结了新媒体环境下公民参与公共决策的新特点和生成机理。这一系列分析过程和观点具有新意。本研究主要引入两个新的理论视角，一是信息—知识社会学的理论视角，认为现有公共决策体制本质上是由政府主导的"信息—权力"垄断体制。二是哈贝马斯的公共领域"理想沟通情境"和沟通有效性理论的视角，认为当前新媒体环境下舆论空间不完全符合理想沟通情境的四个标准，特别是理性的沟通讨论常常不能实现。

最后，针对现有研究视角狭窄，无法适应新媒体环境下公共决策的最新需求；研究主题单一，聚焦于政府如何应对、管控公民在新媒体环境下的行为常常面临有效性难题，公共决策的科学化、民主化程度较低，导致决策的可接受度和决策效果都较低等问题，该研究充分考察了新媒体环境下我国公民参与公共决策的具体特征，指出了我国公民参与公共决策中存在参与主体广泛但是不够平衡、参与渠道日趋多样化和便捷化、参与内容集中于议程设置和方案评价阶段、参与方案制定的程度不高导致参与决策的有效性偏低等问题。

　　独具匠心的是，作者不满足于单纯的实然的客观分析，同时从应然的视角设计了新媒体环境下公民有效参与公共决策制度体系的主要内容和建设路径。作者提出，新媒体环境下公民有效参与公共决策存在技术、文化和制度三条建设路径。其中制度建设是实现有效参与最重要的路径，目的是在政府的主导权、决定权和公民的参与权、制约权之间取得平衡。制度建设包含顶层设计制度、基本制度和运行机制三个层次的建设。不同层级制度之间、同一层级的制度之间需要协调配合，才能实现制度体系效果的最大化。作者认为基本制度是制度设计和建设的核心内容和重点，包括基础性制度、主体性制度和保障性制度三个类别，每个类别有两种基本制度，因而共有六种基本制度。每种基本制度都有对应的运行机制来实现制度目标。

　　当然，由于各种原因，本研究也存在着不足之处。主要表现在：(1) 对公民有效参与公共决策的衡量标准的讨论略显不足。(2) 对公民的差异化特征、差异化偏好的讨论不够充分。因此建议作者在今后的后续研究中，结合公共决策前沿理论，尤其是针对多样化公民差异化偏好的加总问题讨论，进一步完善公民参与公共决策的理论体系。同时进一步完善公民参与公共决策有效性评价指标体系。

　　总之，作者完成的这一著作，切入的理论视角较为新颖，具有较强的社会应用价值。该著作主题鲜明，思路比较清晰，逻辑较为严密，表述也比较规范。该研究较为全面地对新媒体环境下公民参与的行动特征、公共舆论特点以及对政府形成的挑战和压力进行了分析，对公民参与公共决策制定的制度建设问题的分析较为全面和深入。作者对这一选题进行了探索性的研究，形成了一系列具有启发性的结论和观点，进行了诸多独到的学术思考，可说是这一研究领域中近年来有代表性的力作。

郑志龙

（郑州大学政治与公共管理学院教授、公共管理学科带头人）

2020 年 6 月

目　录

第 一 章

绪　　论

第一节　问题的提出

一　研究缘起

当今时代，以互联网和智能手机为代表的新媒体迅猛发展，推动人类进入到了信息社会。新媒体改变了人类的信息交流方式和信息传播方式，深刻影响到人类社会的经济、政治、文化、社会和思想观念等各个层面和领域。"信息就是权力，表现为一种认知、判断、选择、行动的能力"。[①] 新媒体削弱了社会对信息和信息流动的控制，改变了信息在社会各阶层、群体之间的分布，从而给政治生活带来了强大的冲击力和影响力。作为一种技术手段和传播手段，新媒体具有分权化、平等、自由、无中心等特征，与民主政治的本质要求天然契合，推动了人类社会的民主化进程和民主政治的发展。

现今世界各国的民主发展进入了一个新的阶段。在不放弃选举民主的基础上，世界各国都在大力引入参与式民主和协商民主的理念和形态，形成选举民主和参与式民主并存并举的局面。参与式民主和协商民主的主体一般是公民，而参与和协商的对象主要是政府的公共决策。新媒体环境下的公民参与公共决策指的是公民通过新媒体途径或渠道参与或影响政府的公共决策过程。这是当前世界各国公民参与公共决策的一种新

---

① 王锡锌：《公众参与和行政过程——一个理念和制度分析的框架》，中国民主法制出版社 2007 年版，第 162 页。

的并且迅速发展的重要形式。在当代，各种社会问题相互交织，越来越复杂化，因此其解决需要调动各方面的力量参与，包括各级政府、专家、利益团体、利益相关者和一般公民等，这就带来了参与机制和过程的复杂化。新媒体渠道的公民参与在推陈出新、不断发展的同时，还不稳定和成熟，机制制度建设落后，更增加了参与过程的复杂性。因而在世界各地都出现了很多参与效果差、效率低下的现象。因此，公民如何实现有效参与公共决策就成为一个世界各国学术界和政府共同关注的问题。

自改革开放以来，随着社会主义市场经济发展带来的利益多元化，政治体制改革带来的公众参与空间的扩大以及公民权利和参与意识的觉醒，中国的公民政治参与呈现出越来越扩大和深入的趋势。其中，公民参与公共决策是公民政治参与最为重要的方面之一。在此过程中，我国党和政府审时度势，按照"既积极又稳妥"的方针，积极推动和引导公民参与公共决策的发展。早期党的政策方针强调"决策民主化和科学化"，"建立社会协商对话制度"。2000 年以后，我们党开始明确提出"公民""公民参与"的概念，党的十六大报告提出"扩大公民有序政治参与，保证人民依法实行民主选举、民主决策、民主管理和民主监督"。党的十七大报告首次提出"保障人民的知情权、参与权、表达权、监督权"和"推进决策科学化、民主化，完善决策信息和智力支持系统，增强决策透明度和公众参与度，制定与群众利益密切相关的法律法规和公共政策原则上要公开听取意见"。十八大报告首次提出"社会主义协商民主是我国人民民主的重要形式"的论断，强调"坚持科学决策、民主决策、依法决策，健全决策机制和程序，发挥思想库作用，健全决策问责和纠错制度。凡是涉及群众切身利益的决策都要充分听取群众意见"。在党的十九大上，习近平总书记代表党中央强调"扩大人民有序政治参与，保证人民依法实行民主选举、民主协商、民主决策、民主管理、民主监督"，"有事好商量、众人的事情由众人商量，是人民民主的真谛"，并提出"加强协商民主制度建设，形成完整的制度程序和参与实践，保证人民在日常政治生活中有广泛持续深入参与的权利"。在中国，公民参与公共决策有和社会主义协商民主相结合并纳入协商民主理论和制度体系之内的趋势。

在党中央的号召和动员下，中国的公民参与公共决策有所发展，但也遇到了各种体制制度的、观念文化的尤其是地方和基层政府层面的障碍和阻力，处于实际进展缓慢的状态。然而，以互联网为代表的新媒体的出现，彻底改变了这种局面。从1994年接入互联网到2002年，中国网民人数基数少，网络舆论影响力较小。2003年的孙志刚事件标志着新媒体对政府公共决策的影响力真正形成。此后，新媒体舆论参与、影响甚至改变政府的公共决策的事件层出不穷、不胜枚举。同时，政府也对新媒体环境下的公民参与做出了制度化的努力，如重大决策网上征求意见、决策者与网民对话讨论、网上民意调查、立法草案网上征集意见、政府部门开设微博、地方民生实事项目征求民众建议等。可见，新媒体的出现使得公民参与公共决策有了良好的表达渠道和舆论平台，新媒体环境下公民参与对政府公共决策过程产生了不容忽视的重要影响。新媒体区别于传统媒体的特征使得公民参与的一些障碍和阻力大为弱化。同时新媒体与传统媒体密切配合、紧密合作，极大地促进了公民参与公共决策的扩大和发展。

然而，新媒体在发挥对公民参与公共决策的激活效应的同时，也带来了一些新的问题。比如参与主体的结构性失衡、参与过程的无序化和分散化、信息超载和虚假信息的泛滥、产生非理性群体心理、增大舆论管理和引导的难度等。这些问题一言以蔽之，就是公民不能有效参与或参与的有效性问题。这里的有效性是政策科学视角下的有效性，而非政府官员或公民一方的有效性。新媒体环境下公民参与公共决策虽然已经常态化，但还远没有实现制度化、规范化、程序化。要实现有效参与，必须技术—制度—文化三管齐下，其中制度建设最为重要。面对时代和社会政治发展的需要，为"扩大人民有序政治参与"、实现"科学决策、民主决策"，本研究欲寻找出新媒体环境下公民有效参与公共决策的制度建设路径。

二 研究意义

（一）理论意义

国内外对中国网络时代公民政治参与的研究，大多是从互联网或网络的视角出发，立足于新媒体视角的研究较为少见。本研究聚焦于新媒体环境下公民有效参与公共决策问题。在爬梳回顾新媒体理论、参与式民主特别是协商民主理论以及各种公民有效参与理论模型的基础上，建构出适用于新媒体环境下公民参与公共决策的理论基础和有效参与的衡量标准，形成一个整体性的分析框架和思路，并运用这个思路和框架分析现阶段中国新媒体环境下公民参与公共决策的各种制约因素。具体来说，本研究将侧重于从信息舆论传播的视角、沟通有效性理论的视角和知识社会学的视角分析新媒体环境下公民参与公共决策问题，进而从制度建设的角度提出解决该问题的思路。这将有助于改变目前该领域学术研究薄弱的局面，填补了某些学术空白，增加该领域的学术积累。

（二）现实意义

当前，中国新媒体环境下公民参与公共决策实现了初步制度化，但仍存在着参与无序和低效的问题。特别是从政策科学的视角看，公民参与并没有给公共决策过程带来太多效用，并且反而经常存在一些负面影响。本研究从解决这个问题出发，以实现新媒体环境下公民参与公共决策的有效和高效为目标，运用较新的和综合的理论视角，力求提供一个解决问题的新的思路和框架。按照党中央的要求，"把政治协商纳入决策程序，坚持协商于决策之前和决策之中，增强民主协商实效性"，同时"要把制度建设摆在突出位置，充分发挥我国社会主义政治制度优越性，积极借鉴人类政治文明有益成果"，本研究将立足于制度路径，设计出新媒体环境下公民有效参与公共决策的制度建设的思路和框架，以促进公共决策的科学化和民主化，实现新媒体环境下公民参与公共决策的制度化、规范化和程序化。

第二节　核心概念界定

美国政治学家阿兰·艾萨克曾指出："科学开始于描述世界的概念的形成……凡是要解释的必须首先进行描述，在逻辑上是什么的问题先于为什么的问题；回答是什么的问题是在对世界现象的叙述、分类、整理、比较和量化的概念框架之中进行的。"[①] 可见，科学研究始于基本概念的

---

① ［美］阿兰·艾萨克：《政治学的视野与方法》，张继武、段小光译，南京大学出版社1988年版，第97页。

厘清和界定。对于社会科学研究来说，这一点尤为重要。因为社会科学研究中的很多概念同时是日常生活和媒体传播中的常见词语，常常含义模糊不清，多有歧义。因此界定基本概念一般都成为社会科学研究的起点。本研究的核心概念有"新媒体""公民参与""公共决策""有效参与""制度建设"这几个。下面分别厘清和界定这些概念。

一　新媒体

媒体也称为媒介，是人类交流传播信息的载体和工具。媒体可分为传统媒体和新媒体两类。传统媒体包括报刊、广播、电视等媒体。新媒体是指基于互联网、无线通信网及其结合而产生的媒体形态，具有交互性和即时性、海量性和共享性、个性化和社群化的特征。匡文波认为，数字化、互动性是新媒体最重要的本质特征。在现阶段，同时具备这两个本质特征的媒体形式是网络媒体和手机媒体。[①] 新媒体的物理终端主要是可以连接互联网的电脑和智能手机。手机作为移动互联网的载体，可以看作是网络媒体的延伸，并且随着手机功能的增强，手机媒体和网络媒体有相互融合的趋势。因此，可以说新媒体就是媒体视角下的互联网或网络。在本研究中，新媒体和网络、互联网等名词指称的基本上是同一事物，只是观察分析的视角不同而已。

二　公民参与

公民在法律上是指具有一个国家国籍的自然人。但"公民参与"之中的公民主要是政治意义上的，强调的是具有公民意识即具有权利意识、参与意识和责任意识的一国居民。与之相近的还有"公众""大众""人民""群众"等用语。与公民强调个体自然人不同，这四个词语都有群体性的意蕴。但不同的是"公众"和"大众"比较中性，没有政治上的含义，"公众"的内涵包括了社会成员个体和集合体，因此外延最为宽泛，包括了个人、群体及企业、社会团体等。"大众"是与"精英"相对应的概念，是普通民众的含义，如大众传播、大众媒体等。"人民""群众"是社会主义国家常用的词语，具有浓厚的政治色彩。"人民"具有强烈的

---

① 匡文波：《新媒体概论》，中国人民大学出版社 2012 年版，第 4—5 页。

正面评价和意蕴，是指作为历史创造者和国家所有者的集体的民众，比如人民主权、人民当家做主、人民民主专政、为人民服务等，都是如此。"群众"是与党、干部相对应的概念，如党群关系、干群关系等。群众也有正面意蕴，但程度比不上"人民"，群众也会有缺点，也会犯错误，因此，党和干部既需要走群众路线，密切联系群众，也需要加强领导，对群众开展宣传教育工作。因为这两个词词意相近，所以经常有"人民群众"一词出现。

公民参与不仅仅是指公民的参与，它有特定的内涵和意蕴。与它相近的两个词是"政治参与"和"公众参与"。政治参与强调民众在政治领域的参与，包含制度化和非制度化的、合法的和非法的所有参与活动，因此外延最宽泛。公众参与强调公众对公共事务、公共议题的参与，参与范围包括但不限于政治领域。公民参与也是强调在政治领域内的参与，但它强调的是公民参与的主动性和合法性，一般存在于健全的民主宪政环境之下。当前，不管是在国外还是在中国，公民参与都主要侧重于对公共决策或公共政策的参与，虽然背景和原因各有不同。因此，有人称公民参与为"政治参与的一种高级、成熟形式"。[①] 一国的公民当然包括该国的政府公务人员，但在公民参与的语境下，公民是与政府公务人员或政府官员相对应的参与主体，政府官员是公民参与的客体的组成人员，因此公民参与中的公民一般不包括政府官员群体，除非某个政府官员是以普通公民的身份参与某项公共事务或公共议题。

三　公共决策

如上所述，公共决策是当前公民参与的主要内容。公共决策有名词和动词两种含义。不管哪种含义，公共决策是与公共政策或公共政策制定非常相近的概念。有学者认为，公共决策"包括了公共政策制定、行政管制、规则制定等多方面内容"，"公共政策制定的目标更为清晰，带有强烈的解决问题色彩，其最终的产品是带有一定约束性的政策"[②]。相反，也有学者认为行政领域的公共政策，"一般包括行政立法、行政决策

[①] 张伟：《当议政治参与理论》，《学习时报》2005 年 5 月 18 日第 2 版。
[②] 朱德米：《公共政策制定与公民参与研究》，同济大学出版社 2014 年版，第 7 页。

和行政决定（行政执法）"①。如果我们采用广义的公共政策概念，认为公共政策是"社会价值的权威性分配行为"（戴维·伊斯顿的观点），那么公共决策和公共政策制定就可以被认为是含义相同的概念。在本研究中，公共决策被认为是动词的含义，并且本研究对公共决策和公共政策制定的含义和使用不加区分。

此外，公共决策的主体是政府并且只能是政府，因为只有政府才拥有公共权力，才能进行权威性的社会价值分配。在理论上，政府的构成在国外包括了立法、行政和司法三大国家机关，而在中国，广义政府包括了党委、人大、行政机关即狭义政府、监察委和法院检察院等诸多机关。但考虑到本研究的主题和中国的实际情况，本研究把公共决策的主体限定为党委、人大和行政机关三个主体，因为这三个主体掌握行使着中国最重要的公共权力。政府之外的其他主体，如公民、社会团体、企业等，则是公共决策的参与主体。

四 有效参与

"有效参与"中的关键词是"有效"。何为有效？首先要把有效和有序加以区分。在党的官方文件中常用的词是"有序"，如"扩大公民有序政治参与"。有序的含义是有秩序，强调参与活动要有领导、有组织、分步骤次序，按照设计规划进行，不能一哄而上、一拥而起，混乱无序，脱离控制。可见，有序是公民参与的基本要求。有序不等于有效，有效是公民参与的更高层次的要求。如果我们仔细分析，具体到公民参与公共决策领域，有效共有三个层面的含义。一是政府官员视角下的有效性。也就是说，公民参与公共决策是否实现了政府官员的预期目的及实现的程度。政府官员推动公民参与的常见目的有：使决策过程符合法律法规和上级政策的规定、增强公共决策在公众中的接受度和支持度、为政策方案的完善提供合理化意见建议等。二是公民视角下的有效性。也就是说，公民参与活动是否实现了公民预期的目的及实现的程度。公民发起或参加公共决策参与活动的预期目的一般有要求议题纳入政府的公共决策议程、改变政府公共决策的目标、修改正在制定中的公共政策方案等。

---

① 杨成虎：《政策过程中的公民参与》，天津人民出版社 2015 年版，第 23 页。

三是政策科学视角下的有效性。它超越了前两个层面，主要是指公民参与是否能够提高公共决策质量及提高的程度，也就是说通过公民参与做出的公共决策能够实现解决公共问题的目标的程度。具体来讲包括三个方面：一是公共决策能满足民众需求和偏好的程度；二是公共决策方案能低成本高效地实现决策目标的程度；三是增大公共决策在民众中的接受和支持的程度。用一句话来概括，就是是否实现了公共决策的民主化、科学化、可接受性以及实现的程度。

比较这三个层面，政府官员层面和公民层面的有效参与都只是从一方面的立场和利益出发，均有失偏颇。而第三层面政策科学视角下的有效性则层次更高、视野更宽，更有助于做出高质量的公共决策和顺利实施公共决策。然而截至目前，学术界对前两个层面的有效参与较为关注，研究成果较多，但是对第三层面的研究尚不多见。本研究就是以政策科学视角下的有效参与为研究主题，力求弥补这个视角下研究成果的空缺和不足。

五　制度建设

制度建设是本研究的落脚点和逻辑结果。新媒体环境下公民如何实现有效参与政府的公共决策，最终主要依靠制度建设来实现。制度建设包含了制度设立、制度改革和制度创新的含义。那么什么是制度？西方的制度经济学或制度分析学派提供了无比丰富的研究成果，但本研究不打算将制度主义理论作为主要的分析工具。本研究援引亨廷顿的定义，认为"制度就是稳定的、受重视和反复出现的行为模式"[①]，也即制度是约束人们行动的规则体系，包括制度经济学中的正式制度和非正式制度。这种含义的制度具有稳定性、强制性和层次性。与"制度"相近的名词有体制、机制两个。体制一般被解释为体系和制度，也有认为体制是制度的具体实现形式的界定，但不管怎么解释，体制本质上也是一种规则体系，因此本研究对制度和体制不做区分。机制属于制度的运行实施层面，是制度的具体运行过程与方式。机制是实现制度效果和预期目标的

---

① ［美］塞缪尔·亨廷顿：《变动社会中的政治秩序》，张岱云等译，上海译文出版社1989年版，第13页。

环节和手段，具有灵活性和中介性的特征。因此在本研究中称为运行机制。

在层次性方面，制度包括顶层设计制度、基本制度和运行机制三个层次。具体到公民参与公共决策领域，有效参与的制度建设共包括六种基本制度，可以归类为基础性制度、主体性制度和保障性制度三个类别。这六种基本制度每一种都附设了运行机制层面的制度。比如主体性制度包括新媒体环境下公民与政府的沟通互动制度和公共决策过程中公民与政府的权力分享制度两种基本制度，每一种制度都对应设立有运行机制（包括途径、形式、程序、方式等）。

第三节　国内外研究现状

检索浩如烟海的学术研究文献，可以发现以"新媒体""公民参与"和"公共决策"三个词同时兼具作为主题或题目的研究成果寥寥无几，但这并不意味着这个领域相关研究成果的匮乏。究其原因，"新媒体"主要是新闻传播学常用的名词术语，其他学科包括政治学、公共管理等学科并不常用，常用的是与"新媒体"十分相近的"网络""互联网"这两个词语。同时，还是因为公民参与和公共决策两个词都有很常用的近义词，使得严格意义上的公民参与公共决策的研究成果数量有限。比如，与"公民参与"相近的词语有"公众参与""政治参与"等，与公共决策相近的有"公共政策制定""政策制定""政府决策"等。这几个近义词和本研究的核心词之间并没有本质的区别。因此，我们必须扩大检索范围，将它们都纳入检索范围进行检索，就会发现相关的研究其实是多年来国内外研究的热点领域，相关成果不计其数。因为国外和国内学术研究的领域、重点热点、方法范式等差别较大，本研究将分别进行介绍和评价。

一　国外研究现状

现代互联网通信技术起源于西方，因此，有关新媒体、网络环境下的公民参与、政治参与等国外研究成果十分丰富，且往往涉及多个学科。梳理国外这些浩如烟海的相关研究，发现可以根据主要关注的领域，将之划分为网络与新媒体的一般理论、网络政治与网络民主、网络公民社会与公共领域、网络舆论舆情以及网络政治参与等不同主题。本节将就这些不同领域的国外研究进行综述。

（一）网络与新媒体的一般理论

网络与新媒体等现代通信技术的发展不过几十年，尚属新生事物。因而，许多西方传播学学者从多个维度、多个层面对网络和新媒体的一般理论进行了系统研究。特别是本研究的主题正是基于新媒体环境下的公民参与，这些一般理论涉及网络与新媒体的内涵本质、特征、形式等等方面，为我们深入理解网络与新媒体提供了重要的理论依据。在传播学大师麦克卢汉对于传统媒介研究的基础上，麦克卢汉的长期合作者、加拿大传播学学者罗伯特·洛根（Robert K. Logan）在《理解新媒介——延伸麦克卢汉》一书中系统阐述了新媒介对社会产生了怎样的冲击，以及它与旧媒介间充满张力的关系等。洛根将新媒介定义为"互动媒介，含双向传播，涉及计算，与没有计算的电话、广播、电视等旧媒介相对"，强调新媒介的"互动性"特征，并总结了新媒介的14个特征。[1] 新媒体革命并不仅仅是电脑或者技术层面的革新，而是关于知识的重组[2]，并借此在社会生活中展现出越发强大的影响力。简·梵·迪克（Jan van Dijk）进一步将有关新媒体的一般理论聚焦在社会层面，就新媒体在不同层面和水平对社会产生的影响进行了阐述。在探究了新媒体对于经济、政治与权力、法律、社会结构、文化以及心理等领域的影响的基础上，迪克认为，当前社会正处于从大众社会向网络社会转变的进程中，这种网络社会呈现出双重网络结构，在其中，人们既连接又分离。[3]

随着对新媒体认识的深入，学界开始出现了对于新媒体的反思性研

---

① 包括：1. 双向传播；2. 使信息容易获取和传播；3. 有利于继续学习；4. 组织与整合；5. 社群的构建；6. 便携性；7. 媒介融合；8. 互操作性；9. 内容的聚合；10. 多样性、选择性与长尾现象；11. 消费者与生产者的再整合；12. 社会的集体行为与赛博空间里的合作；13. 再混合文化；14. 从产品到服务的转变。参见［加拿大］罗伯特·洛根《理解新媒介——延伸麦克卢汉》，复旦大学出版社2012年版。

② Kim Veltman, *Understanding New Media*: *Augmented Knowledge and Culture*, Calgary: University of Calgary Press, 2006.

③ 参见［荷］简·梵·迪克《网络社会——新媒体的社会层面》，蔡静译，清华大学出版社2014年版。

究，即开始关注新媒体的弊端，并更加客观中立。安德鲁·基恩（Andrew Keen）作为媒体从业者在《网民的狂欢》中写道，新媒体技术真正带给我们的是"生活中肤浅的观察而非深刻分析，无聊至极的观点而非深思熟虑的判断"，以及"一些毫无价值的文化、不可信赖的新闻和充斥着无用信息的混乱世界"①。詹姆斯·柯兰（James Curran）、娜塔莉·芬顿（Natalie Fenton）和德斯·弗里德曼（Des Freedman）从传播学的角度，试图平衡有关新媒体的乐观主义和悲观主义观点，他们指出，新媒体并未如预期的那样，在促进全球理解、推广民主、变革经济以及开启新闻业复兴四个方面取得显著成果；相反，新媒体环境同样反映了现实中的不平等、利益冲突以及语言隔阂、各种规制和政治疏离限制了新媒体解放的潜力、构成权力集中化的不平等并未被撼动以及信息品质的降低。② 叶夫根尼·莫洛佐夫（Evgeny Morozov）将那些信奉新媒体解放潜力的人称为网络乌托邦的信徒（Cyber-Utopianism），他认为新媒体和其他新兴技术一样是双刃剑，可以用来行善；亦可用于作恶，技术本身并未具有反强权的本质。事实上，新媒体的多元使用者均有试图利用新媒体扩大自身利益的倾向。③

（二）网络政治与网络民主

作为政治学研究的核心议题之一，新媒体等现代 ICT 技术究竟给政治和民主带来了哪些影响是政治学者们近年来热烈讨论的主题。这些讨论大都围绕以下几个核心问题进行，即新媒体是否会加剧政治极化？新媒体实现了向公民还是政治精英的赋权？新媒体是否会促进民主？虽然有学者如著名华人学者郑永年认为互联网等新媒体实现了向国家和公民的双重赋权④，但这一领域仍然是充满争议和缺乏共识的。具体而言，乐观派学者认为新媒体技术带来了民主形态的转型。从伊斯顿政治系统的

---

① ［美］安德鲁·基恩：《网民的狂欢——关于互联网弊端的反思》，丁德良译，南海出版公司 2010 年版，第 15 页。

② 参见［英］詹姆斯·柯兰、娜塔莉·芬顿、德斯·弗里德曼《互联网的误读》，何道宽译，中国人民大学出版社 2014 年版。

③ Evgeny Morozov, *The Net Delusion：The Dark Side of Internet Freedom*, New York：Public Affairs, 2011.

④ 参见郑永年《技术赋权：中国的互联网、国家与社会》，邱道隆译，东方出版社 2014 年版。

观点来看，新媒体技术是影响政治系统的最强大的环境变化。新媒体可以通过消除交流障碍来为直接民主铺平道路，而这些障碍正是以往学者们认为直接民主不可行的主要原因。① 赫尔本（Helbing）和普纳拉斯（Pournars）认为，新媒体技术使得通过智能终端收集用户信息变得可能，这些信息有助于向公民赋权，并最后构建数字民主。② 此外，新媒体通过创造公共领域、提高公民参与政治过程的平等性、增强政府的透明度和责任性、普及民主价值观等形式为促进网络民主提供了契机。

　　然而，现实中仍存在着诸多困境，限制着这些潜在机会的发挥。对网络政治或网络民主持悲观态度的学者们探讨了制约网络民主实现的诸多因素，主要可从以下几个方面概括：①媒体平台的力量不断增强。斯尔尼塞克（Srnicek）认为科技垄断趋势内置于诸如 Google 和 Facebook 平台 DNA 之中。在"平台资本主义"（Platform capitalism）时代，用户数据就是价值。科技巨头迅速收购小型公司，以控制数据提取、处理和分析，从而设定游戏规则。这些商业技术巨头在决定我们的信息生活、社会互动和民主活动各个方面展现了强大的操纵力。③ ②隐私数据风险。斯诺登事件揭示了科技巨头与政府部门共享用户隐私数据的事实。此后，各国调查数据显示，个人隐私数据安全是网民最关心的问题之一④，而这无疑会阻碍网络民主的实践。③假新闻（Fake news）和虚假消息（Disinformation）。在 2016 年美国大选前后的新媒体讨论中，"假新闻"一词迅速从"边缘化转向几乎无处不在"。⑤ 在网络政治领域，相较于假新闻，虚假消息（Disinformation）是更为恰当的词语。后者指"故意散布以欺骗

---

① Jafarkarimi H., Sim A., Saadatdoost R. et al., "The Impact of ICT on Reinforcing Citizens' Role in Government Decision Making", *International Journal of Emerging Technology and Advanced Engineering*, Vol. 4, No. 1, 2014, pp. 642 – 646.

② Helbing D. and Pournaras E., "Build digital democracy", *Nature*, Vol. 527, No. 7576, 2015, pp. 33 – 34.

③ Srnicek N., *Platform Capitalism*, Cambridge, UK: Polity Press, 2017.

④ Fuchs C. and Trottier D., "Internet surveillance after Snowden, A critical empirical study of computer experts' attitudes on commercial and state surveillance of the Internet and social media post-Edward Snowden", *Journal of Information, Communication and Ethics in Society*, Vol. 15, No. 4, 2017, pp. 412 – 444.

⑤ Farkas J. and Schou J., "Fake News as a Floating Signifier: Hegemony, Antagonism and the Politics of Falsehood", *Javnost-The Public*, Vol. 25, No. 3, 2018, pp. 298 – 314.

目标受众为目的的虚假或误导性信息"①。高希（Ghosh）和斯科特（Scott）将政治领域的虚假消息称为"政治虚假消息"（Political Disinformation）。② 沃索基（Vosoughi）等人 2018 年发表在《科学》杂志上的研究表明，这些定向投放的政治虚假消息在新媒体环境中，"比真相传播得更远、更快、更深入、更广泛"③，它们影响着公民的客观判断，间接对政治过程产生不可估量的影响。④ 对于民主的不信任。新媒体助推了英国脱欧和特朗普当选等政治事件对人们的民主信念造成了巨大冲击。正如德布（Deb）所指出的，"作为民主基础的信任、知情对话、共享的现实感、相互同意和参与——正在受到社交媒体某些特征和属性的考验"④。而这种质疑将会对网络民主乃至民主本身产生更为深远而持久的影响。

（三）网络公共领域

根植于公民社会的公共领域的价值取决于三个核心主张：第一，有事关所有公民和组织的重要事项；第二，公民可以通过对话、辩论和文化创造找到解决这些公共问题的良好方法；第三，国家和其他强大的组织可以被组织起来为普通公民的集体利益服务，而不是为国家权力本身或者统治者和精英的个人利益服务。⑤ 与学界关于新媒体是否促进网络民主的争论一样，学者们一直在探讨新媒体的出现是否会促进网络公共领域的发展。⑥ 与新媒体有关的乌托邦言论宣称，新媒体通过提供个人表达和鼓励公民活动的空间来促进后工业社会的民主化进程⑦，使边缘化的个体或社群加入公共讨论成为可能，从而扩大了政治讨论的范围，而这部

① College of St George, *Democracy in a Post-Truth Information Age*: *Background Paper*, 2018, p. 2.

② Ghosh D. and Scott B., *The Technologies Behind Precision Propaganda on the Internet*, 2018.

③ Vosoughi S., Roy D. and Aral S., "The Spread of True and False News Online", *Science*, Vol. 359, No. 6380, 2018, pp. 1146 – 1151.

④ Deb A., Donohue S. and Glaisyer T., "Is Social Media a Threat to Democracy?" *Omidyar Group*, 2017, p. 3.

⑤ Calhoun C., "Civil society and the public sphere. In: Edwards, Michael", *The Oxford Handbook of Civil Society*, NY, USA: Oxford University Press, 2013, pp. 311 – 323.

⑥ Dahlgren, "The internet, Public spheres, and Political communication: Dispersion and deliberation", *Political Communication*, Vol. 22, No. 2, 2005, pp. 147 – 162.

⑦ Papacharissi Z., "The virtual sphere: The Internet as a public spher", *New Media & Society*, Vol. 4, No. 1, 2002, pp. 9 – 27.

分人以前往往是被排除在民主程序之外的。① 但数字鸿沟现象的存在限制了一部分群体参与网络讨论，主导网络讨论的往往仍然是社会地位更高的人群。2004 年，以 Facebook 为代表的社交网络的兴起为网络公共领域的争论引入了新内容。Web 2.0 平台允许草根阶级进行内容创建、动态交互和社区建设，成为网络公共领域的雏形。② 然而，尽管新媒体空间降低了加入公共讨论的门槛，使得讨论主体和主题前所未有的多元，但其究竟是否是一个理想的公共领域尚待商榷。

怀疑者认为，新媒体使具有相似倾向的个体更容易地聚集在一起，为同质化（Homophily）行为提供了便利条件。③ 个人的倾向在同质化过程中被进一步加强，增加了跨群体成本与改变认知图谱的难度，并进而导致了"碎片化"现象。④ 与哈贝马斯所构筑的理想公共领域不同，网络政治讨论通常是低质量而非客观理性的。因此，怀疑者们宣称新媒体远未重振公共领域，相反，它仅仅是对现状的投射与适应。⑤ 巴托斯基（Batorski）等人依循达尔格林（Dahlgren）所提出的公共领域的三个维度——结构性（Structural）、代表性（Representational）和互动性（Interactional）来衡量 Facebook 作为最大的网络社交平台是否构成网络公共领域。通过分析 Facebook 用户在 2013 年和 2015 年分别为期 4 个月的活动记录，他们发现，从结构性维度看，仅有很少一部分用户活跃在网络政治讨论中；从代表性维度看，Facebook 并未给大众传媒中较少出现的政治参与者提供替代性公共领域。在大众传媒中经常出现的政党和政治人物同样在网络社交媒体中吸引了更为活跃的粉丝；从互动性维度看，

① College of St George, *Democracy in a Post-Truth Information Age: Background Paper*, 2018, p. 1.

② Castells M., *Networks of Outrage and Hope: Social Movement in the Internet Age*, Cambridge: John Wiley & Sons, 2013.

③ McPherson M., Smith-Lovin L. and Cook J. M., "Birds of a feather: homophily in social networks", *Annual Review of Sociology*, 2001, pp. 415 – 444.

④ Dahlberg L., "The Internet and democratic discourse: Exploring the prospects of online deliberative forums extending the public sphere", *Information, Communication & Society*, Vol. 4, No. 4, 2001, pp. 615 – 633.

⑤ Pariser E., *The Filter Bubble: How the New Personalized Web is Changing What we Read and How we Think*, New York, NY: Penguin, 2011.

Facebook用户被分割为不同的政治团体，支持了桑斯坦的"回音壁"假说。[①] 过滤气泡（Filter bubbles）是与回音壁假说极为相关的另一个现象，虽然两者经常被混用，但从逻辑上讲，过滤气泡是回音壁现象的前因。高希和斯科特解释道，过滤气泡最著名的例子要属 Facebook 提供的新闻服务，这些新闻由机器学习算法创建。这种算法有可能是基于用户的社交网络、喜欢、评论、点赞等网络行为获取数据，亦有可能受到公司和组织支付的费用的影响[②]，这些媒体平台悄无声息又未经同意地决定了我们接收的信息。这种信息的精准投放，降低了公民接触相反观点的机会，使人们无意识地暴露于特定信息从而加强了确认偏差，促进回音壁现象的形成。[③] 此外，美国皮尤调查中心（Pew Research Center）针对新闻记者的调查数据揭示了令人忧心的"寒蝉效应"（Chilling effect）。寒蝉效应指在进行公共讨论时，由于害怕因为言论而遭到法律或相关部门的刑罚，或必须面对高额赔偿，而不敢发表言论、观点的情况。数据显示，56%的受访者认为针对记者的法律诉讼是当今记者面临的主要挑战之一。[④]

诸多证据表明，虽然新媒体有构建网络公共领域的潜质，但数字鸿沟使得网络讨论限于部分群体，过滤气泡和寒蝉效应则揭示了新媒体空间中商业组织和政府部门对之施加的双重影响，回音壁和群体极化现象则背离了公共领域所要求的理性探讨，这些因素共同制约着网络公共领域的发展。

（四）网络舆论舆情

网络舆论作为公共领域的重要组成部分，历来为国外学者所关注。基于美国公共管理/公共事务学院教授发文主题的大数据分析显示，有关公共舆论（public opinion）的研究正日趋增多，其重要性也越发凸显。[⑤] 这些研究大多从传播学或社会学视角对网络舆论进行了探究。

---

① Batorski D. and Grzywińska I. , Three dimensions of the public sphere on Facebook, *Information, Communication & Society*, 2017, pp. 1 – 19.

② Ghosh D. and Scott B. , *The Technologies Behind Precision Propaganda on the Internet*, 2018.

③ Guo L. , Rohde J. A. and Wu H. D. , "Who is responsible for Twitter's echo chamber problem? Evidence from 2016 U. S. election networks", *Information, Communication & Society*, 2018. pp. 1 – 18.

④ Holcomb J. and Mitchell A. , "Investigative journalists and digital security", *Pew Research Center*, 2015.

⑤ Zou Z. , Qian H. and Zhao K. , "Understanding the field of public affairs through the lens of ranked Ph. D programs in the United States", *Policy Studies Journal*, Vol. 45, No. 1, 2019, pp. 159 – 180.

从网络舆论的生成来看，奥布（Obo）、伊藤（Eteng）和库克（Co-ker）认为公共舆论的生成需要四个条件，即必须有一个议题；有足够数量的个体围绕这个议题表达观点；这些观点中至少一部分可以达成某种共识；这种共识必须直接或间接地施加影响。[①] 在新媒体环境中，新闻和观点间的界限变得越发模糊。从这个意义上讲，新闻在新媒体中的传播过程（News diffusion）与网络舆论的形成过程（Online public opinion formation）是整合在一起的。金（Kim）等人基于韩国公共事件新闻和舆论在新媒体中的传播过程发现，新媒体中的新闻和舆论显然是沿着政治意识形态传播，并呈现出两极分化的碎片化特征[②]，且网络舆论相较于线下舆论更易形成极化。[③] 从网络舆论舆情的主体来看，意见领袖在网络舆论中的作用得到了学界的广泛关注。如帕克（Park）研究发现，相较于普通网民，意见领袖对于信息获取、公众动员以及意见表达具有更高的偏好。[④] 李进一步指出，意见领袖在公民的网络政治活动中发挥着重要作用。[⑤]

从网络舆论形成与传播的影响因素来看，在对传统舆论传播的研究中，学者们指出，除了常见的文化、政治派别以及社会化等因素外，刻板印象（stereotypes）同样在舆论传播中发挥着重要作用。刻板印象是对世界运作方式的"认知整合"，而社会规范（social norms）不仅可以针对行为存在，同样也可针对观点和倾向存在。[⑥] 在新媒体环境下，虽然有学

---

① Obo U. B. , Eteng F. O. and Coker M. A. "Public opinion and the public policy making process in Nigeria：A critical assessment", *Canadian Social Science*, Vol. 10, No. 5, 2014, pp. 85 – 92.

② Kim K. , Baek Y. M. and Kim N. , "Online new diffusion dynamics and public opinion forma-tion：A case study of the controversy over judges' personal opinion expression on SNS in Korea", *The So-cial Science Journal*, Vol. 52, No. 2, 2015, pp. 205 – 216.

③ Brundidge J. , "Encountering 'difference' in the contemporary public sphere：The contribution of the internet to the heterogeneity of political discussion networks", *Journal of Communication*, Vol. 60, No. 4, 2010, pp. 680 – 700.

④ Park C. S. , "Does Twitter motive involvement in politics? Tweeting, Opinion leadership and political engagement", *Computers in Human Behavior*, Vol. 29, 2013, pp. 1641 – 1648.

⑤ Li Y. , Ma S. , Zhang Y. H. and Huang R. H. , "An improved mix framework for opinion leader identification in online learning communities", *Knowledge-Based Systems*, Vol. 43, 2013, pp. 43 – 51.

⑥ Glynn C. J. , Herbst S. H. , Lindeman M. et al. , *Stereotyping*, *Social Norms*, *and Public O-pinion*, Public Opinion, New York, NY：Routledge, 2016.

者指出，人们可以超越时间和空间的限制，与不同类型的人建立、发展和维持联系。这种广泛联系使得人们可以通过浏览新媒体上他人的言论来判断何为多数意见、何为少数意见，以作为自身言论的参考，形成基于新媒体的社会规范。研究证实，网民所处的网络拓扑密度和感知到的社会规范，通过影响网民对于信息的价值判断而影响网络舆论的传播。①巴卡沙（Bakshy）等人的研究同样表明，虽然新媒体可以促使人们偶然接触到相反观点，但人们仍然只会分享和点开与自身观点相同的内容。也就是说，人们只传播与自身观点一致的舆论或新闻。②而宋（Sohn）进一步指出，网络舆情的传播不仅会受到上述因素的影响，对于网络议题的了解程度同样发挥着作用。③此外，伽柏（Gabore）和邓（Deng）基于Facebook新闻宣传和帖子的分析表明。当新闻或帖子使用了正向（positive）或负向（negative）语调时，更有利于Facebook用户转发传播；而中立语调的新闻或帖子则与新闻/舆论传播间的关系并不显著。在语料构成方面，新闻报道或帖子的长度与其对舆论的影像间呈负相关。这表明，有明显情绪倾向、短而精练的文本对网络舆论的影响要大于中立客观、篇幅较长的文本。④

（五）网络政治参与与网络参与公共决策

随着研究的持续深入，关于新媒体对于民主影响的广义讨论开始转向对于新媒体影响政治的特定方式的具体探讨，如新媒体对于政治知识、政治参与的影响等。⑤我们在前述核心概念界定中，已指出政治参与是最为广义的概念，包含了网络参与公共决策，后者更加强调公民主动的合

---

① Li H. and Sakamoto Y. , "Social impacts in social media: An examination of perceived truthfulness and sharing of information", *Computers in Human Behavior*, Vol. 41, 2014, pp. 278 – 287.

② Bakshy E. , Messing S. , Adamic L. A. , "Exposure to Ideologically Diverse News and Opinion on Facebook," *Science*, Vol. 348, No. 6263, 2015, pp. 1130 – 1132.

③ Sohn D. Y. , "Coping with information in social media: The effects on network structure and knowledge on perception of information value", *Computers in Human Behavior*, Vol. 32, 2014, pp. 145 – 151.

④ Gabore S. M. and Deng X. J. , "Opinion formation in social media: The influence of online new dissemination of Facebook posts", *Communication*, *Cultural*, *Journalism and Media Studies*, 2018, pp. 20 – 40.

⑤ Bimber B. A. , *Digital Media and Citizenship*, Sage Handbook of Political Communication, HA Simetko, M Scammell, Thousand Oaks, CA: Sage, 2012.

法参与。实际上，许多研究中并未严格区分这两个概念间的细微差异，对之的研究往往是整合在一起的。因此，我们将两者放在一起进行综述。蓬勃发展的比较政治学研究开始探究新媒体如何在各种国家背景（National contexts）下影响公民的政治参与行为。① 新媒体的诸多优势，使得学者对之给予厚望，认为新媒体可以促进网络政治参与。他们认为，①新媒体在信息的生产和传播方面促进了"信息民主"；②新媒体展现了卓越的动员能力，在其中，人们可以快速形成利益集团和联盟；③新媒体促进了一些重要议题的网络讨论和网络协商。② 网络政治参与指公民通过使用现代通信技术参与的社会政治活动③，以支持民主决策。④ 这里的社会政治活动所涵盖的范围非常广泛，从公民表达自身对于政府及其运作和政策的看法、与当选代表沟通到投票赞成或反对政府提出的特定举措等。网络政治参与打破了传统政治参与中对于时间、空间和成本的限制，电子邮件、网络聊天、博客、Facebook、Twitter 等新媒体为公民联系政府部门和追踪热点事件提供了更多的选择。⑤ 随着政府部门开放政府数据，公共决策过程变得更加透明、负责，循证决策（Evidence-based decision making）亦成为可能。公民通过浏览公开的决策相关历史数据可以更好地问责和问政于政府，充分行使监督权。⑥

但实际上，新媒体是否可以促进公民的网络政治参与仍是学界激烈

① Gibson R. and McAllister I．, "Do online election campaigns win votes? The 2007 Australian YouTube election", *Political Communication*, Vol. 28, 2011, pp. 227 – 244.

② Dahlberg L．, "The internet and democratic discourse: Exploring the prospects of online deliberative forums extending the public sphere", *Information*, *Communication & Society*, Vol. 4, No. 4, 2001, pp. 615 – 633.

③ Vicente, M. R. and Novo, A．, "An empirical analysis of e-participation. The role of social networks and e-government over citizens' online engagement", *Government Information Quarterly*, Vol. 31, No. 3, 2014, pp. 379 – 387.

④ Medaglia R．, "e-Participation research: Moving characterization forward (2006 – 2011)", *Government Information Quarterly*, Vol. 29, 2012, pp. 346 – 360.

⑤ Barnes W. B. and Williams B. N．, "Appling technology to enhance citizen engagement with city and county government", In Schachter H. L. and Yang K．, *The State of Citizen Participation in America*, Charlotte, NC: Information Age Publishing Inc, 2012, pp. 163 – 194.

⑥ Sivarajah U．, Weerakkody V．, Waller P．, et al. "The role of e-participation and open data in evidence-based policy decision making in local government", *Journal of Organization Computing and Electronic Commerce*, Vol. 26, No. 2, 2016, pp. 64 – 79.

争论的议题，学者们基于不同国情、不同人群的实证研究往往会得出不同的结论。许多学者认为新媒体促进了公共决策参与的平等性。雅池（Yarchi）和阿兰（Azran）基于 2015 年以色列议会选举进行的实证研究显示，相较于传统媒介，Facebook 更多报道了女性政治人物的资讯。且与男性政治人物相比，女性政治人物在 Facebook 上发布的帖子得到了更多的"点赞和分享"。[①] 当新媒体与良好的公共政策相结合时，则有可能建立网络化的、教育程度高的和赋权的网络社区，而这些社区原本可能因为数字鸿沟的存在而在经济和社会中被边缘化。[②] 在少数族群方面，雅库博维奇（Jakubowicz）基于澳大利亚进行的案例研究表明，新媒体促进了少数族群网络社区的形成，从而为这些少数群体提供安全的归属感。这种社区归属感增强了他们影响公共决策的能力，2017 年澳大利亚国庆日的变更就是作为少数族群的原住民影响公共决策的绝佳例证。[③] 米勒（Miller）基于 2015 年英国选举和谢诺斯（Xenos）对澳大利亚、美国和英国进行的比较研究均表明，新媒体促进了年轻人进行网络政治参与，这一群体原本被认为越来越脱离政治过程。[④] 然而，仍有很多研究得出了与上述截然相反的结论，认为新媒体未能如预期的那样促进公民网络参与。提奥查理斯（Theocharis）和劳（Lowe）利用 Facebook 对希腊公众进行的田野试验显示，拥有和维护 Facebook 账户对公民的线下和网络政治参与均产生了显著负向影响。[⑤] 巴罗斯（Barros）和萨帕奥（Sampaio）在分析了巴西 2008 年和 2011 年两次电子参与式预算（e - PB）的超过 2000 条留言后发现，2008 年的积极评估和反馈让位于 2011 年更加负面的环

---

① Yarchi M. , and Samuel-Azran T. , "Women politicians are more engaging: Male versus female politicians' ability to generate users' engagement on social media during an election campaign", *Information, Communication & Society*, Vol. 21, No. 7, 2018, pp. 978 – 995.

② Dubow T. , "Civic engagement, How can digital technologies underpin citizen-powered democracy?", 2017. https: //www. rand. org/pubs/conf_proceedings/ CF373. html.

③ Jakubowicz A. , "Alt_Right White Lite, Trolling, hate speech and cyber racism on social media", *Cosmopolitan Civil Societies: An Interdisciplinary Journal*, Vol. 9, No. 3, 2017, p. 41.

④ Miller C. , Xenos M. , Vromen A. and Loader B. D. , "The great equalizer? Patterns of social media use and youth political engagement in three advanced democracies", *Information, Communication & Society*, Vol. 17, No. 2, 2014, pp. 151 – 167.

⑤ Theocharis Y. and Lowe W. , "Does Facebook increase political participation? Evidence from a field experiment", *Information, Communication & Society*, Vol. 19, No. 10, 2016, pp. 1465 – 1486.

境，参与率下降了80%。他们指出，虽然"不满"是民主决策过程的特征之一，但显然网络参与的负面经验会从根本上破坏未来的参与。① 黎登（Lidén）则试图发现为何在瑞典，有些地方政府可以为公民提供更多的参与公共决策的机会，而有些不能。结果发现，更大、经济更发达的地区，由于它们更有能力承担对新技术的投资成本，因此也更有机会提供更多的公民网络参与机会。② 可见，巴罗斯的研究揭示了成功实施网络参与公共决策的困难，而黎登的研究则更加突出了网络政治参与起始阶段所面临的多重挑战。

整体而言，国外相关领域的研究已较为丰富，不同学者从不同学科视角出发，使用多种研究方法进行探究，并取得了颇丰的研究发现，为我们提供了理解新媒体环境下公民参与公共决策的理论基础。但也应注意到，这些研究多基于西方民主政体国家，以代议制民主为其研究背景，来自不同民主形态的国家地区的相关研究仍然是十分缺乏的。因而，我们接下来将聚焦于国内相关研究的现状，以更为全面地把握研究主题。

二 国内研究现状

国内关于网络环境下公民参与、公众参与或政治参与的研究肇始于21世纪之初，此后研究成果日趋丰富和繁盛。由于学科背景、研究重点和个人旨趣的不同，这方面的研究逐渐汇聚形成了几个不同的研究领域。到目前为止主要有网络政治、网络公民社会与公共领域、网络舆论、网络参与、公民网络参与公共决策等几个研究领域。当然这种区分只是相对的，研究领域之间的界限并不清晰，同时很多研究成果其实横跨了不止一个研究领域。本研究就按照这几个研究领域来介绍梳理本选题国内相关研究的现状。

（一）网络政治

网络政治领域主要是政治学学科背景下的研究成果，偏重于理论与

---

① Barros S. A. R. and Sampaio R. C. , "Do citizens trust electronic participatory budgeting? Public expression in online forums as an evaluation method in Belo Horizonte", *Policy & Internet*, Vol. 8, No. 3, 2016, pp. 292 –312.

② Lidén G. , "Inequality in local digital politics: How different preconditions for citizen engagement can be explained", *Policy & Internet*, Vol. 8, No. 3, 2016, pp. 270 –291.

宏观层面，主要关注网络或新媒体社会环境给政治权力、民主制度、政治行为、政治发展、政治文化等传统政治领域带来的影响和变化。根据本研究检索的结果，刘文富的《网络政治——网络社会与国家治理》出版于2002年，是国内最早的网络政治的研究专著。他提出了网络政治的研究范畴，认为它包括网络空间中的虚拟政治问题、网络社会对人类政治生活的影响以及网络社会的国家管理三个方面。① 其后，杨伟民、吴显庆认为网络政治是"走向信息时代的一种新的政治发展形势，使网络和政治相互渗透而形成的政治现象"②。胡泳从社会运动的角度，分析了互联网在近年来政治抗争活动中的角色，认为互联网可以同时扮演主动性和支持性两种角色。就主动性角色而言，利用互联网和移动通信技术展开的组织化程度较高、理性能力较强的抗争运动越来越多。就支持性角色而言，互联网的作用主要体现在两方面：通过相对无障碍的表达改变集体认知、构建集体行动框架；互联网以一种"无组织的组织力量"帮助民众展开理性有效的行动，并部分规避中国社会存在的群体行动的安全性困境。③

因为网络具有分权化的功能，由此很多学者都将注意力放在网络民主方面，网络所带来的新的民主形式为许多学者所关注。如赵春丽认为，网络可以从六个方面提升民主进程和民主品质：网络运用于政治过程可以大大改进民主所需要的技术条件；网络信息的海量性和共享性，一定程度上克服了民主政治所需要的信息和知识问题；网络组织结构的开放性孕育着平等、自由、开放的精神，是发展民主所必不可少的精神元素；网络技术的大众化和平民化赋予了个人以往任何时代都不曾拥有的技术权力和信息化权力；网络的虚拟性改善了公民参与的外部环境和机制，并从整体上提升着民众素质；网络交互性的特点创造了民主所需要的充分的信息沟通和交流。④ 郭小安也认为网络民主与深度民主即参与式民主具有内在的契合性，主要表现在四个方面：互动结构的改变——高度交

① 刘文富：《网络政治——网络社会与国家治理》，商务印书馆2002年版，第10—11页。
② 杨伟民、吴显庆：《论网络政治在我国的建立和发展》，《学习与探索》2004年第5期。
③ 胡泳：《网络政治——当代中国社会与传媒的行动选择》，国家行政学院出版社2014年版，第175页。
④ 赵春丽：《网络民主发展研究》，经济科学出版社2011年版，第42—46页。

互性；控制结构的改变——隐蔽性和离散性；信息格局的改变——"自媒体"时代的来临；参与结构的改变——平等性和非中介性。① 师曾志则从新媒介赋权的视角，分析了国家与社会之间关系的变化。她认为新媒介赋权主要体现在信息、表达和行动三个方面：第一，它赋予我们获知信息的权利，信息相对对称成为可能，赋予人们对事物自我判断的可能；第二，在获取异质性资讯的同时，有了表达的可能，形成公共讨论与辩论；第三，这里的行动强调表达与现实的行动结合的行动，强调权力与能力的统一。权力是发现问题和解决问题的能力。国家与社会关系由组织化、中心化、规范化的权力制度安排，转变为以人的需要为核心的去组织化、去中心化的主体间性的表达与行动。② 当然，从政治学的视角分析网络政治或网络民主的弊端的研究也很多，比如熊光清从西方近代民主理论中关于民主与多数暴政的论述出发，分析了中国网络民主中的网络多数暴政问题。他认为网络民主在促进民主的同时，也为网络多数暴政的产生提供了温床。网络多数暴政就是部分网民利用网络空间形成强势的网络舆论，对他人不分青红皂白地大肆抨击和鞭挞，从而影响他人正常生活和侵害他人合法权益的行为。熊光清还分析了中国网络多数暴政产生的四个原因：网络空间中的群体极化、网络空间中的"沉默的螺旋"、中国网民的非理性和不成熟、数字鸿沟的存在。③ 张爱军和张媛则分析了网络协商民主这一网络民主的创新机制的优势和困境。他们认为网络平台与协商民主的实践在价值理念、公共领域、运行机制和主体理性四个方面相契合，突破了传统实践中时间和空间的限制。但与此同时，网络平台中同样存在着制约网络协商民主成长的因素，如政治参与受限和话语失序、群体极化现象、政治系统滞后、易受权力和资本精英掌控以及权利义务的不对等。④

（二）网络公民社会与网络公共领域

公民社会与公共领域具有密切的联系。按照何增科的观点，公共领

---

① 郭小安：《网络民主的可能及限度》，中国社会科学出版社 2011 年版，第 117—121 页。

② 师曾志、金锦萍：《新媒介赋权》，社会科学文献出版社 2013 年版，第 13、21 页。

③ 熊光清：《中国网络民主中的多数暴政问题分析》，《社会科学》2011 年第 3 期。

④ 张爱军、张媛：《网络协商民主的实践优势、困境及其化解》，《江淮论坛》2019 年第 4 期。

域是公民社会的四个结构性要素及其特征之一（其他三个是私人领域、志愿性社团、社会运动，但很多学者并不认为社会运动是公民社会的结构性要素）。① 阿伦特认为公民社会是一种理性辩论的公共领域，哈贝马斯也将两者视为一体。因此我们把网络公民社会与网络公共领域作为一个研究领域。郁建兴、刘大志对该议题进行了系统性的反思与展望。他们认为既有研究中存在着公民社会期望与现实的混杂；研究中国问题的学者经常受西方中心论影响而忽视了中国情境，我国现实中的网络公民社会呈现出非常复杂的情形。他们指出，网络究竟是否加深了"公共人的衰落"？群体极化和网络理性的机制究竟是什么？是消解了公共领域还是促成了微观的公共领域？整体而言，他们认为互联网对中国公民社会的影响并非只体现抗争国家的一面，现实情形更为复杂。② 朱鑫灏对网络公民社会进行了系统的研究，认为网络公民社会是利用互联网技术在虚拟网络空间中发生的，以社会交互、公共论辩、集体行动、自我组织、公共参与和监督为基本表现的，独立于公共权力领域和市场经济领域而自主运行的社会自治空间。他认为网络公民社会的成长和发展需要两方面的条件：一是"公民"条件，包括主体意识、公共意识和自治意识；二是制度条件，合作模式是网络公民社会良性发展的制度性条件。③ 张明新等人研究了网络社交媒体对中国公民社会的影响。他们将公民社会具化为网络公共话语（public discourse）和公民参与（civic engagement）两个方面。通过实证研究，他们证实网络社交媒体的使用确实会促进网络公共话语和公民参与，即有助于网络公民社会的发展。④

王淑华则提出了与公共领域十分接近的公共性的概念，并总结出互联网公共性的内涵：互联网是网络公众基于公共利益进行表达沟通的公共广场。她认为虽然网络公众的表达沟通力图在平等、公开、公正和理性、多元性之下进行，但现阶段公共性并不总是覆盖整个互联网，只能

① 何增科：《公民社会与第三部门》，社会科学文献出版社 2000 年版，第 4—5 页。

② 郁建兴、刘大志：《互联网与中国公民社会研究：反思与展望》，《哲学研究》2011 年第 5 期。

③ 朱鑫灏：《网络公民社会研究》，中国社会科学出版社 2014 年版，第 26、198—206 页。

④ Ye Yinjiao, Xu Ping, Zhang Mingxin, Social media, public discourse and civic engagement in modern China, *Telematics and Informatics*, Vol. 34, No. 3, 2016, pp. 705–714.

在某一个时间点、某一个具体的网络空间或某一个具体公共议题的发展过程中看到公共性的影子。但网络公众也能采取各种"弱者的反抗"战术以及虚拟资本的转化赢得权力位置，来维护互联网的公共性。[①] 熊光清论述了网络公共领域与话语民主的关系。他认为网络公共领域塑造了话语民主提升的新空间和新环境，表现在：开放、广阔的交往场域为话语民主的展开提供了新的空间；平等自主的交往主体为话语民主创造了更活跃的活动主体；互动、自由的交往过程更能体现话语民主的民主精神；丰富、多元的交往信息有效保障了话语民主的话语权。因此，网络公共领域的兴起使话语民主具备了广阔的发展前景，有望成为民主政治发展的新起点和代议制民主的重要补充。[②] 范燕宁、赵伟认为中国当前的网络公共领域具有两面性，一方面网络公共领域为广大网民提供了一个自由言说的平台，能有效监督政府的日常运作；另一方面网络公共领域又为网络暴力等侵权行为以及不实或过激言论的滋长提供了温床和土壤。通过参照哈贝马斯的公共领域理论，可以找到中国网络公共领域的两面性的根源：积极向面根源于公众、高效沟通媒介与公共舆论的基本形成；消极向面根源于理性反思、深度交流和批判性建言的相对缺乏。[③] 张亮、邹旭怡从理想形态的公共领域的主要特征出发，指出中国网络空间形成了一个开放的公共论坛，同时外部权力结构对网络产生重要的影响；网民讨论实现了平等、自由和理性，但也存在着数字鸿沟、话语权的不平等以及理性不足的现象；实现意见的聚合，但无法确保理性的参与和达成共识。因此，当下中国网络空间存在一些具有公共领域特征或公共领域理想的具体场域，同时也存在一些困境，成为发展的障碍。[④] 刘敬和杜洁则着重探讨了网络公共领域的理性缺失问题。他们认为互联网自身具有的匿名性、开放性、互动性、多元性等传播特征虽然具有优势，但也

---

① 王淑华：《互联网的公共性》，社会科学文献出版社 2014 年版，第 73、211 页。

② 熊光清：《网络公共领域的兴起与话语民主的新发展》，《中国人民大学学报》2014 年第5 期。

③ 范燕宁、赵伟：《中国网络公共领域的两面性及网络秩序的合理构建》，《湖南社会科学》2014 年第 6 期。

④ 张亮、邹旭怡：《当下中国的网络公共领域：形态、成因与秩序建构》，《武汉理工大学学报》（社会科学版）2014 年第 6 期。

导致了理性缺失，造成无序化、政治冷漠、讨论素质降低等问题。此外，沉默的螺旋加剧了网络中的理性匮乏。① 邱雨提出了网络公共领域的解构危机。他认为，网络空间虽然祛除了"权威之魅"，却复兴了"平民之魅""大众之魅"，使得话语交往变得极端化、肤浅化和充满对抗情结；信息过剩和信息失真促使网络空间中形成"即逝公众"，呈现出短暂的、瞬时的话语交往，进而导致公共议论的"碎片化"，缺乏持续性和深度讨论；沉默的螺旋和群体极化现象的存在，使得网络言语行为表现出极端化和片面化的特点；网络中标签化的舆论造成了公众理性批判精神的失落。此外，政治和商业因素共同作用于网络空间，使其始终置于被控制之下。这些因素共同使网络公共领域逐渐式微。②

（三）网络舆论舆情

网络舆论舆情是与本研究选题密切相关的另一个研究领域。网络舆论与公共领域有密切的关系，因为公共舆论是构成公共领域的三个基本要素之一（另外两个要素是公众和沟通媒介）。哈贝马斯甚至认为公共领域说到底就是公共舆论领域。网络舆论在政府看来是关于民意和舆论的情况和态势，即网络舆情。罗坤瑾从传播学的视角出发，透视了中国网络舆论空间的公民参与概况，提出当前中国网络舆论的传播主体包括期盼民主但不够理性的民主、相对开明的政府、具备独立精神的媒体和有待完善的社会体制。网民群体的松散、无约束、匿名、群集效应等传播特征导致网络言论过度自由化、虚假化，网络舆论必然带有非理性特质。对于未来的出路，她提出要重构媒介生态格局，以主流媒体引导舆论导向，网络媒体作为信息补充角色。③ 谢新洲等所著的《互联网等新媒体对社会舆论影响与利用研究》作为教育部哲学社会科学研究重大课题攻关项目成果，内容丰富，分析深入。该书对新媒体的演进历程和社会舆论的变迁进行了归纳，剖析了新媒体舆论兴起的原因、特点及基本形式；从新媒体形态的视角阐释了新媒体对社会舆论的影响机理；从传播主体

① 刘敬、杜洁：《媒体融合下网络公共领域的理性缺失》，《传媒论坛》2019 年第 2 期。

② 邱雨：《网络时代公共领域的解构危机》，《求实》2019 年第 3 期。

③ 罗坤瑾：《从虚拟幻象到现实图景：网络舆论与公共领域的构建》，中国社会科学出版社 2012 年版，第 71—89 页。

的视角提出了新媒体舆论的传播扩散规律；探讨了互联网等新媒体舆论
的监督与管理问题，提出了新媒体舆论监管与引导的原则、方法及对策
建议。[①] 李永刚从网民的民意表达入手，研究了对网络舆论的政府监管问
题。他首先提出了民意表达的三种传播机制。政府监管措施主要包括政
府主导的立法监管和专项整治社会动员两个方面，监管政策的中国特色
包括普遍过滤的预审查与人工干预的后抽查相结合、典则标准模糊，介
入部门众多、监管结果缺乏行政和司法救济手段。监管行动的深层原因
是作为社会记忆的政治文化，包含父爱主义的执政风格、革命传统与假
想敌、公众心灵的集体化三个方面。作者的结论是政府和社会应有更多
信心和耐心，实现双方的交互理解；同时培养公民美德和政府责任，走
向宽容政治。[②] 杨吉、张解放认为，在中国，互联网可能成为普通公民抵
制信息垄断和发出声音的唯一出口；这个国家和时代需要互联网来帮助
公民完成权利的表达与社会正义需求的实现。中国政府广泛应用了分层
控制和对点控制，力图在信息流通的每一个环节都施加影响。这容易出
现缺乏理性程序的不公正现象。为此要转变思维，积极做好引导工作而
非一味地遏制打压，切实保障人民的知情权、参与权、表达权和监督
权。[③] 王贵斌研究了 Web2.0 时代的网络公共舆论。他把基于 Web2.0 技
术的网络媒介称为新新媒体，认为新新媒体最大的优势是促成了公众网
络参与的多样化和经济化，激发了公民政治参与的热情。此外，新新媒
体中的公共舆论执行着对社会机构的监督职能。网络公共舆论也存在虚
假幻象的一面，主要表现在商业化伤害了网络公共舆论。他还指出公共
舆论中的大部分主题属于生理层次和安全层次的需要，它常常与社会公
正联系在一起，因而社会公平是中国网络公共舆论的基本诉求。[④]

　　张春华从社会学理论视角对网络舆情进行了系统解读，提出网络舆

---

① 谢新洲等：《互联网等新媒体对社会舆论影响与利用研究》，经济科学出版社 2013 年版，前言第 2 页。

② 参见李永刚《我们的防火墙：网络时代的表达与监管》，广西师范大学出版社 2009 年版。

③ 杨吉、张解放：《在线革命：网络空间的权利表达与正义实现》，清华大学出版社 2013 年版，第 12—14 页。

④ 王贵斌：《Web2.0 时代网络公共舆论研究》，中国传媒大学出版社 2015 年版，第 134—140、176—177 页。

情主体实现由受众、大众到公众的转变；舆情客体出现公共领域与私人领域的相互转化的趋向；网络舆情本体即舆情主体对某事件的态度和情感。在传播模式上网络舆情传播出现交互性和复杂性的特点，更强调意义的生成。影响网络舆情发展的关键因素有舆论领袖的引领、话语符号的强化、从众行为的作用等。当前中国的网络舆情存在的问题主要有四个方面：舆论信息的混乱与失序、网络舆论的暴力现象、不良应对的后果以及"舆论依赖"现象。① 郭韧、陈福集等运用系统动力学方法，研究了移动网络对网络舆情演化的影响。他们认为移动网络舆情真正实现了社会阶层的纵向贯通和地域范围的横向延伸；互动性增强；信息传播的感染性加强，私人空间使得传播的信息更容易得到共鸣和信赖；传播内容的产生更加丰富便捷。并得出结论：移动网络作为一个高效的沟通平台，使得政府的信息公开程度变大，报道频率变多，响应速度变快。移动网络使得舆情演化平台越来越扁平化，舆情传播的零延时性和泛在性使得网络舆情热度有较大的提升，信息传播更加难以控制。② 胡改丽、陈婷等研究了新媒体视角下网络热点事件信息传播的结构及模型。在对网络热点事件信息传播结构分析的基础上，建立了网络热点事件的宏观信息传播结构模型，即双核心的哑铃模式。信息的传播围绕主流门户网站和主流论坛微博这两个核心进行，传统大众媒体在这二者之间起到信息链接桥梁的作用。大众媒体承载着信息公开化和显性化的作用，因此充当着哑铃抓手的角色。信息一经流入这两个核心，该事件就有可能成为网络热点事件。一旦这两个核心同时大量传播某事件，该事件即爆发为一个热点事件。③ 虞铭明、朱德米以"昆明 PX 事件"为例，分析环境群体性事件的网络舆情扩散动力学机制。他们同样采用系统动力学来进行模型分析，发现提高政府的公信力能够减小网络舆情的扩散度，尤其对降低愤怒度有明显的作用；降低担心环境的破坏程度，可以使网络舆情

① 张春华：《网络舆情：社会学的阐释》，社会科学文献出版社 2012 年版，第 122、135—139、172—176 页。

② 郭韧、陈福集等：《移动网络对网络舆情演化的影响研究》，《情报杂志》2015 年第 7 期。

③ 胡改丽、陈婷等：《新媒体视角下网络热点事件信息传播结构及模型研究》，《图书馆杂志》2016 年第 10 期。

扩散度和不满意度的下降幅度大大增加；提高群体压力度会使网络舆情扩散度和愤怒度都有所提高，从而提高环境群体性事件发生的概率；愤怒度、不满意度在整个周期保持缓慢上升趋势。说明如果政府采取强硬手段应对，事件即使消退，相关群体的愤怒度和不满意度也会增加。[①] 崔鹏、张巍等借由生命周期理论，构建了突发公共事件网络舆情演化的"六阶段"模型，包括酝酿阶段、爆发阶段、扩散阶段、反复阶段、消退阶段和长尾阶段，并建构了政府应对突发公共事件网络舆情的"钻石"模型，从及时性、透明性、权威性、准确性和协调性对政府应对能力进行衡量。[②]

此外，许多学者基于热点网络舆情事件就网络舆情的传播结构、影响、特点等方面进行了深入分析。如翁士洪、张云利用社会网络结构分析了柴静"穹顶之下"事件中微博舆情互动的中心性和网络结构。结果发现网络舆情信息来源广泛、传播能力强、新媒体相较于传统媒体具有更强的引爆公共议程的能力。[③] 成俊会、张思等同样使用社会网络分析了"于欢案"舆情传播网络的结构特征。他们将舆情发展演变划分为产生阶段、爆发阶段和消亡阶段。分析结果表明产生阶段呈现出典型的去中心化特征；爆发阶段则表现为中心化特性；消亡阶段中，网络结构逐渐消解。在整个事件的传播中，知名度、专业性、公信力和权威性共同影响着微博用户在舆情传播中的信息和控制优势。[④] 黄扬和李伟权基于多源流理论探究了网约车政策的变迁过程。他们指出网络舆情推动了焦点事件的动员效应，在后续事件的叠加效应下推动了问题源流的形成；专家学者和意见领袖的倡议偏好经由网络舆情放大形成了政策源流；政府态度在网络圈群和聚合效应的影响下构成了政治源流。在三者耦合下政治和

---

① 虞铭明、朱德米：《环境群体性事件的网络舆情扩散动力学机制分析——以"昆明PX事件"为例》，《情报杂志》2015年第8期。

② 崔鹏、张巍等：《突发公共事件网络舆情演化及政府应对研究》，《现代情报》2018年第2期。

③ 翁士洪、张云：《公共议程设置中微博舆情互动的社会网络分析》，《武汉大学学报》（人文科学版）2016年第1期。

④ 成俊会、张思等：《基于SNA的社会热点事件微博舆情阶段性传播网络的结构分析——以"于欢案"为例》，《管理评论》2019年第3期。

问题之窗同时开启，推动了网约车政策的变迁。① 文宏则利用"雪乡"事件中大数据的情感分析剖析了政府回应与网络舆情导向间的关系。结果发现政府回应与网络舆情间存在着逻辑互动的偏差。政府在雪乡事件中的回应加剧了网络舆情冲突的爆发，甚至将舆论焦点从事件本身引致政府自身，损害了政府的公信力。②

（四）网络参与

网络参与包含了网络政治参与、网络公民参与、网络公众参与等相近的研究主题。网络参与往往以政府或公共权力机构为参与对象，参与的内容一般是公共问题和公共事务。这方面的研究成果很多，学科背景也比较多元化。李斌认为网络政治参与具有主体地位平等化、参与动因复杂化、参与控制困难化、参与方式在线化、参与效能高效化、参与途径多样化、参与表达数字化七个新的特点。在中国，网络政治参与日趋理性和自主，广泛、平等的参与是网络政治参与的主流，但同时也存在着网络参与发展的非均衡性、网络共同体政治参与尚处于萌芽状态、非理性的参与在一定范围内存在、制度建设相对滞后的问题与不足。③ 王金水认为，网络政治参与改变了民主政治的特征和运行方式，同时他提出网络政治参与改变了传统的议程设置模式，公众开始改变过去的从属和被动地位，自主设置议程，并影响政府的政策议程。他还认为网络政治参与催生了网络化公共行政，其特点是行政管理主体的虚拟化、行政组织结构的扁平化和网络化、行政权力结构的分散化、行政动力结构的自主化和行政决策结构的互动化。④ 付宏研究了基于社会化媒体的公民政治参与问题。他认为社会化媒体具有的开放互动、移动泛在、圈群连通特征，带来了社会化媒体公民政治参与的三个特点：公民话语权得到释放、公民意识被唤醒、公民社会发展初现曙光。他认为当前社会化媒体的公

① 黄扬、李伟权：《网络舆情推动下的网约车规制政策变迁逻辑——基于多源流理论的案例分析》，《情报杂志》2018 年第 8 期。

② 文宏：《网络群体性事件中舆情导向与政府回应的逻辑互动——基于"雪乡"事件大数据的情感分析》，《政治学研究》2019 年第 1 期。

③ 李斌：《网络参政》，中国社会科学出版社 2009 年版，第 66—71、162—186 页。

④ 王金水：《网络政治参与与政治稳定机制研究》，中国社会科学出版社 2013 年版，第 68、102、115—119 页。

民政治参与存在着主体困境和治理困境，因而，为促进社会化媒体的公民政治参与的有效性和有序性，应采取规范引导公民参与行为、提升公民素养教育、构建社会化媒体下公民政治参与系统平台的对策。[①] 文远竹则专门系统研究了微博途径的公众参与问题。他认为微博公众参与降低了普通公众的表达门槛，激发了他们的热情；赋予底层公众维护自身合法权利的"微力量"，给他们提供了一个私权利与公权力抗争的平台；推动政府管理者的依法行政和促进社会的公正。他把微博公众参与划分为对抗式、行动式、关注式、盲从式和发泄式五种类型，并认为微博公众参与往往存在着公私权力的博弈，其实质是话语权的博弈，微博公众参与有助于建立一个各阶层平等对话讨论的健康的舆论环境。[②] 黄春莹在博士论文中运用制度均衡理论研究了中国公民网络政治有序参与的政府制度供给问题。她构建出公民网络政治参与的制度需求体系，认为中国政府制度供给与有序制度需求之间的非均衡表现为制度供给适应性缺乏、效率性缺乏、完备性缺乏、制度执行偏差等，并认为非均衡的成因有渐进式强制性制度供给导致制度强度不足和完备性缺乏、政府制度供给中的路径依赖造成制度创新不足、权力博弈和利益结构复杂阻碍制度供给、制度设计和实施成本高以及知识经验缺乏造成制度供给不足、地方政府"搭便车"导致制度供给总量不足。[③] 严利华研究了新媒介时代公民参与的发展问题，构建了新媒介时代的公民参与理论，其要点包括：参与的主体从受众转变为媒介公民；以公共协商作为参与范式和运作机制、以社会公正作为价值追求和参与目标。她认为当前新媒介背景下公民参与存在着文化困境、制度困境、市场困境和技术困境，并认为新媒介与公民参与的关系存在着悖论，表现为权利与权力的分离、自由与控制的矛盾以及知情权与隐私权的冲突等方面。新媒介时代公民参与的发展方向

---

① 付宏：《基于社会化媒体的公民政治参与》，国家行政学院出版社 2014 年版，第 3—4 页。

② 参见文远竹《转型中的微力量：微博公共事件中的公众参与》，世界图书出版公司 2014 年版。

③ 黄春莹：《中国公民网络政治有序参与的政府制度供给研究》，博士学位论文，东北大学，2016 年。

是在"参与"中走向公民社会。① 王美文认为，当前我国网络民意已经成为公共决策民主化科学化的重要推动力量，同时其参与公共政策过程也存在种种困境，主要包括：参与人数众多，但能力参差不齐；参与热情高涨，但组织化程度较低；参与范围广泛，但代表性不足；参与讨论充分，但效能欠佳。网络民意参与公共政策困境的原因主要可分为意识层面、制度层面和文化层面三个方面。② 黄少华等认为学界对网络公民参与大致有两种认识取向，一种取向是把网络公民参与理解为现实公民参与的在线副本，互联网只不过是新的参与手段和方式而已。主要有三种形式：信息获取与信息生产、交流互动和行动。另一种取向则是强调互联网重塑了公民参与的实质，使公民参与的重心发生了转移，在参与形态上创造性的内容生产和在线合作变得更加普遍。公民更倾向于个人化表达和自我实现政治，倾向通过更为松散和流动的行动网络直接参与。③ 孟天广、季程远基于列举实验探索了互联网介入方式与网络政治参与间的关系。他们将互联网介入方式区分为个体性介入和集体性介入两种。其中，个体性介入主要指 Web1.0 时代中的，以资讯获取和个人娱乐为主要目的，即个人化的方式介入和使用互联网，具有强化隔离、形式简单和去政治化特征；集体性介入则是 Web2.0 时代的产物，建立了复杂的网络社群，促进了政治信息的传播。通过实验，他们发现只有集体性介入会通过强化网络联系和信息扩散而强化公民的网络参与，而个体性介入则呈现负影响或无影响。④ 何植民聚焦于政策问题建构中网络参与的社会条件。他认为约束条件主要集中在三点，即参与中网络社会群体的非均衡性、现代组织的官僚主义化以及控制性思维抑制了适应性意识。基于此，他提出网络中的行为倾向有其现实刺激。因而网络参与政策问题建构中

① 参见严利华《从个体激情到群体理性——新媒介时代公民参与的理论与实践》，武汉大学出版社 2013 年版。

② 王美文：《公共政策网络民意参与的困境与对策》，《当代世界与社会主义》2011 年第 5 期。

③ 黄少华：《网络公民参与：一个基于文献的概念梳理》，《中共杭州市委党校学报》2015 年第 1 期。

④ 孟天广、季程远：《重访数字民主：互联网介入与网络政治参与——基于列举实验的发现》，《清华大学学报》（哲学社会科学版）2016 年第 4 期。

的理性引导需要与现实社会中的需求回应相结合。[1] 此外，还有学者从不同视角对网络参与的影响因素进行了探究，如韩晓宁、王军[2]和张宁、唐嘉仪[3]基于心理视角以及黄少华基于社会资本视角[4]、李洁和韩啸基于公民自愿和技术接受模型视角[5]等。

（五）公民网络参与公共决策

这类研究成果最为贴近本研究的研究主题和研究内容，主要包括以网络或新媒体参与公共决策、政府决策或公共政策、政策制定等为主题的研究文献。这些研究成果也比较丰富，一般以政治学或公共管理的学科视角为主。王法硕认为政府和政治精英的态度是影响公民网络参与效果最重要的决定因素。我国当前的网络参与可分为高效型、低效型、倒逼型、孤立型、受阻型和公敌型六种基本类型和自上而下与自下而上两种参与机制。他提出公民网络参与公共政策过程未来的发展方向是依托较为成熟的网络社团，实现一定程度的网络直接民主，建立公共政策制定的网络民意吸纳制度，实现公民与政府在政策执行和评估上的合作。[6]刘力锐以抗争政治理论为视角，分析了网络政治动员与政府回应之间的互动。他认为网络政治动员主体的牵引力、网民诉求的自驱力、网络信息的催化力、网络环境的支撑力相互作用，推动了网络政治动员虚实转化的进行。当前中国政府基本形成无回应、被动回应和主动回应三种应对形式，其中被动回应居于主导地位，回应背后是政府和抗争者的政治博弈。[7] 翁士洪研究了网络参与下地方政府决策回应的模式。他以网民参

---

① 何植民：《网络参与政策问题建构的社会条件审视》，《行政论坛》2017 年第 6 期。

② 韩晓宁、王军：《网络政治参与的心理因素及其影响机制探究》，《新闻大学》2018 年第 2 期。

③ 张宁、唐嘉仪：《社交媒体、网民心态与网络非制度化政治参与——以微博为例的实证研究》，《新闻与传播评论》2018 年第 2 期。

④ 黄少华：《社会资本对网络政治参与行为的影响——对天津、长沙、西安、兰州四城市居民的调查分析》，《社会学评论》2018 年第 2 期。

⑤ 李洁、韩啸：《公民自愿、技术接受与网络参与：基于结构方程模型的实证研究》，《情报杂志》2019 年第 2 期。

⑥ 王法硕：《公民网络参与公共政策过程研究》，上海交通大学出版社 2013 年版，第 229—234、269—270 页。

⑦ 刘力锐：《基于网络政治动员态势的政府回应机制研究》，东北大学出版社 2012 年版，第 32、99—103 页。

与程度和政府回应程度两个维度，根据网民与政府在政府决策中的互动程度，建构出政府决策回应的理论模型：参与—回应模型，提出了网络参与下政府决策回应的四种模式：鸵鸟模式、杜鹃模式、蜂王模式和鸳鸯模式，并对这四种模式进行比较和分析。① 张淑华研究了网络民意和公共决策的关系及揭示其背后的权利和权力的关系实质。她认为网络民意和公共决策分别体现了权利表达和权力保障，当前网络民意表达存在网民结构、表达离散和情绪化表达的问题；当前公共决策存在民意被长期忽视、决策具有利益倾向和决策被动滞后的问题。解决之道是在民主协商、对话交流途径下，网络民意实现建构规范和自我调节，公共决策实现接受监督和自我完善，来寻求网络民意和公共决策的和谐和平衡。② 陈春彦以 2014 年节假日安排的决策过程为例，提出互联网在使公民参与决策更加便捷的同时存在着四个有限性：一是参与有限性，这不仅表现在人数上，还表现在参与者的年龄结构与职业结构上；二是使用有限性，真正表达观点的人占总投票人数的比例过低，是一种不完整的政治参与；三是效果有限性，公众提出的意见没有被采纳，公众参与的效果有限；四是沟通有限性，公众参与缺乏明确的沟通反馈机制，公众无从知晓自己的意见是否被政府了解和采纳，没有体现出新媒体沟通互动的优势。③ 汤景泰认为，将民意纳入公共决策整体进程，在决策过程中进行充分的民意沟通，是实现公共决策合理化、合法化的重要保障。政府扮演的应是议程设置者、平台提供者、规则制定者的角色，让民意充分表达，与民意充分对话沟通。当前政府缺乏将民意纳入整个公共决策过程的决策思维和听取民意与争取民意的实现路径。为此应转变政府传播观念，从宣传转为对话；运用立体化传播手段，强化传播能力，将听取民意和争取民意落到实处。④ 王美文在区分众意与公意的基础上，认为网络舆论大

---

① 翁士洪：《"弱"关系"强"在哪里：网络参与下地方政府决策回应模式研究》，中国社会科学出版社 2018 年版，第 75—89 页。

② 张淑华：《网络民意与公共决策：权利和权力的对话》，复旦大学出版社 2010 年版，第 28—31 页。

③ 陈春彦：《互联网促进公民参与决策的"有限性"——以"2014 年节假日安排为例"》，《今传媒》2015 年第 8 期。

④ 汤景泰：《论新媒体语境下公共决策中的民意沟通》，《暨南学报》（哲学社会科学版）2013 年第 8 期。

多是一种"个别意志加总"的众意。网络众意具有自由随意性、不均衡性、非理性和欠代表性的主要特征，对公共决策存在一定的消极影响，主要表现在：网络众意的"合成谬误"增加了公共决策的失误风险；"手表效应"加剧了公共决策复杂化程度；"争鸣效应"抬高了公共决策成本。她提出了网络众意条件下公共决策机制的优化路径：强化网络监管；链接社会智库，整合网络众意资源；提升官员媒体素养，应对网络众意挑战；推行政务公开，促进网络众意互动。[①] 陈娇娥、王国华以"郭美美事件"推动政府慈善公益事业政策制定和立法为例，构建了网络时代中国政策议程设置的机制模型，其主要特征有：政策议程设置"自下而上"情形显著增多，政策议程、媒体议程和公众议程两两相互双向作用；公民自媒体是当下议程设置中关键的助推力，它将公众议程和媒体议程紧密衔接，触发政策议程；焦点事件激活政策沉淀，加剧政策问题的暴露；自媒体推动某一事件转变为焦点事件具有偶然性，政策沉淀则预示某类事件引发政策议程的必然性。[②] 翁士洪、叶笑云认为，当前网络参与下中国地方政府决策回应最主要的模式是杜鹃模式，产生的原因是政府运用政治动员的方式与网民要求的政治参与之间存在冲突，导致体制内政治参与途径的受阻；政治参与有效性的缺失，包括参与的形式化和参与行为的无序化。网民和政府的沟通互动不够，加剧了双方的不信任，导致各自只用己方的逻辑行事，杜鹃模式因而产生。[③] 张会平、吴帅磊和汤志伟将政策制定过程中的网络参与行为区分为网络关注和网络卷入两个层次。其中，网络关注包括浏览政策方案、专家提出的意见、网友的评论等，本质上是一种"关注行为"；网络卷入则积极在网络中点赞转发评论政策方案、参与意见调查等直接参与行为。在此基础上，分析识别了两种参与类型的不同影响因素。[④] 孙彩虹对沈阳、杭州、济南、广州、贵阳

---

① 王美文：《网络众意条件下公共决策机制优化路径探析》，《国家行政学院学报》2011 年第 6 期。

② 陈娇娥、王国华：《网络时代政策议程设置机制研究》，《中国行政管理》2013 年第 1 期。

③ 翁士洪、叶笑云：《网络参与下地方政府决策回应的逻辑分析——以宁波 PX 事件为例》，《公共管理学报》2013 年第 4 期。

④ 张会平、吴帅磊等：《政策制定过程中不同层次网络参与行为的影响因素研究》，《电子政务》2017 年第 1 期。

五个城市政府门户网站中公民参与公共政策的案例进行了实证分析。结果发现，地方政府吸纳公民参与的政策议题范围和数量呈现出显著的地区性差异。参与环节以对政策的征求意见稿的意见征集为主，参与方式包含多种媒介，但参与结果的公开十分有限。①

三　简要评价

综上所述，网络环境下政治参与、公民参与或公众参与的研究新世纪以来逐渐成为学界研究的热点，成果丰富，学科背景多元，理论视角各异，但总体上看，这些研究还存在着一些不足。首先，研究主题有待集中和细化。近年来大量的研究以公民通过互联网的政治参与、公众或公民参与领域为主题，然而这些参与的内容十分宽泛。聚焦公共决策，专门研究新媒体环境下公民参与公共决策的十分稀少。其次，研究学科理论视角有待拓宽。多数研究沿着政治学、传播学、社会学视角展开，行政学研究路径特别是从公共政策学视角进行的研究显得较为薄弱，虽然有一些学术论文，但深度和广度明显不足，专门的、系统性的研究成果尚属罕见。再次，研究的理论基础有待学科交叉。现有的研究往往是从某一个学科的相关理论出发展开研究，研究理论构建和理论工具比较单一，研究的理论基础缺乏多学科的交叉和综合。将传播学的新媒体理论、政治学的公民参与理论和公共管理学的公共政策理论三者相结合的研究几乎空白。最后，研究的出发点和目的有待提升和转变。现有的研究大多从政府的角度出发，以政府如何应对、引导和管控新媒体舆论为立足点，也有少量从公民的视角研究公民如何利用新媒体实现目标、有效参与的成果。而完全从政策科学的视角出发，研究新媒体环境下如何实现公共决策的科学化民主化和可接受性的成果十分欠缺。上述现有研究的这些不足和薄弱环节，正凸显了本研究选题和研究目的的重要价值所在，同时也是本课题研究努力的方向和突破口。

---

① 孙彩虹：《公民参与城市政府公共政策的实证研究——基于五个城市政府网站数据的分析》，《行政论坛》2018 年第 1 期。

第四节 研究工具:理论工具和研究方法

综上所述,现有研究的理论基础和理论工具比较单一。本研究将克服这个缺点,实现多学科理论的交叉和综合,将传播学的新媒体理论、政治学的公民参与理论以及公共管理学的公共政策理论结合起来,构建研究的理论基础和理论工具。具体来讲,本研究以新媒体理论作为分析公共决策环境和公民参与的途径方式的主要理论,以参与式民主理论、强势民主理论和协商民主理论等直接民主理论和中国特色社会主义理论中的民主政治理论作为公民参与公共决策的主要理论依据,并以协商民主理论、政策科学理论和知识社会学的相关理论作为分析公民有效参与公共决策的主要理论。在综合新媒体相关理论、公民有效参与公共决策的四种理论模型以及政策科学的相关理论的基础上,本研究总结提炼出新媒体环境下公民有效参与公共决策的内涵和衡量标准,然后以该内涵和衡量标准作为分析依据和参照进行中国现实研究,最后以制度建设作为这些理论分析和现实研究的结论和落脚点。

在研究方法上,本研究主要运用了以下三种研究方法:

第一,文献研究法。该方法是本课题研究的基础性研究方法。本研究将梳理和介绍西方的参与式民主理论、强势民主理论和协商民主理论等直接民主理论以及中国特色社会主义民主政治理论的基本内容,概要介绍新媒体传播和新媒体舆论理论,以及介绍公民有效参与公共决策的四种理论模型等,这些都会阅读和利用大量的文献进行分析。

第二,比较研究法。将新媒体环境下公民参与公共决策按照实现的功能划分为信息收集、价值吸纳、建言献策和沟通动员四种类型,对这四种类型的比较分析是贯穿全文的一条主线。此外,按照参与的深度和层次将新媒体环境下公民参与公共决策划分为网络政府信息公开、网络咨询、网络政民协商、公民自发的网络讨论四种制度类型,并运用比较研究法对这四种制度类型的参与进行分析比较。

第三,案例研究法。在考察和梳理近年来公民通过新媒体途径参与公共决策领域出现的大量案例的基础上,选取其中的具有典型性和代表性的9个案例,并将它们分别归类为信息传递、价值聚合、建言献策和沟通咨询四种类型进行具体分析，分析总结新媒体环境下我国公民参与公共决策每种类型的内涵特征和参与的有效性程度。

第五节 研究思路、内容及主要创新

一 研究思路和主要内容

本课题研究从政策科学的理论视角出发，研究新媒体环境下公民有效参与公共决策的制度建设问题，研究重点和目的是着力分析当前新媒体环境下我国公民参与公共决策的现状与制约因素，聚焦和界定有效参与的衡量标准与实现路径，探寻新媒体环境下实现公民有效参与公共决策的制度建设路径。为了实现这个目的，本研究设计安排了基本逻辑思路和研究的主要内容。逻辑思路可简明概括为如下分析研究进路：理论基础—衡量标准界定—现状考察—实证研究—制约因素—制度建设。即按照从理论分析到现实分析再到理论指导现实的路线，从阐述归纳新媒体环境下公民参与公共决策的基本理论出发，首先界定出有效参与的衡量标准，然后宏观考察新媒体环境下公民参与公共决策的总体现状，并进行典型性微观个案的实证研究，分析公民参与的有效性程度，最后回到宏观层面，进行全面深入的制约因素分析，并运用理论分析方法，拟定出新媒体环境下公民有效参与公共决策制度建设的思路和路径。具体来说，本研究的主要内容包含以下六个部分：

第一，阐述了新媒体环境下公民参与公共决策的基本理论。本研究从三个方面来阐述。一是中国公民参与公共决策的相关理论依据，包括西方源于共和主义传统的直接民主理论和中国特色社会主义民主政治理论。二是新媒体传播及新媒体舆论相关理论，包括新媒体传播的主要特征、基本类型及新媒体舆论的内涵特点、演化过程等。三是新媒体环境对公民参与公共决策的影响，包括积极影响和消极影响两个方面。

第二，界定出政策科学视角下新媒体环境下公民有效参与的衡量标准。本研究总结出新媒体环境下公民参与公共决策的新特点和生成机理，介绍归纳了当代公民有效参与公共决策的四种理论模型，并以此为基础，按照公共决策过程的四个阶段，分别提炼出新媒体环境下公民有效参与公共决策的内涵和衡量标准。

第三，以这个衡量标准为依据和参照，宏观考察新媒体环境下公民参与公共决策的总体现状。分析了新媒体环境下我国公民参与公共决策的总体概况，新媒体环境下当前我国公民参与公共决策的具体特征，包括参与主体广泛但不平衡、参与渠道多样和便捷、参与内容集中于议程设置和方案评价阶段以及参与成本降低但有效性偏低。

第四，进行典型性微观个案的实证研究。将新媒体环境下公民参与公共决策分为信息传递、价值聚合、建言献策和沟通咨询四种类型，针对每种类型选择2—3个典型案例共计9个案例进行实证分析，分别分析每种公民参与类型的内涵特征、运行过程和有效性程度等。

第五，全面深入地分析了新媒体环境下公民有效参与公共决策的制约因素。本研究将这些制约因素归纳为公共决策体制、决策过程中角色和权力配置、公共领域和有效沟通条件、政治文化以及经济社会发展五个方面，并分别进行了较为深入的分析。

第六，拟定出新媒体环境下公民有效参与公共决策制度建设的思路和路径。新媒体环境下公民有效参与公共决策存在技术、文化和制度三条建设路径。其中制度建设是实现有效参与最重要的路径。制度建设包含顶层设计制度、基本制度和运行机制三个层次的建设。基本制度是制度设计和建设的核心内容和重点，包括基础性制度、主体性制度和保障性制度三个类别六个基本制度。每个基本制度都有对应的运行机制来实现制度目标。

本课题分析研究的技术路线和主要内容大体上可以用图1—1来表示。

二　主要创新

本课题研究的创新之处主要表现在以下四个方面：

（1）理论建构的创新。不同于大多数的现有研究，本研究从政策科学的视角出发，以提高公民参与政策科学意义上的有效性为目的，根据公共政策学的基本理论，提出新媒体环境下公民有效参与的内涵，并根据公民参与公共决策实现的功能将其分成信息传递、价值聚合、建言献策和沟通咨询四种类型。结合新媒体环境下公民参与公共决策的新特点，综合运用公民有效参与公共决策的四种理论模型，建构出新媒体环境下

研究缘起	· 新媒体环境下公民参与公共决策的低效和无效	研究引入
研究目的	· 实现政策科学视角下新媒体环境中的公民有效参与公共决策	
概念界定	· 核心概念：新媒体、公民参与、公共决策、有效参与、制度建设	理论分析
理论基础	· 公民参与公共决策的理论依据 · 新媒体传播及新媒体舆论理论 · 新媒体环境对公民参与公共决策的影响	
衡量标准	· 新媒体环境下公民参与公共决策的新特点 · 公民有效参与公共决策的理论模型 · 新媒体环境下公民有效参与公共决策的衡量标准	
现状考察	· 新媒体环境下我国公民参与公共决策的总体概况 · 新媒体环境下我国公民参与公共决策的具体特征	现实分析
实证研究	· 信息传递类、价值聚合类、建言献策类、沟通咨询类	
制约因素	· 决策体制、决策角色配置、网络公共领域和有效沟通、政治参与文化、经济社会发展	
建设路径	· 技术路径和文化路径 · 制度路径：顶层设计制度、基本制度（基础性制度、主体性制度和保障性制度）、运行机制	对策分析
研究结论与展望		

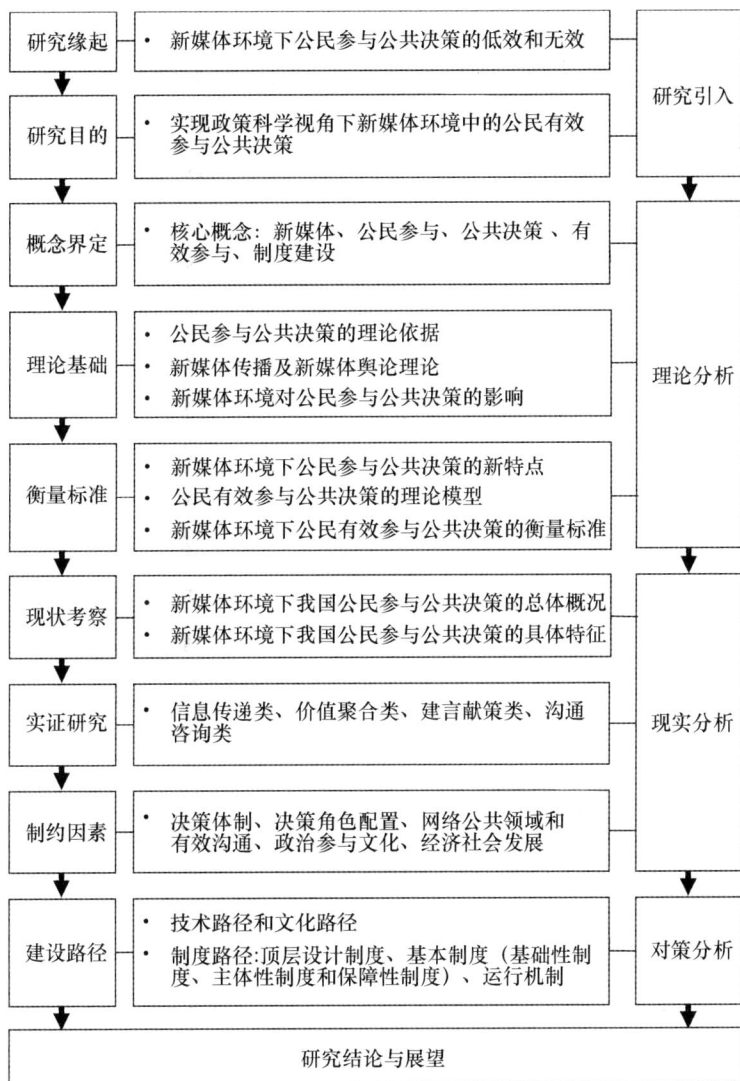

图1—1 研究的技术路线和主要内容

公民参与公共决策四种类型各自有效的衡量标准。并以此作为本研究分析核心的理论工具和分析依据。

（2）机理分析的创新。本研究总结提炼出新媒体环境下公民参与公共决策的新特点，并深入剖析这些特点的生成机理。运用关于新媒体传播和新媒体舆论的新闻传播学理论，结合公共政策学理论，提出参与主体的主体性和平等性，主体结构失衡和民意集中失衡；公众意见表达的个性化和意见多元化，表达的失范性和意见的极化性；公众舆论形成过程的迅速性和圈群性，自发性和发展及结果的不确定性；公众舆论内容的自主性、分散化，同时表现出难控性和批判性倾向；公众舆论形成的放大性与参与效果的强效性，公民参与的过度化五个新特点。特别是本研究从权力社会学理论、共景监狱理论和话语权理论视角阐释新媒体环境下公民参与制约政府决策权的机理。

（3）分析视角的创新。在分析新媒体环境下制约公民参与公共决策效果的因素方面，本研究实现了分析理论视角的创新。主要表现为引入两个新的理论视角，一是信息—知识社会学的理论视角，认为现有公共决策体制本质上是由政府主导的"信息—权力"垄断体制。政府拥有的知识被认为是具有优势、更可靠的知识而掌握决策权。对公共决策的价值成分和事实成分缺乏明确区分，公民和政府在决策体制中的角色和权力配置不合理。二是哈贝马斯的公共领域"理想沟通情境"和沟通有效性理论的视角。认为当前新媒体环境下舆论空间不完全符合理想沟通情境的四个标准，特别是理性的沟通讨论常常不能实现；新媒体中匿名化、多元化以及信息的海量化等特征增大了达成沟通有效性三个基本条件的难度。

（4）解决路径的创新。本研究创新性地设计了新媒体环境下公民有效参与公共决策制度体系的主要内容和建设路径。本研究认为，新媒体环境下公民有效参与公共决策存在技术、文化和制度三条建设路径。其中制度建设是实现有效参与最重要的路径，目的是在政府的主导权、决定权和公民的参与权、制约权之间取得平衡。制度建设包含顶层设计制度、基本制度和运行机制三个层次的建设。不同层级制度之间、同一层级的制度之间需要协调配合，才能实现制度体系效果的最大化。其中，基本制度是制度设计和建设的核心内容和重点。基本制度包括基础性制度、主体性制度和保障性制度三个类别，每个类别有两种基本制度因而共有六种基本制度。每种基本制度都有对应的运行机制来实现制度目标。

第 二 章

新媒体环境下公民有效参与
公共决策的理论基础

第一节 公民参与公共决策的相关理论依据

在我国，公民参与公共决策无论是理论层面还是实践层面都主要是从西方引进的，引进之后和我国原有的社会主义政治发展理论发生衔接和融合，并对其中的政治参与理论、群众路线理论和民主决策理论等理论产生了激活的效果。

一 西方源于共和主义传统的直接民主理论

如果把公民参与视为一种直接民主形式的话（这也是本研究的观点）①，那么公民参与则生发和从属于源远流长的共和主义政治传统。强调公民直接参与是共和主义民主传统的基本观点。在历史上西方两大民主传统——共和主义和自由主义此起彼伏的竞争中，公民参与公共决策也随着共和主义传统的兴衰而起伏。大致从属于共和主义阵营的各种思想理论，无论是卢梭和密尔的公民参与思想，还是当代的参与式民主理论，抑或是晚近的协商民主理论，都为公民参与公共决策提供了丰富而有力的思想资源和理论依据。而要探究公民参与公共决策的历史起源，那就要追溯到古希腊雅典的直接民主实践。

---

① 对此观点，西方学者也有不同的意见。有学者认为公民参与也可以属于间接民主的一部分。但是，直接民主肯定要求公民参与，这个是没有异议的。也就是说，公民参与不一定是直接民主，但直接民主肯定要求公民参与，公民参与是直接民主的应有之义。

（一）古希腊直接民主思想和实践

古希腊雅典的直接民主实践是共和主义民主传统的起源，也是西方民主政治思想的起源。雅典是一个城邦国家，城邦事务由全体公民参加的公民大会通过公开讨论和投票表决的方式来做出最终决定。这就是雅典的民主制度，正如雅典著名执政官伯利克里所指出的，"我们的制度之所以称为民主制度，是因为权力不是掌握在少数人手中，而是掌握在全体人民的手中"①。在希腊语中，民主就是人民的统治的意思，这种"人民的统治"主要有两点内涵：第一，公民对公共事务享有平等的参与权；第二，公民享有公共事务的最高决策权。公民参与公共事务和行使决策权的制度形式就是公民大会。

雅典民主思想关注的核心问题是如何实现城邦共同体共同的善。那么，如何实现共同的善？雅典民主将公民参与作为达成共同的善的有效途径。这种公民参与有两个特点：一是公民参与政治并不是实现其他目的的手段，参与本身就是目的，只有通过自由而平等地参与政治生活，道德才能趋于完善。正如亚里士多德所说，"人类自然是趋向于城邦生活的动物（人类在本性上，也正是一个政治动物）"②。这种观念后来发展出了积极公民资格的概念。二是公民参与政治的方式是直接的。每个公民都可以通过参加公民大会决定城邦的公共决策。也就是说公民直接行使权力而不是委托给别人。

（二）卢梭和密尔的公民参与思想

穿过中世纪的蒙昧禁锢的迷雾，人类来到了近代，近代西方的思想家们适应西方国家资产阶级革命的需要，开创出了自由主义民主传统。这一传统早期的代表人物是洛克和密尔，后来经过熊彼特、哈耶克等的发展，进一步完善成熟。作为对资本主义民主政治现实状况的描述和论证，这一理论适应了现代大规模民族国家的客观需要，因而影响极大，长期居于西方国家的主流地位。作为自由主义抨击和极力反对的对象，共和主义民主传统近代以后逐渐衰落下去。但是同时共和主义传统也得

---

① ［古罗马］修昔底德：《伯罗奔尼撒战争史》，谢德风译，商务印书馆1978年版，第130页。

② ［古希腊］亚里士多德：《政治学》，吴寿彭译，商务印书馆1965年版，第3页。

到延续传承，为自己未来的复兴积蓄着力量。卢梭和密尔就是其中的两个代表。

卢梭的理论以人民主权论为基础，认为公民参与是实现人民主权的本质要求。卢梭首先对公意和众意进行了区别。"众意与公意之间经常总有很大的区别：公意只着眼于公共的利益，而众意则着眼于私人的利益，众意只是个别意志的总和。"[①]　人民主权本质上是由公意构成的，它有三个特征：主权的不可转让性、不可分割性和不可代表性。因此卢梭得出结论：直接参与是人民表达公意的根本要求。卢梭强调，他所说的参与是指参与决策过程。直接参与不仅可以提升、实现个人的自由价值，同时还可以推动个人负责任的社会行动和政治行动，使民主制度获得自我维持能力。因而，参与具有教育功能、民主训练功能、正当化功能和共同体整合的功能。[②]　卢梭的直接民主理论与雅典的民主理论一脉相承又有创新。但卢梭也承认，他的直接民主只能适用于小国寡民的共同体，难以在规模较大的国家实行。这既是卢梭直接民主理论的最大缺陷，也使他的理论带有空想色彩。

介绍密尔的公民参与思想可能令人感到诧异。一般人都知道密尔是著名的自由主义思想家，是代议制民主的杰出论证者。但作为伟大的政治思想家，实际上密尔也不完全反对公民直接参与，密尔的思想中也存在共和主义民主思想的成分。密尔认为，宏观上的代议制民主应该和地方层面的公民参与相结合。因为，一个好政府有责任促进人民公共道德的增长，而民主参与是公民教育的最佳方式，它有助于培育公民具有一种公共精神的特性。而地方层次的民主参与是培育个人民主参与品质的温床。"只有通过小范围的实践大众政府的活动，才能在更大规模上学会如何运作大众政府。"[③]　可见，密尔十分强调基层地方层面公民参与的公共道德培育和民主训练的功能。和卢梭不同，密尔认为地方层面公民的参与是指代议制民主的框架之下的民主参与，基层地方的公民参与参与

---

① ［法］卢梭：《社会契约论》，何兆武译，商务印书馆 2003 年版，第 35 页。
② 王锡锌：《公众参与和行政过程——一个理念和制度分析的框架》，中国民主法制出版社 2007 年版，第 3—4 页。
③ J. S. Mill, *Essays on Politics and Culture*, Himmelfarb G. ed., New York, 1963, p. 186.

的不是决策，政治决策还是需要由他们的代表提出要求。

（三）当代参与式民主理论

历史发展到了 20 世纪上半叶，自由主义民主逐渐在各国普遍实行，在实践中占据了统治地位，但同时也暴露出一些缺陷和问题，如公民普遍冷漠和疏远政治事务等。于是，西方有学者开始反思和检视民主传统，推动西方共和主义民主传统的复兴。这其中以柯尔的职能民主参与理论和阿伦特的公共领域行动参与理论最为著名，他们的理论为当代西方参与式民主理论的形成和兴盛奠定了基础。

参与式民主的概念 1960 年由考夫曼首次提出，但当时主要指的是社会领域的民主参与。1970 年美国学者佩特曼出版了《参与和民主理论》一书，标志着当代参与式民主理论的正式形成，并引发了西方学者的积极响应和广泛关注。此后巴伯的强势民主理论也产生了较大的学术影响。参与式民主从此逐步走向兴盛，成为一股能与自由主义民主分庭抗礼的政治思潮，并在西方各国政治实践中产生了一定影响。

1. 佩特曼的参与式民主理论

佩特曼的理论阐述从对自由主义民主的批判开始。她认为，自由主义民主理论主张少数精英的参与才是民主政治的关键，有限的公民参与被视为社会稳定的条件和保障。这种民主实际上是不充分的民主，仅仅是对现实民主政治制度运行的描述。民主理论不应全是经验的，也应该是规范的。真正的民主应该是所有公民直接的、充分的、积极的参与公共事务决策的民主，"只有当个人在当前的社会中有机会直接参与决策过程和选举代表，他才有希望控制自己的生活前景以及周围环境的发展"①。

佩特曼认为，参与式民主中参与的最主要功能就是公民教育，这是一种"最广义上的教育功能，包括心理方面和民主技能、程序的获得"②。通过参与，公民能够提升自身的参与能力，通过政治效能感的获得而增强对政治事务、公共事务的关心和兴趣，增强公民的公共精神和政治责

---

① ［美］卡罗尔·佩特曼：《参与和民主理论》，陈尧译，上海人民出版社 2006 年版，第 103 页。

② ［美］卡罗尔·佩特曼：《参与和民主理论》，陈尧译，上海人民出版社 2006 年版，第 39 页。

任感。参与的公民教育功能使得参与式民主本身有一种制度维持能力。此外，佩特曼指出，参与式民主并不否定和推翻代议制民主。在国家宏观层面代议制民主是合适的、不可替代的，参与式民主适用于基层或地方层面。公民通过基层地方层面参与式民主的教育功能，可以更好地判断国家问题，更好地参与国家范围的决策。

佩特曼提出构建一个参与性社会的重要性。她认为参与不应只局限于政治领域，它应该拓展到社会生活的其他领域，尤其是与人们生活息息相关的领域，如社区或工作场所。因为只有一个社会中的所有领域都通过参与实现了民主化和社会化，才能为个人提供实践参与的机会和条件。佩特曼认为参与性社会建设的重点是工业领域特别是工厂，因为大部分人一生中的大部分时间是在工厂度过。

佩特曼全面系统完整地阐述了参与式民主理论，在西方民主理论发展史上有里程碑式的意义。她继承和总结了卢梭、密尔和柯尔等人的公民参与理论，并结合当代的实际进行了深化和发展，重新将公民参与放在了西方民主理论的核心位置，在西方国家学术界产生了重大的影响。

2. 巴伯的强势民主理论

巴伯同样从批判自由主义民主出发论证阐述他的强势民主理论。巴伯认为，尽管当代自由主义民主在世界范围内获得了霸权地位，但其本质在自由理念上是强势的，在民主理念上却是弱势的。自由主义民主的民主价值是谨慎的、相对的、暂时的和有条件的，它只是把民主视为实现自由的工具或手段，表现为对民主价值的某种不信任甚至是排斥。因此，自由主义民主是弱势民主。具体表现在：它难以形成对个人自由的真正保护；是一个复杂的自相矛盾的理论体系；最终难以找到转化冲突的路径；与自由、平等和正义不相容。

巴伯提出了强势民主作为弱势民主的修补模式。强势民主有四个特征：第一，它崇尚参与，强调直接参与的重要性。这种参与并不要求公民在所有公共事务的具体管理上都直接参与决定，但是它强调在重大问题、重大政策上都必须保证公民充分的参与。第二，这种参与以公民身份为基本立足点。和自由主义民主认为人是自私和自利的不同，强势民主认为，公民身份是人的自然联合所能采取的唯一合理化形式。公民身份强调"我们不仅仅是选民，当然也不能仅仅把自己看作是政府的顾客或者保卫者。公民是管理者，也就是自治者、共治者与自己命运的主宰者。"① 第三，这种参与是以共同体为依托的。强势民主是一种共同体的政治。在这个共同体中，一方面，共同体不是公民个体之间的简单集合，它促使个体成员转化成公民，通过共同参与和互动互助，个体的道德意识和参与能力得到了提升；另一方面，共同体在促进个体之间互助合作的同时不会牺牲公民个人的自由，公民通过共同体的方式来建构和实现他们的政治自由。第四，这种参与也为冲突的转化提供了可能。强势民主承认私人利益之间的竞争及其引发的矛盾冲突存在的合理性，主张通过共同体之中的公民参与、公共讨论和公共行动来解决矛盾、转化冲突。具体来说，应该通过公民参与、公共审议和公民教育将个体之间的分歧冲突转化为互助合作。此外，与很多参与民主理论家将公民参与局限于地方层面的参与不同，巴伯认为，"强势民主既需要熟悉的与切实可行的地方参与，也需要地区性参与和全国性参与的权力和责任，同时我们在这里所提供的改革必须适合这两个层面"②。

（四）协商民主理论

协商民主的概念最早由毕塞特于 1980 年提出，到 20 世纪 90 年代，协商民主理论已经成为在西方风靡的政治思潮，成为民主理论的显学。当代西方世界的著名政治思想家，比如罗尔斯和哈贝马斯等人，都把自己看作协商民主的支持者。关于协商民主的思想源流和理论定位，可以从两个方面来把握：一方面，协商民主是当代参与式民主理论在 20 世纪后期的新的重大发展，协商民主思想家接续了对自由主义民主的批判，认为"民主的本质是协商，而不是投票"，民主理论应该实现从"以投票为中心"到"以协商为中心"的转变。因此，协商民主总体上属于参与式民主和共和主义的理论阵营。另一方面，协商民主也不同于传统的共和主义思想，它在批判和继承自由主义民主传统和共和主义民主传统的基础上，力图调和二者之间的矛盾冲突，寻求适宜的公民参与形式，从而形成一种平衡折中的民主理论，因而很多协商民主论者都以"新共和

---

① ［美］本杰明·巴伯：《强势民主》，彭斌等译，吉林人民出版社 1990 年版，序言第 7 页。

② ［美］本杰明·巴伯：《强势民主》，彭斌等译，吉林人民出版社 2006 年版，第 311 页。

主义者"自居。

协商民主的源头其实可以追溯到雅典。雅典的公民大会就主要是一个发言、讨论和说服的协商场所。雅典人对投票选举是反感的，投票选举被认为有利于名门望族因而是反民主的，对于行政职位的人选，一般通过抽签决定。因此，发声或平等的话语权而不是选票是雅典民主的重要特征。当然，当代协商民主的内涵更丰富、更明确。虽然协商民主的概念众说不一，有多种定义。但我们可以找到这些界定的共同点，并视之为协商民主的核心内涵：一是所有受到公共决策影响的公民都有权利参与公共决策制定的活动。这是参与方面的属性；二是公共决策应该以公共协商为核心，支持或反对公共决策的主张都应该从能否增进公共利益的角度论证，即以公共理性为基础。这是协商方面的属性。

如上所述，协商民主理论并不是一个具有统一性和系统性的理论，它内部流派众多，思想观点纷繁庞杂。但是我们可以提炼出协商民主理论的核心内容和最主要观点。这主要包括以下相互联系的三个方面：

1. 公民参与协商的必要性

代议制民主有两个前提假设：一是公民是被动的、冷漠的和易受感情和外力控制的，仅能充当政治竞争的裁判者，选择精英作为他们的代表，代替他们进行公共决策。因此，公民的参与应该局限于选举投票。二是公民是无知的，缺乏公共决策所需的专业知识，而行政部门具有丰富的专业知识和实践经验。因此公民不需要参与行政机构的管理和公共决策。这两个前提假设都被协商民主所否定和批判。

首先，基于委托代理关系的代议制民主体制，在信息不对称和代理链条过长的情况下，会出现代理失效的问题，进而出现问责机制的失灵。在这种情况下，政府成为具有自身利益的决策主体。因此，公民参与有助于制约政府权力，更为清晰地界定公共利益。合理的分工模式为价值偏好方面的信息主要由公民来提供，专业技术方面的知识主要由政府专家来提供。通过参与公民可以向政府传递价值偏好和利益，使公共决策能代表公众和社会的共同利益。其次，即使政府拥有专业技术方面的优势，那也是一种普遍性的抽象知识，对具体问题情境难以直接应用，必须与本土知识和实践经验相结合，才能发挥专业知识在公共决策中的作用。更何况，随着公民教育和文化素质的提高，公民对公共政策知识的了解在加深,行政官员的专业知识优势在下降。信息技术特别是网络技术的发展,促进了知识信息在社会的扩散和传播,公民更容易接触到各类公共事务的知识,公民作为大规模群体往往比政府拥有更多的知识。

有的公民之所以知识缺乏,参与不积极,也和公民缺乏必要的信息和参与的机会有关。政府不透明,必要的信息不公开,公民无法参与,是公民冷漠、专业知识缺乏的重要原因。通过参与可以提升公民的参与能力和参与意识,培养公民积极参与和责任意识的美德。此外,公民的参与能够增强公共决策的合法性和接受度,提高公共决策的效率。从公共决策制定这一环节来看,决策的效率似乎是下降了,但从决策制定和执行的全过程来看,效率是提高的。

2. 协商讨论的重要性

协商是协商民主理论的核心要求。自由主义民主将公民的偏好看作稳定的、完整的,而协商民主认为公民的偏好是建构的,是变动的、不完整的,可以通过对公共利益的理性和公开的讨论、在与他人的交流互动过程中得到改变,因而个人偏好不是外生的,而是内生于政治过程的。协商民主强调协商讨论的重要性,通过公开、公正、自由、平等地陈述、讨论、论证和说服来修正自己的偏好和价值,将利益冲突转化为利益共识。协商讨论过程主要是一种沟通和对话过程。沟通和对话是无偏私的信息交换和说理过程,旨在转化偏好。这里的协商是超越狭隘自身利益的、以公共利益为目标的。

协商民主不否定必要时的票决,但认为通过协商讨论达成共识更具有优势和优先性。多数决定实际上是一个数量优势,它不能带来质变,不能提升决策的质量。协商民主将重点放在参与和决策的品质上,特别是如何才能产生被合理证明,且符合公共利益的选择或决策,而要达到这个目的,就要通过公开陈述理由的协商。当公开陈述理由成为制度化的设计和要求时,参与协商的公民和政治人物,就不可能仅仅从私人或者小团体的利益出发来说服别人。① 协商民主并不完全否定多数决定原则,而是强调多数决定原则必须配合公开的协商而存在,希望在量化的比较中加入质的改变。公开的协商和充分的讨论,即使不能达成最后的

---

① 许国贤:《商议式民主与民主想象》,《政治科学论丛》2000 年第 13 期。

共识，也会在公开的陈述理由和讨论中了解到他人的看法和理由，增进对他人观点的理解和包容，理性客观看待与他人的分歧。这样做出的决策才是一种有质量的、正当性和合法性都得到提升的决策。

3. 公共理性的价值

公共理性是协商讨论的基础和原则。首先，公共理性有助于克服人的有限理性。根据西蒙的理论，人类的理性都是有限的，任何决策者在决策时，由于个人知识能力、生活经历和时空的限制，都只能够获得一部分信息、知识和见解。因此，在公共决策的过程中，与他人的交流沟通、对话和讨论，对形成更好的公共决策十分重要。通过交流讨论，每个参加者都能获得更充分的决策信息和知识，同时这个过程类似于头脑风暴法的实施，在此过程中，参加者往往会想到以前没有想到的问题或可能性，从而增加做出最佳公共决策的可能性。

其次，公共理性要求理性的讨论和协商。这需要遵循一些原则和程序。比如，参加者先要公开陈述其利益，且必须为其决策建议提出理由，对其予以论证和说服。这个论证必须是尽可能去除情感因素的、客观公正的论证。同时参加者要以平等的态度、"扩大的心胸"（Enlarged mentality）① 接受公开的质疑和批评，并愿意回应讨论和对其中的不足进行修正。协商讨论过程在某种程度上是一个探寻追求真理的过程，这样做有助于做出一个较为优良的公共决策。

最后，公共理性不仅要求协商遵循一些原则和程序，而且要求协商的结果具有共同体通过理性讨论而达成的某种共识或原则的支撑。这类似于法学中既要遵循程序法，也要遵循实体法的原则。当参与者通过理性的协商讨论，发现具体的公共决策与抽象的原则能够兼容，这个协商过程就是理性的。也就是说，公共决策结果是否符合共同被接受的价值和规范，也是检验协商讨论过程是否具有公共理性的一个标准。比如公共决策是否符合和实现了公共利益，就是一个被共同接受的价值规范和检验标准。

---

① "扩大的心胸"一词最早由德国哲学家康德提出，康德认为如果一个人抛开个人的主观意见和私利，从他人的立场来反思自己的意见和观点，即为"扩大的心胸"。

二　中国特色社会主义民主政治理论

公民参与公共决策不仅在西方民主制度下具有民主理论的有力支撑，而且在中国特色社会主义制度条件下也拥有丰富而深厚的思想资源与理论基础，社会主义民主政治理论体系中的许多部分都可以成为发展公民参与的理论依据和传统资源。正因如此，源于西方的公民参与话语体系引进到中国之后迅速落地生根、开花结果，没有遭遇水土不服。中国特色社会主义民主政治理论中的这些依据和资源主要包括以下四个方面。

（一）社会主义政治参与

中国是社会主义国家。邓小平指出，"没有民主就没有社会主义"，党的十八大报告强调"人民民主是社会主义的生命"。党章、历次党代会的报告决议以及新中国成立以来各部宪法都强调指出，"中华人民共和国的一切权力属于人民""人民当家做主是社会主义民主政治的本质特征"，可见，社会主义民主就表现为人民当家做主。那么如何实现人民当家做主呢？党的十九大报告指出，必须"健全民主制度、丰富民主形式，拓宽民主渠道"，从而"保证人民当家做主落实到国家政治生活和社会生活之中"，"发展社会主义民主政治就是要体现人民意志、保障人民权益、激发人民创造活力，用制度体系保证人民当家做主"。

民主意味着参与，"民主是一种社会管理体制，在该体制中社会成员大体上能直接或间接地参与或可以参与影响全体成员的决策"[①]。公民政治参与的程度和水平可以作为衡量一个国家民主发展程度的重要指标。因此，进入新世纪以来，党和政府对公民政治参与呈现愈来愈重视的趋势。党的十九大报告指出，要"保障人民知情权、参与权、表达权、监督权"。同时，"有事好商量，众人的事情由众人商量，是人民民主的真谛"，因此，要"加强协商民主制度建设，形成完整的制度程序和参与实践，保证人民在日常政治生活中有广泛持续深入参与的权利。"我国宪法也规定，"人民依照法律规定，通过各种途径和形式，管理国家事务，管理经济和文化事业，管理社会事务"。这里的"管理"就包含了参与的内涵。

---

① ［美］科恩：《论民主》，聂崇信、朱秀贤译，商务印书馆 1988 年版，第 10 页。

那么公民政治参与包括哪些内容？党的十九大报告指出，"扩大人民有序政治参与，保证人民依法实行民主选举、民主协商、民主决策、民主管理、民主监督"。可见，公民政治参与主要包括民主选举、民主协商、民主决策、民主管理、民主监督五个方面。民主决策就是公民参与公共决策，因此，公民参与公共决策是公民政治参与的一项内容。公民参与公共决策是社会主义政治参与理论的重要内容和必然要求。社会主义政治参与理论为公民参与公共决策提供了理论依据和思想基础。

（二）群众路线

群众路线是中国共产党的根本工作路线，它的内容被概括为"一切为了群众、一切依靠群众，从群众中来、到群众中去"。群众路线来自党对自身密切联系群众的要求。密切联系群众是我们党的三大优良作风之一。要实现密切联系人民群众的目标，就必须在各项工作中贯彻落实群众路线。党的十九大报告强调，"把党的群众路线贯彻到治国理政全部活动之中"，"依靠人民创造历史伟业"。

坚持群众路线，在公共决策过程中"从群众中来"，就是深入群众，集中群众的意见和智慧，反映群众的愿望和要求，形成科学民主的决策；"到群众中去"，就是将做出的决策变为群众自觉的决策实施行动。可见，群众路线离不开群众的参与。在这个意义上群众参与就是公民参与。因而，群众路线是党政干部联系群众的路径和方式，公民参与是现代国家公民和政府发生联系的表现形式，公民参与公共决策是群众路线在当代的一种具体表达方式。

当然，严格来说公民参与公共决策与群众路线也存在着区别。第一个区别是外延上的区别，公民参与公共决策外延稍小一些，主要是指公民参与公共决策的活动，而群众路线外延非常宽泛，这可从"把党的群众路线贯彻到治国理政全部活动之中"，"应该贯穿于我们党的全部工作之中"① 等表述中看出来。同时，两者还有更重要的两个区别：一是与公民和群众这两个概念的内涵相联系，公民参与强调参与的主动性，强调

---

① 江泽民：《党的建设的目标和任务》，载《十四大以来重要文献选编》，人民出版社1997年版，第979页。

参与是一种权利的行使，同时也是一种责任；群众是党政干部贯彻群众路线和开展工作的对象，因而是被动的。正如英国政治学家密利本德所言，"人民大众的卷入同民主的参与和民主的管理不是一码事，完全有可能在一个方面达到很高的程度而在另一个方面却成就不多（甚至根本没有什么成就）"①。二是群众路线主要是领导干部的一种工作方式和工作作风，具有一定的随意性和人治色彩，而公民参与则强调公民参与活动的制度化、规范化和程序化甚至法制化，更具有约束性、规范性和稳定性。

虽然群众路线和公民参与在内涵和价值理念有着以上两点重要的区别，但改革开放以来随着公民参与在中国的逐渐兴起、民众公民意识的增强和国家制度化建设的进展，两者之间的差距在缩小。群众路线越来越走向制度化和规范化，群众也逐渐具有主动性和积极性，两者呈现出衔接和融合的趋势。总之，在当代中国，公民参与公共决策成为群众路线制度化、规范化和程序化的体现形式，而群众路线也成为公民参与公共决策的理论依据和政治基础。

（三）决策科学化民主化

决策科学化和民主化话语兴起于改革开放以后。在改革开放之初，邓小平提出，要大胆引进国外先进的科学技术和管理经验。国外的决策科学作为管理科学的一部分被引入到国内。因为自身较为淡化的意识形态色彩，脱胎于决策科学的决策科学化民主化被社会各界广泛接受。同时新中国成立以后党和政府的多次重大决策失误错误也提出了决策科学化民主化的紧迫性和重要性。在此背景下，1986年国务院副总理万里代表党中央发表《决策民主化和科学化是政治体制改革的一个重要课题》的讲话，1987年党的十三大报告提出"党的决策的民主化科学化"，表明我们党已经正式接受了决策民主化科学化的话语并上升为党的路线方针政策。此后每次党代会和党的重要会议都要提出和强调决策的民主化和科学化，并不断加以具体化、制度化和程序化。比如，党的十八大报告指出，"坚持科学决策、民主决策、依法决策，健全决策机制和程序，发挥思想库作用，建立健全决策问责和纠错制度"。十九大报告提出，"健全依法决策机制，构建决策科

---

① ［英］拉尔夫·密利本德：《马克思主义与政治学》，黄子都译，商务印书馆1984年版，第162页。

学、执行坚决、监督有力的权力运行机制"。时至今日，决策民主化科学化已经成为社会主义民主政治建设的重要内容。

决策的科学化和民主化之间存在着内在逻辑关系。决策科学化是决策的总目标，科学化的内涵可以理解为提高决策质量，解决决策问题。要实现决策科学化，就必须使决策满足民众的需求，符合民众的愿望，这就是决策的民主化。因此，决策科学化其实包含了决策民主化的要求；决策民主化是决策科学化的前提条件。而决策的民主化就主要通过公民参与来实现，而且公民参与还可以贡献民间智慧，帮助设计和优化决策方案，促进决策的科学化。因此，决策科学化民主化和公民参与公共决策之间的关系是，公民参与公共决策是决策科学化民主化的重要内容，决策科学化民主化是公民参与公共决策的最主要的目标。正因为这两者之间的密切关系，党和政府的政策文件也经常将公民参与公共决策放在决策科学化民主化的章节条目下论述，如党的十六大报告中提出，"要完善深入了解民情、充分反映民意、广泛集中民智、切实珍惜民力的决策机制，推进决策科学化民主化"。党的十七大报告强调，"推进决策科学化、民主化，完善决策信息和智力支持系统，增强决策透明度和公众参与度，制定与群众利益密切相关的法律法规和公共政策原则上要公开听取意见"。党的十八大报告强调，"凡是涉及群众切身利益的决策都要充分听取群众意见"。党的十八届四中全会的决定中提出，"把公众参与、专家论证、风险评估、合法性审查、集体讨论决定确定为重大行政决策法定程序"，这是我们党第一次提出把公众参与作为政府公共决策的法定程序。

可见，公民参与公共决策在决策机制制度建设中的地位越来越重要，对决策过程中公民参与的要求也越来越刚性。公民参与公共决策是决策科学化民主化的必然要求和重要内容，也是实现决策科学化民主化的途径和方式。因此，党的关于决策科学化民主化方针为公民参与公共决策提供了理论资源和坚实基础。

（四）社会主义协商民主

虽然党的十三大就提出了建立社会协商对话制度的要求，但后来并没有得到实施。进入 21 世纪以后，西方国家的协商民主理论在我国学术界得到越来越多的关注和研究，实践中地方基层也创造出了以浙江温岭民主恳谈会为代表的一些协商民主经验。在此基础上，党的十八大报告正式提出了社会主义协商民主的概念，要求"健全社会主义协商民主制度"，并强调"社会主义协商民主是我国人民民主的重要形式"。随后召开的十八届三中全会决定指出，"协商民主是我国社会主义民主政治的特有形式和独特优势，是党的群众路线在政治领域的重要体现"。党的十九大报告提出，"有事好商量、众人的事情由众人商量，是人民民主的真谛"，"要推动协商民主广泛、多层、制度化发展"。协商民主由此成为我国社会主义民主政治的重要内容和形式。

虽然我国的协商民主与西方的协商民主都强调协商，表面看起来相似，也确实借鉴了西方协商民主的一些理论元素和实践经验，但这两者是具有根本性的不同和区别的。我国的协商民主是社会主义性质的协商民主，表现在"是实现党的领导的重要方式"，"是党的群众路线在政治领域的重要体现"等方面。同时我国的协商民主实施的范围广泛，层次多，覆盖了全社会各领域和从中央到地方再到基层的各层次，不像西方国家的协商民主主要局限于地方基层。此外，我国的协商民主也和传统的政治协商有所不同。政治协商主要包括政协协商和同民主党派的协商。而协商民主的内涵更宽泛，外延比政治协商大得多，政治协商只是我国协商民主的一个方面和领域。

我国的社会主义协商民主是我国人民民主的重要形式，"有事好商量、众人的事情由众人商量，是人民民主的真谛"，协商民主的内涵和表现形式可以概括为党的十九大报告中提出的"通过国家政权机关、政协组织、党派团体、基层组织、社会组织等渠道，就经济社会发展重大问题和涉及群众切身利益的实际问题广泛协商，广纳群言、广集民智，增进共识、增强合力"。可见协商民主和公民参与公共决策有密切联系，可以说协商民主包含了公民参与公共决策。协商民主从参与协商的主体来看，可以分为政权机关、党派团体、基层组织、社会组织等组织和公民个人两大类。其中公民参与政权机关渠道的协商就是公民参与公共决策，因而它成为我国协商民主体系中的一个组成部分。因此，党的十八届三中全会决定指出，"以经济社会发展重大问题和涉及群众切身利益的实际问题为内容，在全社会开展广泛协商，坚持协商于决策之前和决策之中"；党的十九大报告提出，"加强协商民主制度建设，形成完整的制度程序和参与实践，保证人民在日常政治生活中有广泛持续深入参与的权利"，这些表述中都包含了公民参与公共决策的内容。社会主义协商民主因而成为公民参与公共决策的最新的理论依据。

第二节　新媒体传播及新媒体舆论理论概要

本研究的主体是研究新媒体环境下公民参与公共决策问题，因此要对新媒体环境有一个深入的理解，为此首先要从理论上理解新媒体和新媒体环境的主要表现——新媒体传播和新媒体舆论。鉴于第一章已经界定厘清了新媒体的概念和内涵外延，这里主要介绍新媒体传播的特征、类型，新媒体舆论的特征、形成途径、扩散机制和传播效果。

一　新媒体传播的主要特征和基本类型

（一）新媒体传播的主要特征

"媒介即信息"，新媒体带来了信息传播形态和方式的革命。新媒体是和传统媒体相对应而言的，新媒体传播也和传统媒体传播相对应。新媒体作为具有划时代意义的信息技术革命的产物，其传播拥有许多革命性的全新的特征，这些特征是传统媒体传播所完全不具备的。以下择其要者予以简要介绍。

1. 多媒体和超文本

这是新媒体在传播技术层面的特征。新媒体作为一种信息载体和传播工具，多媒体是信息呈现形式上的特点，超文本是信息组织方式上的特点。人类迄今为止创造的信息存储和表现形式主要有五种：文字、声音、图片、动画和视频，分别对应着不同的传统媒体类型。多媒体就是综合运用和融合这五种或其中几种信息呈现形式的技术。多媒体的信息呈现是新媒体的基本特征之一。通过多媒体技术来传播信息，新媒体集合了以往所有媒体的信息表现形式，将传统媒体的优势集于一身，使得信息更加丰富、生动和逼真。一个新媒体，包含了报刊、电台、电视台和图片社登载的所有内容。这种具有立体效应的多媒体组合①，可以更加

---

① 这种多媒体的传播组合也被传统媒体所采用和仿效，这种现象被称为"媒介融合"或"融媒体"。

真实地反映报道的对象，大大提升了媒体传播的效果。

超文本以非线性方式组织文本信息，也就是说文本是以非线性方式储存、组织、管理和浏览信息的。传统媒体的信息组织方式是顺序的、线性的，这种方式不符合人类思维方式，因为人类的思维活动是多维的、发散和跳跃的。超文本模拟人类的思维方式，使文本的传播结构由线性的、单一的转变为非线性的、立体的。而且通过超链接的方式人们可以转入到包含文字、音频、图片、动画、视频等所有信息呈现类型。超文本的架构方式可以让文本无限扩展，丰富了信息的层次，给人们提供了全方位和多维度的信息，用户可以在阅读时方便地联想和跳转，非常符合人类发散和跳跃式的思维方式，也使人们的思维处于激活状态，有助于人们创造性思维的产生和增强。

2. 跨时空性和低成本性

传统媒体的传播很难跨出国界，而且传播速度慢，传播的距离与成本基本上成正比。新媒体与传统媒体有根本的区别。新媒体传播打破了地理空间和时间的限制，在全球范围内瞬间到达，信息传播的速度极快，时间几乎为零，同时新媒体传播的成本极低，且信息传播的范围、距离与成本无关。这极大地方便了用户在世界范围内自由地发布信息和浏览接收信息，与全球范围内的用户实时交流互动。随着移动互联网即手机媒体技术的迅速发展，以及智能手机的普及化，新媒体传播又出现了泛在性的特征，也就是信息发送和接收可以是任何人在任何时间、任何地点进行的，人们可以随时随地利用生活中的碎片化时间进行信息传播，极大地方便了人们的交流互动，同时显著增加了新媒体空间的信息总量。特别是手机微博，作为基于用户关系的互联网信息分享、传播以及获取平台，短小便捷，功能强大，成为重要的新闻消息来源地和个人信息即时分享平台。

3. 互动性和去中心化

互动性也被称为交互性，是新媒体区别于传统媒体的根本性特征。传统媒体是一种单向性的传播，信息传播者和接收者的身份是明确的，不能随意转换，两者在传播中的地位也是不平等的，传播者决定了信息传播的内容和方式，接收者只能被动接受。传播者和接收者之间的互动非常少。而新媒体具有高度的互动性，传播者和接收者双方可以随时双向互动，甚至是多向（传受之间、受众之间）互动。这使得信息接收者获得了平等地位和话语权，提升了接收者参与传播的积极性。结果，信息传播者和接收者的身份变得模糊，两者之间可以随时实现身份转换。《在线》杂志曾给新媒体下了一个定义：由所有人面向所有人进行的传播。也就是由传统媒体的少对多的大教堂传播模式转变为多对多的大集市传播模式。每个人在新媒体上都有发声的权利，形成一个"意见自由市场"。传播者和接收者之间的区分消失了，都成为新媒体的"用户"。于是传统的传播者的权威地位被打破，原有的由上到下的传播中心逐步瓦解，取而代之的是无数的平等传播主体。这就形成了新媒体的去中心化的特征。

4. 匿名性和开放性

新媒体空间是一个虚拟世界，每个人都用自己注册的 ID 账号和选择的用户名发布和传播信息，不仅信息接收者是匿名的，传播者也可以是匿名的，因而新媒体传播具有匿名性。匿名可以使传播者摆脱现实生活中性别、年龄、阶级阶层、职业、社会声望等身份和社会地位的束缚，更真实、更大胆地传播信息，发表意见，释放情绪。这也使得新媒体的舆论场会出现传统媒体上不会报道的一些新闻信息，出现传统媒体不会出现的尖锐、激烈的观点意见。另外，匿名性也使得传播者承担信息发布传播后果的责任意识弱化，出现大量传播虚假信息、诽谤等现象。在匿名的保护之下，不少人捕风捉影、信口开河，甚至出现人身攻击、人肉搜索等网络暴力行为。

同时，新媒体还有开放性的特征。这个开放性主要有三层含义：第一，开放性是作为新媒体基础技术架构的互联网的本质特征。这个"开放的数据网络"是指，"可以进行各种类型的信息服务，（这些信息）可以来自各种类型的提供者，可以给各种类型的用户使用，可以经过各种类型的网络服务机构，而且，这种连接应该是没有障碍的"①。第二，开放性还指在新媒体空间基于各种软件应用平台的各种圈子、群体的连通性。用户可以基于兴趣爱好、个人经历、教育背景、职业工作等属性自

---

① National Research Council and NRenaissance Committee. *Realizing the Information Future—The Internet and Beyond*, Washington D. C. ：National Academy Press，1994，p. 43.

发形成一个个信息传播交流的圈子和群体。通过链接，这些圈子群体都是互联互通的。这种连通性会加快信息传播的速度，扩大信息传播的范围，实现舆论的聚合，形成强大的舆论压力。第三，开放性还意味着用户发布信息和言论的自由开放性。除了国家法律禁止的以外，任何信息、任何观点言论都可以发布和传播。当然，现实中新媒体的开放性会受到法律、技术以及政治文化的种种限制。

5. 信息的海量性和检索分享的便捷性

新媒体可以共享全球的互联网信息资源，成为全球最大的信息存储场所和集散场所。新媒体拥有全球最丰富的信息资源，没有任何其他媒体在这一点上能和新媒体相提并论。通过检索、查阅，我们几乎可以找到任何我们所需要的信息。同时，新媒体的服务器上拥有大容量的硬盘，可以不限时、不限量地储存和传播信息。用户通过连接登录服务器，可以检索历史文件，阅读专题报道，检索信息数据库。这就能使用户对一个事件的历史进程和广阔背景有全面深入的了解，从而大大提高了新媒体信息传播的效果。

新媒体不仅拥有海量的信息，而且检索和分享信息非常便捷。传统媒体信息的检索依赖于实体性的图书馆和资料库，十分费时费力，而新媒体的检索运用搜索引擎技术和数据库技术，十分轻松、方便、迅捷。凡是在互联网中存储和传播过的信息，只要动动手指，即可快速地搜索得到。同时，在新媒体上分享信息也很便捷。信息的共享本来就是互联网的基本价值和精神。设计建立互联网的基本原则之一是，每一个人都有权把自己认为有价值的内容展示出来，和大家分享。在新媒体上，只要会文字录入或复制、粘贴，并点击"发送""发表""分享"等按钮，就可轻松完成信息的分享。这是传统媒体所不可比拟的。

6. 个性化和分众化

随着市场经济的发展以及利益主体的多元化，作为新媒体传播受众的个人的主体意识和自我意识逐渐增强。同时，我国的政治正在走向民主化，经济、文化、社会和个人的生活和工作都变得更加多样化。一方面，对外开放和互联网的发展，使人们的信息获取渠道更为多元，进而开阔了人们的眼界，提高了自身独立思考和判断的能力，增强了行为的独立性和自主性。个性化的用户产生了对个性化传播的需求。另一方面，新媒体具有高度的互动性，使得用户的主体性、自主性、参与性增强，特别是具有 Web2.0 技术特征的博客、微博、各类百科、微信等传播手段提供了个性化的传播形式，加剧了这种个性化的趋势。

随着人们由传统媒体的受众转变为以个人或者小群体为单元的用户，新媒体传播会最大限度地体现个人或小群体的差异和需求，最大限度地实现在信息需求方面的个人或小群体的偏好和兴趣。新媒体传播强调"为受众提供个性化服务"，从而具有靶向性和精准传播的特点。因此，新媒体在本质上不是大众化的媒体，而是小众化的媒体，传统媒体在信息传播中"广而告之"的特点逐渐转变为新媒体中的"窄而告之"，使新媒体传播呈现出"分众化"的特点和发展趋势。

（二）新媒体传播的基本类型

新媒体传播的物理终端是联网的电脑、手机及平板电脑等，可以说是新媒体的基本类型。新媒体传播的分类则可以按照不同的标准进行。按照信息传播的对象和范围，传播学把人类的信息传播主要分为四种类型：人际传播、群体传播、组织传播和大众传播。新媒体传播也可大致划分为这四种类型，但是新媒体赋予了每种传播类型新的内涵、特点和功能。

新媒体的出现，极大地拓宽了信息传播的广度和深度，对各种传播类型都产生了重大的影响。其中，人际传播具有双向互动性，信息反馈及时，因此信息交流充分深入，比较适用于劝说、教育等场合，但是传播参与的人数很少；大众传播是特定的专业传播机构向社会大多数成员传送信息、知识的过程，这一过程是单向的，几乎没有接受者的反馈。传播过程由传播者控制，接受者没有选择的自由。人际传播和大众传播居于传播类型序列的两个极端，群体传播和组织传播则位于这两者之间，不同程度地兼具两者的特点。新媒体则融合兼具了人际传播和大众传播的传播特征，形成一种散布型网络状的传播结构，任何一个节点都能发布和传播信息，这些信息以非线性的方式进入网络之中流动。因此，新媒体既具有人际传播的互动性，传播者和接收者的界限被打破；又具有大众传播的传播范围广、覆盖人数众多的优点。在新媒体传播形态中，既有一对一和一对少的人际传播形式，也有一对多的大众传播模式，还有居于这两者之间的群体传播和组织传播模式，但总体上是一种多对多的传播形态。

新媒体传播的每一种类型都包含了若干种传播的途径和平台即应用程序。它们也是信息发送和接收的终端和入口。当然，一个应用程序可能同时具有不止一个传播类型的特征，这里根据其最主要的特征来确定应用程序所属的传播类型。新媒体空间的人际传播包括电子邮件、网络聊天、手机短信等应用；群体传播包括网络社区、博客、微博、微信等；新媒体上的组织传播包括政府网站、微信公众号、政务微博、抖音号等；新媒体空间的大众传播形式包括新闻网站、综合门户网站、政务客户端等。因为近年来各级政府部门也都积极应用新媒体手段传播信息，与公众沟通交流，因此大多数应用程序都可以分为两大类：民间设立和政府设立的应用程序。具体分类见表2—1。

表2—1　　　　　　　　　　新媒体传播的途径和平台

	人际传播	群体传播	组织传播	大众传播
民间设立	电子邮件、网络聊天、微信、手机短信	网络社区、博客、微博、微信、社交网站	企事业单位官方网站、社会组织网站	新闻网站、综合门户网站
政府设立	领导信箱、网络信访及举报投诉网站	政务论坛、官员个人微博微信	政府网站、政务客户端、政务微博、政务微信	传统媒体网站

每一种应用程序都是一个信息传播的平台，因此很多程序往往设置了不止一种信息传播交流方式。比如新闻网站往往设置有新闻跟帖评论、公共论坛、网络民意调查的方式；网络社区一般设置有公共论坛、电子邮件、网络投票、在线聊天等方式；政府网站作为公民问政参政的综合性门户，包含的信息传播和交流方式最多，如领导信箱、在线问答、在线意见征集、网络举报投诉、在线访谈、公共论坛、网络听证、网络民意调查、网络投票等；综合门户网站与政府网站类似，也设置有比较多的方式。而博客、微博、微信、客户端、抖音号等设置的信息传播方式则比较单一。

二　新媒体舆论的内涵特点和演化过程

（一）新媒体舆论的内涵特点

舆论又称社会舆论。媒体作为社会中最重要的信息采集、加工、传播的机构，不仅为社会公众提供认知世界的信息环境，还承担着汇聚舆论、扩大舆论、传播舆论和引导舆论的任务。新媒体上信息的传播交流形成新媒体舆论。在新媒体上信息和舆论关系密切，界限日趋模糊，出现信息传播的舆论化趋势。新媒体中的信息传播是以一个核心事件为主、放射性的多向传播，这种传播方式与舆论扩散十分相似。同时，它也不是单一维度的网络传播，而是在大众传播、人际传播、群体传播、组织传播等多种渠道里传播。于是信息传播同时又构成舆论的扩散过程，信息在传播过程中不知不觉地演化成了舆论。

新媒体舆论就是在新媒体上产生形成、演化发展和扩散传播的舆论。那么什么是舆论呢？关于舆论人们有各种各样的界定。一般有广义和狭义两种理解。广义的理解强调舆论是公众意见的表达和传播；狭义的理解强调舆论是多数人的共同意见。无论广义或者狭义理解，都认为舆论具有公共性、持续性和影响性。本书根据新媒体的特点，从广义的视角理解舆论的内涵，认为舆论就是个人、群体和组织针对社会问题、现象、事务表达态度、意见、情绪的过程。

新媒体舆论作为一种全新的舆论形态，具有前所未有的特点、优势和价值功能。简言之，主要包括：第一，消解了社会舆论形成和传播的边界，使舆论传播无处不在，智能手机等移动终端实现了舆论传播的移动化、泛在化，无处不能、无处不有。第二，扩展了社会舆论的传播途径，新的传播途径和手段层出不穷，实现了传播渠道的多样性。第三，打破了传统媒体对社会话语权的垄断，解放了普通大众的话语能力，赋予了普通大众快速、直接参与社会舆论的机会与权利，实现了平等的参与权。第四，以频发的网络群体事件所形成的舆论为代表的新媒体舆论影响力强大。网络群体事件形成的舆论是一种强效舆论，能在最短的时间内完成舆论的发酵、扩大和传播并爆发出强大的影响力，经常能改变政府公共决策、制约政府不良行为，揭发曝光贪腐行为，引发官员受到惩处。

（二）新媒体舆论的演化过程

社会舆论是一个从酝酿产生、扩散演化、形成高涨到逐渐消退的周期性过程。新媒体舆论虽然演化形成速度快，周期缩短，但也大体符合这个演化发展的过程。和传统媒体环境下的舆论过程一样，新媒体舆论的演化过程也可以划分为舆论产生、舆论扩散、舆论建构和舆论消退四个阶段。但这四个阶段的形成方式、特点和作用机制都发生了显著的变化，而且阶段性不如传统舆论明显。新媒体舆论的发展演化总体上符合传统舆论的线性过程框架，但也体现出了新媒体舆论的多元、网状和非线性的特点。这四个阶段的特点与机制如下：

1. 舆论产生阶段

舆论产生指的是公众关注的议题的产生和出现，也可以说是舆论的酝酿阶段。新媒体空间存在着无穷无尽的海量信息，而且纷繁杂乱、瞬息万变，哪一条信息成为舆论热议的话题看似具有偶然性和随机性，但实际上存在着议题的议程设置机制。新媒体上的议程设置机制分为自上而下和自下而上两种路径。自上而下的途径是指新闻网站、门户网站和传统媒体网站的议题设置，它们将某个新闻或话题放在网站首页的醒目位置，以引起公众的关注。这和传统媒体的议程设置机制类似。如果该新闻或话题有较强的公共性和争议性，就会被转发到各大论坛、博客、微博、微信、社交网站等舆论空间，引发用户的讨论，形成舆论议题。自下而上的途径是指新媒体用户设置议题的机制。用户在新媒体上将某个议题抛出，其他用户随之广泛转发、评论和讨论互动扩散议题，使其成为舆论议题。网络论坛是设置这一类议题最常见的平台，具有较为成熟的议题设置功能，如推荐帖、置顶帖、热门话题排行等。其他如博客、微博、微信、即时通信工具、社交网站等通过转载、分享、状态等也能进行议题设置。特别是微博，通过新闻现场和突发事件的实时报道或直播，能迅速提高议题的关注度。

不过，不论是自上而下还是自下而上的路径，其议程设置的作用都是有限的。新媒体上用户的自主性增强，一个议题是否引起公众的关注和讨论最终取决于三个因素：一是议题的公共性程度，也即与民众的利益关联程度。二是是否符合当前社会的流行思潮与热点问题，举凡涉官与涉腐、社会贫富差距、社会公平正义、民族主义与中外关系、公共安全等热点问题，都很容易成为舆论议题。三是议题的争议性程度，一个议题越有分歧争议，越有不同意见，越容易成为舆论热议的话题。

新媒体舆论的产生有两个关键环节。首先，新媒体的议题传播渠道多元联动，传播速度迅速。某一个议题一旦引起共鸣和关注，在很短的时间内各大新闻网站、网络论坛、博客、社交网站、微博、即时通信工具、微信、搜索引擎、视频网站等传播渠道都会同时关注，以各自的方式将议题进行迅速的、多角度的"病毒式传播"。各种媒体形式之间信息的联动互动传播成为舆论产生的关键环节。其次，当作为主流媒体的知名门户网站和传统媒体关注到已在新媒体热议的议题，将其放置于首页，则完成了舆论议题的设置。这也是最终引致舆论产生的关键环节。新媒体特别是自媒体往往能为大众传播媒体设置议程。由于自媒体用户身处事件现场，对事件的报道经常先于大众媒体，迫使大众媒体不得不关注自媒体关注的议题，从而被新媒体设置议程。

2. 舆论扩散阶段

舆论议题产生之后，需要有一个传播扩散的过程，才能使舆论议题不断地集中化、清晰化和明确化，使大多数公众知晓议题、理解议题，从而使公众对议题形成认知、判断和自己的观点。在舆论议题产生之初，议题内容往往是不易理解和含混不清的，通过扩散过程中的解释、沟通和论说，更多的公众理解了议题，形成自己的判断和观点。与传统媒体时代不同，新媒体舆论的扩散是一种多主体、多角度、多元化的扩散过程，并非只有一种主流意见。

新媒体上舆论扩散的主体是多样化的，总体上可以分为个人用户和传播机构两大类。个人用户是新媒体舆论扩散的基本主体，传播机构包括了传统媒体、门户网站、新闻网站、政务新媒体，以及网络公关公司等组织。其中，新媒体舆论的扩散更依赖于无数个人用户的力量。无数微小的个人力量聚沙成塔，汇聚成庞大的舆论洪流，蚂蚁掀翻大象的剧目不断上演。个人进行舆论扩散的具体方式主要有两种：一是关注，也就是浏览查阅议题的内容、观点和阐释；二是发布信息，发表自己对议题的观点和对别人观点的评价等，包括发帖、跟帖和转帖等形式，也包括微信、博客和微博上的发表、分享和转载等形式。

新媒体上舆论扩散更加多元化和复杂化。新媒体是一个开放、自由的话语空间。独立的、平等的、匿名的个人是舆论扩散的主要力量和主导性力量。无数人会产生无数的分支议题和各种各样的观点主张，提供关于议题各个侧面的信息。新媒体舆论扩散的方式也是多元化的，转贴、搜索引擎、社交网络、网络推手甚至线下行动都是舆论扩散的主要方式。无数个信息、观点和意见，不管是真实的还是虚假的、正确的还是错误的、全面的还是片面的、客观理性的还是情绪化的，都在新媒体的舆论场里碰撞、交融与聚合。伴随着议题的扩散过程，大量的关于议题的分支子议题逐渐汇聚为少数主要子议题，关于各个子议题的多种多样的观点也不断集结减少，最后几种主要的观点成为新媒体上舆论的主流，最终汇聚成少数几个核心议题和舆论优势意见。

3. 舆论建构阶段

新媒体舆论的建构过程往往与舆论的产生和扩散过程同步，只是为了分析研究的方便才将其区分为不同的阶段。舆论建构是指舆论最终形成优势意见或共识的过程。共识不是每次舆论过程都可以形成，但优势意见一般都可以出现。我们可以将舆论建构过程划分为意见交互和优势意见形成两个阶段。

意见交互阶段又可以划分为意见表达、意见论辩和意见修正等阶段。新媒体为所有人提供了获取信息和表达意见的渠道。每个人都拥有平等地表达任何意见的权利。意见互动的本质是让公众从各种角度、各种层次来探讨公共事件、公共问题和公共事务，并通过与他人交流讨论，逐步加深和拓宽对讨论客体的认识，进而调整自身的观点与态度，通过意见的聚合，为最终形成优势意见做准备。在意见交互过程中会出现某些关键意见，如内幕爆料、意见领袖的具有说服力和影响力的分析、舆论当事人的态度、政府部门的回应等。这些关键意见会改变舆论的演化进程，影响舆论的走势或方向，有的起到加速意见聚合的效果。

意见交互的过程中一般伴随着情绪化的观点表达和论辩，也有部分意见仅仅是一种情绪的抒发。后一种情况是合理的允许的，但对意见交互无益。前一种情况则不符合理性沟通协商精神，应尽力避免。意见交互在现实中比较常见的情况是会经历一个争论—辩论—讨论的过程。一个话题成为议题后，参与者在表达自己的意见时，一开始常常带有明显的情绪化倾向，参与者坚信自己的意见是正确的，与自己不一致的观点肯定是错误的。当发现别人也坚持自身的观点时，参与者开始和对方"据理力争"，形成热烈的争论。此后，参与者感到与自己不一致的观点不会被轻易战胜，于是开始寻找各种证据论证自己的观点，并关注某些细节问题，以发现对方观点的纰漏和失误，试图说服对方。由此进入了辩论阶段。辩论阶段已经开始思考对方的观点，因此已经有一定理性成分了。随着辩论中对议题的思考逐步深入和全面，参与者的理性逐渐增强，情绪逐渐消退，开始心平气和地交流和对话，由此就进入了讨论阶段。参与者不断寻找各种相关信息和细节，提出新的论据和理由，并进行交换讨论。于是议题得以更为真实、全面地理解和展现。随着分析和思考不断深化，参与者对自己的观点进行反思，并开始修正自己原有的观点，接受对方观点中的合理之处。

优势意见形成在大多数情况下是舆论发展演化的最后阶段。随着意见论辩的深化，出现了意见聚合，社会公众不断通过自身理性判断，自愿选择自己认同的观点，进而加入优势意见阵营。由此形成了舆论的优势意见。一般来说，新媒体舆论的优势意见往往是先在一些特定的传播平台中产生鲜明的态度和意见，形成局部优势意见，然后通过各种传播途径向外扩散，从而形成整体舆论的优势意见。有两个常见的规律性现象会加速优势意见的形成。一个是"沉默的螺旋"现象。由于人们惧怕社会孤立，会对优势意见采取趋同行动，因此形成了意见的一方"越来越大声疾呼"而另一方越来越沉默下去的螺旋式过程。由此新媒体舆论在形成过程中，经常会出现压倒性的优势意见和一边倒的态度。另一个是社会中弥漫性的情绪也会促进优势意见的形成。相似的情绪往往会迅速支配公众，使公众的情感和思想全都转到同一个方向，从而扩大支持优势意见的群体，使舆论优势意见加速形成。这两个规律性现象加上新媒体舆论其他的一些特征，有时会导致优势意见的形成超出正常范围，走向极端和偏激，也就是意见的极化。这被称为"群体极化"现象。群体极化的社会破坏性和危害性十分突出，因此应该尽力消除和避免。

4. 舆论消退阶段

新媒体舆论的议题主要可以分为两大类：普遍性的公共问题和个案性的公共事件。这两类议题在新媒体舆论演化和舆论消退上表现出不同的特点。公共问题议题的舆论往往持续时间比较长，舆论强弱由于关键意见出现和相关事件的爆出而起伏波动。除非公共问题得到完全解决，舆论的消退一般相对比较缓慢。由公共事件引发的舆论通常存在周期较短，呈现出过山车式的"来也匆匆、去也匆匆"的突出特征。公共事件往往是社会突发事件，由此引发的新媒体舆论也是爆发式的，爆发力很强，从舆论发生到扩散、再到舆论形成达到高峰呈现直线上升趋势，在短时间内集聚了强大的能量、形成全方位的弥散性影响。舆论的广度和强度都迅速达到最大值。但随着公共事件的结束或者政府给予有效应对和解决，新媒体舆论也迅速消退直至消失。

新媒体舆论总体上周期较短除了和议题本身的类别相关以外，新媒体空间信息传播的特点也是一个重要的原因。新媒体上信息海量、纷繁杂乱、瞬息万变，舆论事件不断发生，导致人们关注点和注意力的分散，往往是上一个舆论过程还没有结束，下一个舆论已经到来。这造成前后舆论之间的淹没性突出。很多舆论议题还没有得到充分讨论，舆论还没有形成优势意见，还没有产生现实效果就由于公众被其他舆论议题吸引过去而中途停止。新媒体舆论存在的周期短、淹没性强的特点使公众难以有足够的讨论和反思时间，导致新媒体舆论往往较为肤浅，情绪性表达较多，理性讨论和达成共识较少。因此，新媒体舆论一般呈现出广度和强度较高但深度不足的特点。

第三节 新媒体环境对公民参与公共决策的影响

本书认为，新媒体传播和新媒体舆论两方面共同构成了新媒体环境。自进入网络社会以来，公民参与公共决策都是在新媒体环境下进行的。一方面，公民参与促进了新媒体传播和新媒体舆论的放大和扩散；另一方面，新媒体环境也对公民参与公共决策产生了全面而深刻的影响。这种影响可以分为积极影响和消极影响两个方面来阐述。

一 积极影响

（一）促进政府运行透明化和公民知情权的实现

新媒体基于互联网所形成的跨媒介互联互通形成了既没有中心又没有边界的分散式网络结构，进入这个网络的人都可以随时了解任何一个节点发布传播的信息。同时，信息共享是互联网和新媒体的基本精神。每一个新媒体用户都能随时随地上传和发布信息，交流讨论，从而使众多的信息碎片汇合成完整的事实全貌，碰撞出客观的思想观点。此外，新媒体信息的海量性及搜索查找等功能，使用户可以方便快捷地随时查找自己所需的信息。可以说，通过检索、查阅，我们几乎可以找到任何我们所需要的信息。

结果是，新媒体上的海量信息和信息交流与共享，导致了一个巨大的全景镜像世界的形成。这个镜像世界既是虚拟的，又是真实的。真实是因为它是现实世界的模拟的和近乎逼真的反映与投射。这个镜像世界近似透明，因为现实中发生的事实会在其中清晰可见。一个事件刚刚发生，迅即有文章、音频、视频等各种形式的信息在新媒体上显现；现实社会人们有什么情绪、想法和价值观念，也会迅速映射到镜像世界中。特别是随着政府大力推行政府信息公开，积极推进新媒体问政平台的建设，各类政务信息和公共决策相关信息普遍得到公开，推动了阳光政府建设和政府运行的透明化。这又调动了公民了解参与公共事务的主动性和积极性，从而促进了公民知情权的实现。

（二）极大地拓宽了公民参与的主体范围和规模

新媒体环境下，公民利用媒介参与不仅具有直接互动、自由开放、成本低廉、快速便捷、效果显著的优点，同时公民参与时也可以掩盖其真实身份、性别、年龄、职业、教育程度、财富状况、社会地位等，大大减少公民在参与过程中的顾虑，使其更加积极主动、真实大胆地发表意见，参与讨论，同时也实现了公民参与的平等性，人人都拥有了平等的参与权。与传统媒体上的信息发布需要对信息进行过滤和筛选不同，新媒体环境下公民可以随时在新媒体平台发送或接收信息。新媒体的信息资源对任何人都是开放的，没有地域和时间的限制，公民可以随时自由传送自己知晓和持有的事实、观点和态度。

这些特点和优势为公民设置个人议题、发表个人意见、参与公共讨论提供了便利，给了所有人参与公共决策的机会和权利。每个人都有机会成为媒体信息的发布者，每个人都有选择和传播信息的自由。通过BBS、微博、微信、网站、QQ、手机短信等，公民可以随时随地实时发表意见，参与讨论。总之，新媒体以其诸多特有的优势使社会公民拥有了平等的意见表达权利和渠道，使其成为一个开放、自由而包容的公共空间。同时，新媒体环境下公民参与的低成本、快捷方便等特征也激发了公民的参与热情，增强了公民参与的主动性和积极性，并进而培育了公民的权利意识、民主素养和参政意识。

（三）更多民意信息和民间智慧的输入提高了公共决策的科学性

新媒体传播和公众参与产生了新媒体舆论。当前，新媒体舆论已成为社会舆论的主要表现形式。新媒体舆论是政府了解社情民意的新渠道。这条渠道赋予了公众在传统媒体上无法获得的发言机会，为不同的思想观点提供了百家争鸣的表达平台。公民在这个平台上抒发情感、表达思想和发布传播信息。任何一种声音都能进行自我表达，任何一个公民都能设置议题和展开讨论。这可以使政府能够更加充分、全面、准确地了解社会公众的声音与需求，从而更好地在公共决策中吸纳民意，反映民情，促进公共决策的民主化。此外，公开讨论中的参与者存在潜在的利益相关者，能比决策者更敏感、更准确地反映社会问题。公民通过对议题的充分交流和反复讨论，逐渐从感性认识上升到理性分析，认清自身的利益所在，正确界定公共利益，从而形成共同的公共利益诉求。公民主动向政府提出诉求，施加影响和压力，也是实现公共决策科学化民主化的一种方式。

公民可以通过新媒体对政策目标和政策方案自由发表意见，及时提出自己的政策诉求和可行的政策方案或修改完善建议，这不仅有助于克服决策者的有限理性的局限，也有助于拓宽公共决策方案的选择空间，促进公共决策的科学化。新媒体舆论空间是民间智慧的集散地。近年来，在人大立法和政府行政立法、公共决策制定过程中，法律法规或决策方案经常被发布到新媒体上，公开征求意见。许多公民积极建言献策，其中不乏充满智慧的真知灼见。公众的意见建议体现了对事物不同角度的认识，包含着许多民间的睿智和卓识。因此，政府可以通过新媒体充分汇聚民意、集中民智，从而提高公共决策的科学化水平。

（四）新媒体舆论推动了公共决策体制和模式的转变

信息就是权力。传统时代，政治上的高度集权体制是与政府对信息的高度垄断分不开的。新媒体传播具有的去中心化特征，使权力由集中走向了分散。新媒体的出现，打破了精英阶层对于信息的垄断状态，对由此产生的集权控制起到了颠覆作用，代之以分散化的权力结构，促进形成分权化的政治体制。而公民参与是促成这种转变的具体途径。新媒体使公民参与更加直接、便捷和高效，也使社会舆论的形成速度更快、规模更大、影响更广。社会舆论形成后，又能够促进公民参与的扩大。形成新媒体环境下社会舆论与公民参与相互促进与放大的局面，最终改变政府的公共决策，促成社会问题的解决。

新媒体造就了大众的崛起，普通人获得了更多的发言权和更大的舆论影响力，推动了民主化的发展。新媒体为公民提供了一个参与主体广泛、开放自由便捷的言论平台，使得民意能够顺畅真实的表达，社会舆论急剧扩大，大部分公众通过交流讨论达成一致意见，迅速形成强大的舆论压力，甚至带来线下的实际行动，使政府感受到巨大的民意压力，不得不做出正面回应，顺应满足民众的要求，制定或修改相关的公共决策。公民参与公共决策意味着公民分享政府的决策权，将民意和舆论的影响力转化为决策权力，这就一定程度地实现了直接民主。上述过程不断重复性出现，将导致公共决策体制和模式的转变，也即由精英自上而下主导型向大众自下而上推动型转变。

（五）新媒体上官民之间的交流互动增强了公共决策的可接受性

新媒体具有高度的互动性，是一个良好的沟通交流、协商讨论的场所。因此，新媒体环境下公民参与公共决策的过程也是一个决策者与公民之间交流讨论的过程。公民提出诉求、批评和建议，政府及时做出回应和反馈。公民参与公共决策就是不断重复这一互动的动态过程。而且新媒体环境的匿名性使公民更加真实、更加大胆、更加主动地参与互动过程，向政府提出要求和批评。这个互动过程既包含了官民之间信息和情感的沟通交流，也包含了带有权力分享成分的协商讨论。通过官民之间的协商讨论，政府决策者可以发现公共决策中的偏差、缺陷和不足，吸纳民意、集中民智，及时纠正调整公共决策，提升公共决策的科学性和民主性。同时，政府官员和公民在新媒体上可以充分交流信息、沟通思想，既可以解释决策制定的意图和初衷，提供决策出台的背景和各种制约因素的信息，又可以答疑解惑，消除公民的各种误解和疑虑，从而增进公民对公共决策的理解和支持，增强公共决策的可接受性。这将使公民支持和配合公共决策的执行，积极参与决策执行工作，有助于公共决策被顺畅高效的执行，实现公共决策预定的目标。此外，在宏观上，政府和公众之间平等交流、开诚布公、畅所欲言，公民倾吐自己真实的生活感受和所思所想，政府告知自身的实际情况和现实限制，可以促使两者相互理解体谅、形成最大共识，密切两者之间的关系，从而增进公民对政府的支持和信任，增强政府执政的合法性。

二　消极影响

（一）数字鸿沟

数字鸿沟又称信息鸿沟，简单地说，就是指社会中信息富有者和信息贫困者之间的差距。在当代社会，数字鸿沟是累积性的，是与经济上的贫富两极分化类似的信息获取、拥有和利用上的两极分化。数字鸿沟源自于传播学中的知沟理论，可以说是信息社会和新媒体时代的知沟。理解新媒体时代的数字鸿沟理论需要至少把握三个方面：数字鸿沟的表现形态和构成要素、数字鸿沟存在的群体特点和数字鸿沟产生的原因分析。

数字鸿沟主要表现在四个方面：一是接入与接近新媒体层面的差距。互联网等新媒体的使用不仅需要信息基础设施方面的资金投入，而且需要用户支付新媒体硬件、软件及信息服务费用。用户之间经济状况的差距是产生数字鸿沟的主导因素。经济条件差的公民忙于赚钱养家糊口，没有经济支付能力，也没有时间去使用新媒体参与公共决策。虽然随着信息技术的日益普及，显现出规模经济效应，新媒体的接入费用日益降低，但总有一部分人负担不起这部分费用。二是运用新媒体的专业知识和操作技能方面的差距。随着新媒体技术的大众化发展，对用户的知识和能力要求已经大为降低，但总有一部分人比如老年人不能运用或不能熟练运用新媒体参与公共事务。三是新媒体上的内容方面的差距。在开放多元、纷繁复杂、近似于自由竞争市场的新媒体空间，其实也存在着信息和意见的主导者和引领者群体，信息和意见往往以这些群体的利益、观念和爱好为取向。这些群体经常以意见领袖的身份出现，在参与公共决策中因而具有明显的优势和话语权，因而与其他群体之间存在着鸿沟。四是个人利用新媒体的动机和兴趣偏好。许多人不使用新媒体并不是因为其不具备条件和能力，而是因为他们更习惯于通过传统的途径来参与公共事务。他们只是不喜欢通过新媒体来完成通过其他工具可以完成的任务。即使那些经常使用新媒体的人，也有很多只是进行娱乐休闲、社交购物等活动，而对参与公共事务不感兴趣。

一个社会可以根据多个标准划分社会群体。根据划分标准的不同，数字鸿沟可以存在于多种不同的社会群体之间。我国比较常见的是存在于地区之间、城乡之间、不同受教育程度之间、不同年龄之间、不同阶层之间、不同职业行业之间的数字鸿沟。当前我国新媒体使用主体的总体特点是年轻化、知识化和城市化，这会影响公共决策参与主体的代表性和结构的均衡性。

（二）参与的分散化和无序化

新媒体开放性和互动性的特征打破了传统媒体对信息来源和传播渠道的垄断，其自媒体的属性使得"人人皆媒体"成为现实，任何公民都可以自成媒体，通过新闻、图片、音频、视频等，发布信息，对公共事务和公共决策发表意见、展开讨论。新媒体参与还具有成本低廉、便捷的优势，同时新媒体内涵的平等性使得普通民众获得了话语权。话语权不再是拥有媒体接近权的精英才能拥有，而是成了社会大众的基本权利。这些新特点和优势都促使公民积极主动地发出自己的声音。同时，市场经济的冲击以及思想观念的变化，使得受众主体意识增强，价值观念和利益、兴趣等变得多元化多样化。在新媒体环境下，公众的信息来源大大增多，眼界逐渐开阔，促使公众独立思考和参与的意识增强，从众心理有所减弱，出现个性化和多样化的参与态势。在新媒体空间，传播主体是多元化的，既有一些传统媒体，也有无数个个人和组织为各种各样的目的进行信息传播，参与公共决策，甚至有的人没有什么明确目的，仅仅是为了参与而参与。新媒体就像一个大市场，谁都可以在里面随意地发布自己的观点和意见。同时，在新媒体上，政府想要控制信息和舆论的传播有相当大的难度。由于信息数量的无限性、用户数量的海量性，信息传播的即时性，政府的全面控制几乎是不可能的。新媒体环境的这些因素，共同导致了公民参与公共决策的分散化特征。

新媒体环境下参与的分散化导致了参与的无序化。在中国，参与的无序化基本上等同于参与的非制度化。分散化其实已经一定程度地蕴含了无序化的含义。由于新媒体的匿名性、开放性和虚拟性等特征，使得用户的伦理道德意识变得淡薄和弱化，加之法律对新媒体空间规范的困难，致使很多用户的参与是过度自由和不负责任的。这种参与使得新媒体可能成为"历史上存在的最接近真正的无政府主义状态的东西"①。参与的无序化主要表现为：参与非法化和参与过度化。新媒体的虚拟性使人们以为可以不受任何道德和法律的限制，匿名性使人们参与的责任意识弱化，不安全感下降，于是虚假言论和道德失范行为大量出现。比如有人在新媒体上发布虚假信息，散布政治谣言；有人大肆散播攻击性言论，对政府和政策进行歪曲和诋毁，对政府官员诽谤辱骂等。也有的人通过群发电子邮件等形式传播非法言论，攻击政府和政治制度。这都是参与非法化的表现。参与过度化是指由于没有规范的参与制度通道，公众的意见输入过多过强，杂乱无章，给政府公共决策造成了难以抉择的局面，加之参与主体的局限性，使得民意具有片面性。新媒体舆论的肤浅性、片面性和强大力量，导致参与的过度化，致使政府面临两难的选择。如果不接纳民意，会影响到社会的安全稳定；但如果接纳这种短视和片面的民意，则会影响社会的整体利益和长远发展。

（三）参与主体行为的非理性化

新媒体环境下，公民参与公共决策的主体经常表现出行为的非理性化。在理论上这主要包括非理性个体行为和非理性群体行为两类。在新媒体空间，个体的行为倾向和特点受到群体行为和舆论氛围的强烈影响。群体行为是由个体行为组成的，在虚拟的网络空间，个体彼此并不见面，没有现实中的集体行动，因此新媒体空间的个体行为和群体行为实际上是融合的，没有明确的区别。公民在参与公共决策中的非理性行为主要表现为行为的情绪化和群体极化现象。

新媒体舆论的形成演化过程往往伴随着群体情绪的宣泄。现代社会的个体无法逃离社会秩序，需要有适宜的途径发泄其积聚的社会不满情绪和生活中的压力和迷茫，新媒体成为一个最好的空间和平台。在新媒体上能够随意表达不满、发泄情绪，通过嬉笑怒骂、戏谑恶搞来释放压力。新媒体因而成为大众的"情绪释放广场"。当个人加入群体，往往会忘记道德、责任和社会约束，在法不责众的心理下盲目模仿和从众，出

---

① ［美］比尔·盖茨：《未来之路》，辜正坤译，北京大学出版社 1996 年版，第 23 页。

现攻击、辱骂等网络暴力现象，产生群体情绪化行为。一旦有涉及社会道德、伦理、价值观、公平正义的网络事件发生，成千上万的新媒体用户就会围观，群起而攻之，"舆论审判"、人肉搜索等成为常见现象。情绪化的宣泄使得舆论变得简单粗暴而偏激极端，成为一种失去理性和社会约束的、经常侵犯他人权利的"集体的狂欢"。

新媒体用户行为的情绪化最终导致群体极化现象的出现。情绪化也是群体极化产生的最重要的原因之一。群体极化按照其提出者凯斯·桑斯坦的定义，是指"团体成员一开始即有某些偏向，在商议后，人们朝偏向的方向继续移动，最后形成极端的观点。在网络和新的传播技术的领域里，志同道合的团体会彼此进行沟通讨论，到最后他们的想法和原先一样，只是形式上变得更极端了"[1]。其中的原因主要有两方面：一方面，现实中群体比单个个人更容易出现情绪化，而新媒体上群体行为的情绪化更加严重。情绪化使得在讨论中参与者态度偏激，并且言辞激烈、以偏概全。另一方面，新媒体空间的群体具有群内同质化、群际异质化的特性，我们在网络世界里更愿意寻找持有相同思想的人们，从而强化我们的观点，而不是通过选择不同的观点来挑战自己。同质化的群体内部意见相近、志同道合，没有不同意见的竞争，在情绪化的催化下，态度很容易走向极端化。因此，造成群体极化的重要原因是群体内的"协同过滤"所造成的竞争观点的缺乏。真实世界的互动通常迫使我们处理不同的东西，虚拟世界却偏向同质性，地缘的社群将被取代，转变成依利益或兴趣来结合的社群，"网络对许多人而言，正是极端主义的温床"[2]。群体极化相比情绪化行为，给新媒体环境下公民参与公共决策带来更严重的危害和社会后果。

（四）信息超载及信息污染

如前所述，新媒体传播实现了全球信息的共享与互动，具有信息海量性的特点。同时，在新媒体上每个人都获得了信息的传播权，都可以

---

① ［美］凯斯·桑斯坦：《网络共和国——网络社会中的民主问题》，黄维明译，上海人民出版社 2003 年版，第 47 页。

② ［美］凯斯·桑斯坦：《网络共和国——网络社会中的民主问题》，黄维明译，上海人民出版社 2003 年版，第 51 页。

随时随地地发布和传播信息，任何人都可以以任何目的传播任何信息。这样就导致了新媒体空间信息的浩如烟海和纷繁芜杂、良莠不齐。这就产生了信息超载、信息污染以及信息选择利用等问题。信息的适用性可以用两个指标来判断：一个是信息的数量，另一个是信息的质量。信息数量过多产生的问题人们经常用信息爆炸轰炸、信息泛滥或信息超载、信息压力等名词来形容；信息质量不高主要表现为真实性、社会危害性以及可利用性等方面。这类问题人们常常用信息污染、信息垃圾、不良信息、无效信息等词汇来形容。

对社会宏观管理来说，主要是信息总体上的结构不良问题也即信息的质量问题，表现为新媒体上存在的高质量优质的信息少，低劣质量的信息过多。比如，新媒体空间经常存在大量的虚假信息、鼓吹暴力的信息、思想极端偏激的信息、侵犯他人权利的信息、色情淫秽信息、泄密和危害国家安全的信息、违反社会伦理道德的信息等。这些信息泛滥成灾，数量过多，构成社会不良的整体信息环境，会影响到人们的社会心理、思想观念和舆论，进而影响到政治价值观、心态和参与目的，不利于公民理性有序地参与公共决策过程。

信息超载问题更主要是表现在新媒体的用户个体层面。个人面对信息的海洋，面对良莠不齐的信息，往往会无所适从和迷失自我。如何快速而准确地获取对自身有用的信息，在新媒体环境下变得非常困难，人们面临着选择利用有效信息的巨大难题。在新媒体传播中，信息的发布、传播失去控制，任何人都可以自由发表意见，而且发布信息的成本几乎为零。这造成信息传播权的滥用，产生了大量的虚假信息、有害信息、无用信息，造成信息环境的污染和信息垃圾的产生。这对人们选择利用信息造成了干扰和困难。此外，新媒体空间的信息是高度碎片化、零散的，是缺乏完整性和内在一致性的信息。同时新媒体上的信息还有缺乏深度和理性不足的特点。这些也增加了公众收集选择和利用所需信息的难度。因此，浩如烟海的信息海洋，虚假低劣信息大量存在，信息的碎片化、缺乏一致性，以及深度和理性不足的特点，使得新媒体环境下公民既难以形成正确的价值观和健康的心态，也难以获取完整的真实全面的事实信息，对事物的分析和理解也较难深入和客观。这都对公民参与公共决策造成了不利影响。

（五）增大舆论管理和引导的难度

社会舆论构成我们生长出自身的价值观念和意见观点的社会信息环境，是我们感知外部世界的"皮肤"。社会舆论代表了民意，而民意是政治统治合法性的根本来源，影响到政权统治的稳固性。因此，社会舆论需要进行管理和引导，各国莫不如此。在传统媒体时代，由于传统媒体承担社会舆论的"议程设置"和"把关人"的角色，政府对社会舆论的管理和引导不难实施。然而，在新媒体环境下，政府管理控制和引导社会舆论的难度大为增加。其主要原因在于，新媒体具有高度开放性，发布和传播信息不需要政府有关部门的批准。每一个人都可以成为新闻发布者、议题设置者和意见传播者，成为舆论发起者。由于新媒体用户数量庞大，政府不可能检查每一个用户发布传播的每一条信息和言论，这就使得对新媒体舆论的控制变得十分困难。

同时，由于新媒体舆论的分散性、自发性、无序性和失范性，对新媒体舆论的引导也变得更加困难。具体表现在：第一，新媒体舆论具有自发性和不确定性，舆论的主导权不完全由网站或传播平台掌握，而主要是由参与传播讨论的用户数量的多少和意见的强度所决定的。有很多因素影响到新媒体舆论的建构和优势意见的形成，因此舆论发展具有不确定性。第二，从新媒体用户的主体来看，"有85%以上都是青年知识分子，他们大都各有主张，不轻易认同别人的观点"[1]，新媒体用户的独立性和自主性，带来了新媒体舆论的个性化和多样化，导致话语权的分散，弱化了政府对社会舆论的掌控和在议程设置上的作用。第三，新媒体舆论具有无序性和复杂性。新媒体舆论处于混乱无序的状态，理性客观全面的自觉舆论与情绪化、群体极化倾向明显的自发舆论并存。自觉舆论往往代表了社会的主流价值观、意识形态和伦理道德。自发舆论则往往是非理性和片面偏激的意见。但两相比较，自发舆论仿佛是浩瀚的大海，而自觉舆论只是大海中的一朵小浪花。第四，新媒体舆论价值观念的多元性与批判性。一方面，新媒体的开放性和低门槛使得在其中产生的言论自由、多种多样，能够汇聚各种不同价值倾向的意见。任何价值观都可以在新媒体上被发现。同时，世界上存在着各种不同的社会价值观念

---

[1]　匡文波：《新媒体概论》，中国人民大学出版社2012年版，第180页。

和意识形态，而新媒体是跨空间地域的，信息和言论可以从地球上的任何一个地方无限量地传播到另一个地方，也导致新媒体舆论及其背后的价值观念和意识形态十分多元化。另一方面，大多数新媒体用户处于社会的中下层，其社会地位和经济收入不高，但受过一定教育，参与愿望强烈。这使得反权威和批判性的价值取向成为新媒体舆论的主流。但这种价值取向多数情况下并不是批判性思维，而是只有"批判"，没有"思维"，缺乏理性和建设性，有时甚至只是为了批判而批判的偏激意见。总之，新媒体环境不仅使对舆论的管理和引导的难度增大，而且冲击和瓦解社会的主流意识形态，威胁到国家的政治安全和政治稳定。

第 三 章

新媒体环境下公民有效参与
公共决策的衡量标准

第一节 新媒体环境下公民参与
公共决策的新特点和生成机理

当前，新媒体已经取代传统媒体成为公众身处的主要媒体环境和舆论环境。传统媒体在舆论传播中的地位和作用明显下降，新媒体成为当前民意的主要呈现途径和载体。如前所述，新媒体环境对公民参与公共决策既产生了令人鼓舞的、革命性的积极影响，也出现了一些不容忽视的消极影响。这些影响如果换个角度归纳，从公共决策中公民参与的视角来看，就是新媒体环境下公民参与公共决策的新特点。这些特点一般是利弊共存，而且利弊之间存在内在的张力和理论解释的悖论。本章就首先归纳出这些新特点，并运用传播学和社会学的相关理论，着重阐述这些新特点的生成机理。

一 参与主体的主体性和平等性及主体结构失衡和民意集中失衡

公民参与公共决策需要公民和政府之间双向互动的信息传播。信息传播需要媒体作为中介。新媒体传播的交互性、开放性和去中心化，提升了用户的地位，赋权于公民，使得新媒体传播变为以用户为中心，使公民作为参与主体的主体性凸显，获得了平等的参与权。这增强了公民参与公共决策的主动性和积极性。

传统媒体时代信息的传播者和接受者的身份与地位非常明确，传播者即专业性的大众传媒是信息的发布者，而接收者数量众多，被称为受众，只能被动地接收传播者"推送"给他们的信息，缺乏选择的自由，并且只有极少量的信息反馈。整个传播过程信息是单向流动的，控制权完全掌握在传播者手中。传播者和受众的地位是严重不平等的，传播者掌控着传播的资源、传播的渠道、传播的手段等，掌握着传播权力。这就是传统媒体时代的受众理论的基本观点。在新媒体环境下，受众理论发生了重大革新。由于新媒体具有高度的互动性，实现了双向信息交流，受众不仅是信息的接收者和消费者，还是信息的创造者即生产者和传播者。受众从被动地接收信息变为主动地获取信息，对信息进行自由选择，从接收"推送"信息变为主动"拉取"信息，受众在传播中的主动性和参与性大大加强。这导致传播者和受众之间的界限十分模糊，两者的角色可以瞬间转换，传播者和受众都变成了"用户"。因此，新媒体环境下传播者和受众的关系发生了根本性的变化，传受之间以及受众之间地位平等化，发生了从以传播者为中心到以用户为中心的权力转移。因为，"这种传播是扁平的结构，没有等级秩序和权力层级的制约，传—受均在一个平台上进行且互相平等"①。新媒体的这些技术特征和社会特征，实现了公民参与公共决策公民的主体性和参与的平等性，极大地调动和鼓舞了公民参与的主动性和积极性。

媒体接近权理论认为，社会的每一个成员都应该有接近、利用媒体发表意见的自由和权利，这就是公众的媒体接近权。这是媒体的社会公器属性的必然要求，也是公民言论自由权的表现形式和现代社会民主制度的重要基础。然而，现实中要真正实现媒体接近权还存在各种阻碍。从媒体特性上看，传统媒体时代媒体接近权的实现存在着根本性的限制，主要表现在：传统媒体的时间和版面的有限性决定了公众的意见和客观事实不可能全部被报道，于是媒体对信息和意见进行选择被普遍接受，而媒体在选择时必然有所取舍，形成媒体的"把关人"角色，公众的意见和事实很难获得公平对待。结果媒体不能客观真实地反映社会舆论，媒体成为舆论的代言人，媒体上的舆论反映了媒体的价值、利益和偏好。

---

① 谢新洲等：《互联网等新媒体对社会舆论影响与利用研究》，经济科学出版社2013年版，第56页。

这也阻碍了公众接近媒体、发表意见的积极性。随着新媒体的日益普及化和泛在化，公众基本实现了媒体接近权。主要表现在：第一，新媒体打破了传统媒体的信息准入特权。新媒体技术使用户可以便捷地进行互动，并以开放式的结构和海量存储能力为各种信息和意见的进入与交流提供了可能。新媒体的使用低门槛和开放性消解了媒体原有的"把关人"角色，并且提高了公众在传播中的地位，他们由被动的接收者变成主动的参与者。第二，新媒体使个人的意见获得有力传播。在传统媒体时代，如果不经过媒体途径，普通个人的意见很难获得广泛的社会影响。新媒体的出现则改变了这种状况。普通个人可以通过新媒体发布信息和意见，掀起舆论的高潮，引领舆论的走向。媒体接近权理论和古典自由主义所倡导的"观点的自由市场"具有相同的精神实质和理念。新媒体的普及使"观点的自由市场"近乎成为现实，赋予参与主体主体性和平等性，进而增强了公民参与公共决策的主动性和积极性。

新媒体赋予每个个体极大的表达权和参与权，形成了"观点的自由市场"，但正如经济领域的自由竞争市场一样，观点的自由市场也存在着参与主体的集中和不平衡以及意见表达的集中和不平衡，即主体结构失衡和民意失衡。首先，数字鸿沟理论对这一现象最具解释力。数字鸿沟来源于传统媒体时代的知沟理论。知沟理论认为，随着大众传媒向社会传播的信息日益增长，社会经济地位高的人将比社会经济地位低的人以更快的速度获取信息。因此，这两类人之间的"知沟"将呈扩大而非缩小之势。该理论对传统媒体时代信息流通的均衡性、公众在知识获取方面的平等性提出了质疑。其后知沟理论不断丰富，人们认识到"知沟不仅表现在贫困和富裕阶层之间，而且会广泛地表现在性别、年龄、职业、行业、群体、地区、民族、国家以及文化之间"[1]。形成知沟的原因也十分多样化，除了经济地位的不平等之外，解读信息能力上的差异、已有知识储存量的差异、交往范围的差异、信息的选择性接触、理解和记忆的因素以及大众传播的内容都会导致知沟形成和扩大。在新媒体环境下同样存在着"知沟"，即人们在信息和知识获取上的巨大差距。新媒体接入和使用上的不平等会导致人们在知识获取上的不平等，进而引发社会

---

[1]　郭庆光：《传播学教程》，中国人民大学出版社 1999 年版，第 233 页。

政治上的不平等。"由于信息和知识能够被转化为社会和政治力量，人们在知识获取上的不平等必然会对人们的社会和政治生活产生直接的影响。"① 如果我们将数字鸿沟理解为人们在信息技术利用方面的不平等，那么可以说是数字鸿沟导致了知沟，进而导致了政治参与上的鸿沟。新媒体环境下，数字鸿沟带来了信息的贫富分化。信息富有者可以凭借新媒体参与公共决策，并能凭借对信息和知识的掌握而在决策讨论协商中占据主导地位，使政府做出的公共决策对本群体有利。而信息贫困者要么被排斥在公共决策过程之外，要么虽然参与了公共决策，但由于缺乏信息和知识而在决策协商讨论中居于从属地位。虽有形式上的自主性，但实质上是盲从和被支配的。因此，新媒体环境有可能加深而不是弥合公民参与公共决策中的不平等现象。

意见领袖理论则主要论证了信息传播和舆论形成过程中意见领袖的关键角色和重要作用。初期的意见领袖理论来自两级传播理论，认为意见领袖是在人际传播中为他人提供信息、观点并对他人的态度施加影响的人。信息和观念往往是先从大众传媒流向意见领袖，然后从他们流向大众。影响力是意见领袖最重要的能力和评价标准。意见领袖所进行的人际传播往往比直接的大众传播更有说服力和影响力。因此，意见领袖往往分布于各个群体和阶层之中，同时见多识广，思考问题全面深入，具有活跃的社会交往。因此，这些意见领袖一般是社会精英和名人。随着意见领袖理论的发展，人们发现传统媒体和意见领袖的角色合二为一了。传统媒体承担了意见领袖的角色，各个大众传媒都拥有自己的评论员，并特邀相关专家及各领域的权威人士充当意见领袖，对舆论和传播活动进行引导和调控。新媒体环境下传播拥有极大的交互性、自由性和平等性，用户由被动的信息接收者转变为传受一体的信息传播主体，这使得意见领袖不再被传统媒体所掌控，任何新媒体用户都可能成为意见领袖。意见领袖不再是社会精英群体的专利，除了传统的社会精英群体之外，意见领袖呈现出社会草根阶层崛起的鲜明特征。新媒体意见领袖往往是受过良好的教育、具有相关的专业知识、消息灵通、思维分析能力强的普通民众。在舆论传播活动中，可以运用他们广博的知识、深刻

---

① 强月新、张明新：《转型社会的媒介景观》，武汉大学出版社 2007 年版，第 219 页。

独到的见解影响其他用户的观点和行为，从而推动新媒体舆论的发展，甚至改变舆论的发展走向。

在新媒体环境下，人人能充当传播者并不意味着人人都有影响力。因为在传统媒体中已经习惯了依赖"权威""专家"的强势话语，在新媒体舆论中，人们仍然习惯于依赖意见领袖的观点。而且新媒体意见领袖的普通公民身份、利益无关性、和公众的交流互动性更增加了人们对意见领袖的信任和接受，增强了意见领袖的影响力。现阶段中国新媒体用户的特征之一是教育程度偏低和年轻人占大多数。根据传播学中的说服理论，教育程度较低的群体比较容易受他人影响。同时，年轻人的思想和行为特征是思维活跃，喜欢新观点、新事物，具有批判性等。新媒体舆论中个性张扬、针砭时弊、见解独到的意见领袖往往容易赢得支持。因此在舆论传播过程中，意见领袖对新媒体用户的影响会比较大，将越来越起到决定性的作用。因此，新媒体环境下公众参与和意见表达虽形式上呈现自主性，但实质上却是盲从和被支配的，出现公众意见表达和集中的不平衡即民意失衡。

二　公众意见表达的个性化和多元化及失范性和极化性

在公共决策过程中，公民参与主要表现为作为公民集合的公众的意见表达。在现代社会，这种意表达见要通过媒体进行。话语权理论认为，当媒体传播信息时，信息需要经过编码成为可供传播的符号，当符号被使用者有序排列并成为有意义的信息载体时，就变成了话语。话语权理论认为，话语是与权力紧密关联的，话语所具有的强制性和排他性影响力就是话语权。传统社会对话语权的建构主要来自权威。权威可以是政治上的统治者，也可以是知识精英。而传统媒体，往往充当着权威发声的传声筒。权威一经确立，便高高在上地掌握话语权，信息传播从上而下地单向进行，没有反馈，不容置疑。传统媒体通过对信息的编码使信息成为有意义的符号即话语，媒体对符号及传播过程的控制就是对话语权的控制。在传播过程中，传统媒体通过"把关人"机制控制信息的生产和传播，直接决定了被传播的内容、形式，甚至构建起一个话语体系。受众只能是话语的接受者，没有掌控话语权。而在新媒体空间，用户形成的话语有独特的文本和交往方式，建立了一套新的意义的话语系统。

新媒体的兴起实现了话语权从媒体精英到普通用户的转变。新媒体使话语权从精英的权威到大众的平等，从传统媒体的单向传播到"自媒体"时代去中心化的多向传播。任何个人和组织，只要具备最基本的硬件条件，都可以发布和接收信息。新媒体的技术和传播特征使得任何组织和个人都不可能控制信息传播的内容。每个人都可以自由地表达思想，质疑权威，甚至每个人都能够成为权威。新媒体话语权的分散使得舆论的形成渠道更加广泛，人们更能彰显个性化和多元化的价值观念和意见表达，弱化了政府和传统媒体对舆论的控制和垄断，传统政治精英和知识精英的话语权被消解。新媒体环境下的普通民众拥有了话语权，从而导致公众意见表达的个性化和意见多元化。

但与此相伴随，新媒体环境下公民参与也常常呈现出表达的失范性和意见的极化性。表达的失范性表现为不负责任、简单粗暴的情绪化宣泄、恶搞、造谣，以及辱骂、诽谤等人身攻击行为和网络审判等，这被称为"集体狂欢"，导致公民参与的无序性。群体内的表达失范性极易引发态度和言语的偏激即意见的极化性。群体极化理论对这一现象做出了描述和分析，本研究之前已经进行了介绍。这里主要介绍另一个理论："沉默的螺旋"理论。该理论由德国学者诺依曼最早提出，主要包含三个要点：第一，舆论的形成是大众传播、人际传播和人们对意见环境的认知心理三者相互作用的结果；第二，经大众传媒强调指示的意见由于具有公开性和传播的广泛性，容易被当作多数或优势意见而认知；第三，这种环境认知所带来的压力或安全感，会引起人际接触中的"劣势意见的沉默"和"优势意见的大声疾呼"的螺旋式扩展过程，并导致社会生活中占压倒性优势的"多数意见"——舆论的诞生。也就是说，舆论的形成并不是社会公众"理性讨论"的结果，而是"意见环境"的压力作用于人们惧怕孤立的心理，强制人们对"优势意见"采取趋同行为这一非合理过程的产物。[①] 沉默的螺旋理论是针对传统媒体传播环境而提出的，在新媒体环境下我们发现既有继续适用和有效的一面，也有不适用和失效的一面。适用和有效表明沉默的螺旋在新媒体舆论形成中广泛存在着，主要体现在两个方面：一是意见的少数派被迫保持沉默。一个舆

---

① 张春华：《网络舆情：社会学的阐释》，社会科学文献出版社2012年版，第22页。

论议题产生后，人们围绕着议题纷纷发表意见。当人们看到与自己一致的某个意见点击量高支持者多时，就会更加积极地发表言论，强化这个意见并向更大范围扩散，促使其成为舆论的主流意见，而持不同或相反意见的人往往选择沉默。其原因在于新媒体空间意见表达容易情绪化和偏激，持与主流意见不同或相反意见的人害怕被数量众多的主流意见持有者群起而攻之，遭受批评、围攻甚至谩骂，因此宁愿保持沉默。长此以往，便形成多数意见一方的声音越来越大，少数意见一方越来越沉默下去的螺旋式发展过程，缺乏不同意见和相反意见的竞争与制约，优势意见易于走向极端化。二是大多数用户习惯于保持沉默。我们把只是浏览阅读信息而从不发言的行为称为"潜水"。长期潜水的用户实际上占了大多数。这类人和经常发言、表现活跃的人形成了对比。结果，少数活跃者越发活跃，沉默者的数量越来越多。没有或很少有人对主流意见进行质疑和批评，围绕主流意见的都是赞扬、认同和论证，就会使得主流意见容易沿着既有的方向走向极端。但与此同时，沉默的螺旋在新媒体上也有不适用和失效的一面。其解释逻辑是：新媒体的匿名性和自由宽松的氛围使得用户较少担心发表非主流意见带来的压力；信息的开放性和多元性使得用户更容易获得全面真实的信息，从而易于形成独立的意见。因此，沉默的螺旋现象在新媒体上得到消解，这成为公众意见表达的个性化和意见多元化的重要促成因素。

三　舆论形成发展的迅速性和圈群性及自发性和不确定性

在公民参与公共决策过程中，社会公众意见的表达和汇聚导致社会舆论的形成。在新媒体环境下，舆论议题一旦产生，舆论规模及影响快速扩大，舆论形成后，公民以更大规模、更广范围、更快速度参与到舆论的讨论中，促进和放大了公民参与。新媒体环境下，用户可以基于教育背景、兴趣爱好、工作性质等属性，就共同感兴趣的话题或共同关注的热点事件形成一个个交流的圈子、群体。各个圈子、群体具有强大的连通性，通过内容分享和圈群连通，不同圈群的信息和舆论能够迅速汇集融合。因此公众意见形成发展具有迅速性和圈群性。

社会网络理论认为，人与人交往过程中的互动和联系产生的关系和结构形成了社会网络。网络中的每一个节点都有构成新的社会网络的可能，同时社会网络是重叠交互运行的，每个人一般身处多个社会网络。社会网络中每个人的资源、能量、信息都在网络中流动并进行交换。新媒体中的社交媒体就是社会网络的现实形式和理想平台。在舆论扩散传播中，社交媒体用户利用社会网络进行扩散，效果显著。六度分割理论认为，两个陌生人之间建立联系，仅仅需要经过6个人。舆论信息的传播同样遵循这个理论。如果每一个节点上的个人都参与舆论的扩散，利用自身不同的社会关系网络向外传播，信息扩散的速度和覆盖面就会成倍增长。而且舆论议题在社会网络的熟人圈、半熟人圈中的传播具有较高的信任度，说服能力和号召能力也较强，因而在扩散议题的同时也扩散了观点与态度。社会网络也容易结成圈子和群体，使得相似经历、相近观点、相同呼吁的人们能够迅速集结起来，通过每一个人的社会关系网络通向更多的用户，实现更广泛的扩散，不断扩大议题的影响力。此外，社会网络在一定程度上还原了人的真实身份，社会名人和专家学者对议题的分析评论都会获得大量的转载，使意见的扩散和舆论的形成加速。

新媒体舆论的议题更多地是源于用户的个人议题，源于用户的自发行为，用户发布议题、发表意见的动机和行为具有自发性，因而对于舆论未来的走向和发展趋势很难预见，具有极强的不确定性。混沌理论中的蝴蝶效应可以用来解释这种现象。蝴蝶效应是指，在一个混沌系统中，一个初始条件十分微小的变化引起整个系统复杂的连锁反应，经过不断放大，对其未来的状态会造成极其巨大的差别。蝴蝶效应并不是一个真正的理论，它没有系统的理论分析和论证，而只是对混沌现象的一种描述。新媒体舆论的生成和发展在一定程度上也具有蝴蝶效应的特点。其初始条件很可能就是论坛里的一个帖子或者网站上的一条小消息，引起众多有关群体的卷入，进而使矛盾不断升级，事态爆炸性的扩大或者走向骤然转变，最终舆论的形成及结果具有不可预测性。因此，新媒体舆论的发展具有非线性和不确定性的特征。蝴蝶效应还意味着新媒体上公众舆论形成过程的巨大放大性，一句不起眼的言论都有可能导致一次舆论风暴。

新媒体舆论发展的不确定性还有一个重要因素，那就是舆论的人为操纵性。操纵舆论的机构被美其名曰"网络公关公司"，它们所雇用的从事舆论操纵活动的人群被称为网络推手或网络水军。网络公关公司有目的、有策划、有针对性地在新媒体上设置舆论议题，并雇用庞大的网络水军大量发帖、回帖、转帖，占据公共言论的空间，通过有目的的、引导性的意见代替普通用户进行讨论交流，炮制出一种虚假的舆论优势意见，这种被操纵的舆论与真实的舆论相去甚远。当然，舆论的人为操纵性只是影响新媒体舆论生成发展的因素之一，但无疑也增加了公众意见发展及结果的不确定性。此外，根据舆论的议程设置理论，新媒体的用户对信息拥有极大的选择权和主动权，可以根据自己的兴趣与需求拉出信息，所有用户都可以自由选择接收信息和表达观点，他们既是接收者又是传播者，这导致新媒体舆论的议程设置和把关人功能显著弱化，这也导致了公众意见发展及结果的不确定性。

四　舆论内容的自主性和分散性及难控性和批判性倾向

公众意见经过交流讨论而汇聚成舆论，舆论的内容主要可分为议题和观点倾向两方面。在传统媒体时代，社会舆论是由传统媒体所代言的精英阶层主导和控制的，社会公众没有拥有话语权，只能被动接受和顺从，舆论具有集中统一性和可控性的特点。而在新媒体环境下，舆论出现了自主性、分散化的特点，使传统媒体和政府的舆论控制引导功能弱化，反权威、批判性的言论突出。传播学中的议程设置理论为我们分析舆论的这种变化机理提供了理论工具。

媒体的议程设置功能即"把关人"功能，因此"议程设置"理论和"把关人"理论只是对同一个现象的不同分析视角，基本内容是相通的。关于议程设置理论最早的思想来自美国学者李普曼。李普曼在1922年出版的《舆论学》一书提出了"新闻媒体影响我们头脑中的图像"的观点，认为媒体能影响民众对"什么是当前重大问题"的认知。公众头脑中关于外部世界的图像是由媒体来提供信息并加以塑造的，媒体是公众脑中图像的真正来源。此后科恩继承了这种观点，他在1963年提出了对议程设置理论最有影响力的表述："在多数时间，报界在告诉他的读者该怎样想时可能并不成功，但它在告诉它的读者该想些什么时，却是惊人的成功。"① 1972 年，传播学家麦库姆斯和肖对媒体的议程设置理论进一步加以完善，指出大众媒体对某些焦点事件的着重强调与这些焦点事件在受众中受重视的程度构成了明显的正比关系。"受众不仅获悉一个特定的议题，而且也通过该新闻的信息量和它的编发位置来判断该议题的重要性……大众媒体可以决定什么是重要的议题"②。1950年，传播学者怀特提出了新闻报道中的把关模式。他认为，社会上存在大量的新闻素材，大众传媒的新闻报道不是也不可能是"有闻必录"，而是一个取舍选择的过程。在这个过程中，媒体形成了一道关口，通过这个关口传达到受众那里的新闻只是众多新闻信息中的少数。信息到达媒体组织之后，需要经过记者、编辑的层层把关，然后再传播到受众。把关的过程是记者、编辑根据一定的新闻价值、政治标准和价值观念等，对信息进行选择和加工的过程。这就是媒体的把关人理论。我们可以发现，在议程设置理论中媒体只是设置公众思考关注的议题，而在把关人理论中媒体的作用则更宽泛更全面，媒体不仅对传播的议题把关，也对议题的观点和倾向把关。此外，媒体的议程设置是主动性的，而把关人的角色则稍显被动。因此，这两个理论可以相互补充，取长补短，实现内容的融合。

在传统媒体时代，受众只能被动地接收传统媒体传递的信息。他们只能在媒体每天为他们设置的有限议题或菜单中，进行有限的挑选；只能接受经媒体把关和筛选的信息和言论意见。传统媒体在信息传播过程中扮演着意见领袖的角色，通过议程设置和把关，起到了控制并引导社会舆论的作用。因而舆论具有集中统一性和可控性的特点。新媒体的兴起改变了公众被动接受的状态，公众享有极大的选择信息和表达意见、态度、情绪的权利，而且公众既是受众，也成为主动发布信息、发表意见的"自媒体"。任何组织和个人，都可以成为一个媒体，可以对有关议题进行议程设置。这导致公众舆论的内容出现了自主性、分散化的特点。信息传播内容的开放性、传播方式的自由化、传播主体的海量性等特征

① Cohen Bernard, *The Press and Foreign Policy*, Princeton: Princeton University Press, 1963, pp. 13 – 14.

② Shaw, Donald L. and Maxwell E. McCombs, *The Emergence of American Political Issues*, St Paul, MN: West, 1977, p. 5.

给舆论的议程设置和把关带来了困难。正如史蒂芬森和肖所言，"个人可以通过新媒体，从各种不同信源采集新闻，并把它们拼装成最符合它们自己的新闻图像。对于这些个人来说，大众媒体仍然重要，但是它们不会成为这幅图像的主导"①。这使得任何人或组织都不可能完全控制新媒体传播过程，政府和传统媒体对舆论的控制大大弱化，导致了新媒体舆论的难控性。

此外，当前我国新媒体舆论总体上也表现出批判性的倾向。这可以从新媒体用户的属性特征方面来解释。从目前我国新媒体用户的年龄结构来看，年轻人占大多数。年轻人的特点是对新现象、新问题较为关注，独立性和自主性较强，容易情绪冲动，带有逆反心理。因此有学者将中国网民的行为特征归纳为自发性、批判性、情绪性三个方面。② 对社会的缺陷和问题，年轻人表现出极强的批判思想，尤其藐视现实社会中的权威，因此仇官、仇富的情绪和观点十分流行。同时，在社会经济地位上，大多数新媒体用户处于社会金字塔中下层，社会地位和经济收入不高，但受过一定教育，有强烈的表达和参与愿望。这些特征导致他们具有反权威的逆反心理、对传统政府权力的质疑、对弱势群体的同情等价值倾向。这使得新媒体上"官民冲突"极易成为舆论的热点和焦点问题。此外，当前新媒体舆论的形成受到意见领袖的重要影响。而这些意见领袖并不属于社会中的主流群体。他们大多属于体制外或半体制外人士，在社会结构中处于边缘性的地位。这决定了他们表达的往往是非主流、非正统的尖锐、偏颇、激烈的批评性意见。这也导致新媒体舆论出现反权威、批判性和对立性的倾向。从上述可见，这种批判性并不是真正的批判精神和批判思维，而只是单纯的、肤浅的批评，缺乏理性思考和建设性，常常沦为不满情绪的宣泄，因而具有一定的危害性。

五　舆论结果的放大性和影响的强效性及参与的过度化

新媒体环境下，个体可以便捷、自由而无所顾忌地发表自己真实的

① Shao D. L., Stevenson R. L. and Hamm B. J, "Agenda setting theory and public opinion studies in a post-mass media age", *International Journal of Public Opinion Research*, 2001, pp. 9 – 10.

② 罗坤瑾：《从虚拟幻象到现实图景：网络舆论与公共领域的构建》，中国社会科学出版社 2012 年版，第 198 页。

看法，形成了众多的个人化、碎片化的言论。根据物理学"共振"的原理，如果两个波传播方向相同且相交时，波的振幅会根据两个波的能量进行振幅能量叠加。新媒体舆论中的各种不同言论正如一个个不同的振动波，当它们在新媒体舆论场相遇碰撞时，发生共振效应，能量（舆论的规模和强度）便相互叠加，导致舆论规模和强度的倍增与放大，这被称为舆论共振现象。舆论共振形象地解释了新媒体舆论在形成演化过程中的放大性。此外，新媒体对于信息和舆论的放大作用是传统媒体无法比拟的。新媒体几乎不受版面和更新周期的限制，超越了空间和时间的局限，可以随时随地发布、更新和传播信息，用户之间的互动也进一步加速信息的放大，新媒体的匿名性使用户提供信息和表达意见的积极性空前高涨，超文本特性便利了用户信息的组织和共享，多媒体特征极大地增大了信息的表现力和丰富性，一张巨大的没有时空阻隔的信息网和一个强大的舆论场可以在很短时间内形成。这就是新媒体环境下公众舆论结果的放大性。

新媒体从本质上看只是一种技术和工具。因而新媒体环境导致的公众舆论的放大性是一把双刃剑。一方面，它可以加速信息的交流，加快形成和扩大舆论的覆盖面和强度，提升舆论对政府公共决策的影响力，促进公共决策吸纳民意，实现公民参与公共决策效果的强效性。另一方面，它也可能带来不良信息甚至造成虚假信息的泛滥，可能给情绪化、极端性、攻击性的非理性舆论带来极强的放大效应，从而给公共决策施加巨大的压力，出现公民参与公共决策的过度化。

公众舆论在新媒体空间形成后，大多数情况下具有参与政府公共决策的目的性和指向性。舆论往往对政府相关决策提出了意见和建议，要求政府做出回应，在公共决策中吸纳民意。在当前的中国，一方面，政府决策具有完全的自主性，政府官员没有来自选举的民众制约机制，也没有制度化的公民与政府的决策权力分享机制；另一方面，违反常规的是，在此起彼伏、数不胜数的新媒体舆论事件中，政府大多数情况下认真对待和回应舆论，谨慎行使权力，在公共决策中吸纳民意，完全或者一定程度满足了民众诉求，甚至出现了政府缺乏定见、参与过度的现象。对这种现象理论解释的失效表明旧有理论的贫困，意味着我们需要新的理论来解释。当代的理论家们其实已经提供了各种新的理论解释。其中最重要的一种理论视角来自权力社会学理论。

权力社会学认为权力的第一层含义是，权力是凭借资源对他人实施的控制。[1]而信息是当代社会最重要的资源。因此，权力来自于对信息的掌握和专有，没有信息掌控权就没有真正的权力。在信息社会里，所有的信息是和权力并进且和政治息息相关的，随着我们逐渐步入信息政治的时代，这种关系会越来越深。[2]在新媒体环境下，新媒体极大增强了个体获取信息资源的能力，社会大众获得了权力转移的利器。新媒体具有分散统治精英的传统权力和赋予草根大众权力的特质。具体表现在，第一，新媒体开放性打破了信息源的垄断，普通公民不再是仅仅被动地接收信息，他们也可以自主生产和传播具体的、现场的和个人观点方面的信息，这种基于社会交往的个人体验式的信息往往比宏观抽象空泛的信息更有说服力和影响力。第二，新媒体让孤立的网民嵌入到庞大的社会关系网上，促成了信息共享和意义的构建。信息的可复制性、可储存性提供了信息扩散和传播的便利；信息的共享性让用户相互交流知识和经验，互相启发和补充，创造了新的社会意义和舆论共同体。托夫勒认为，暴力、财富和知识是权力的三个最重要的源泉。在信息时代，知识取代武力和财富成为权力最主要的源泉。[3]草根大众阶层在暴力和财富上不占优势，但是通过新媒体在获取和共享知识信息上占有优势。因此，新媒体推动了权力所凭借的资源即权力源头在武力、财富和知识之间的隐蔽转移，进而推动了权力由统治精英集团向草根大众阶层的转移。

权力的第二层含义是人们能够在合作中以增进他们对第三方或者自然界的权力。[4]权力实质上是通过政治合作形成的对对手的压倒性力量，新媒体增强了个体从底层重建社交性结构并构筑集体认同的能力，原子式个体以更快的速度和更有效的方式开展社会合作，形成制约政府权力

---

① ［美］迈克尔·曼：《社会权力的来源》（第1卷），刘北成、李少军译，上海人民出版社2007年版，第8页。

② Alvin Toffler, *Previews & Premises: An Interview with the Author of Future Shock and the Third Wave*, 1st ed., New York: W. Morrow, 1983.

③ ［美］阿尔文·托夫勒：《力量转移：临近21世纪时的知识、财富和暴力》，刘炳章译，新华出版社1996年版，第21页。

④ ［美］迈克尔·曼：《社会权力的来源》（第1卷），刘北成、李少军译，上海人民出版社2007年版，第8页。

的相对优势。① 简言之，新媒体使集体行动成为可能并增强了集体行动的力量。其原因在于，其一，正如帕特南所指出的，人际沟通和交换的网络是任何一个社会都具有的特征。这些网络中有一些主要是横向的，将同等地位和权力的个体连接在一起；其他一些网络则主要是纵向的，将不平等的个体连接在一个不对称的关系中。② 新媒体空间的人际互动网络是一种横向网络，是社会资本的一种重要形式。这种横向网络从底层重建了社交性结构，实现了自愿的协调和合作，实现和增强了集体行动。其二，新媒体空间的交流可以形成和扩大集体认同，使个体的行动转变为集体的行动。根据塔罗的观点，"共享的理解和认同"，是信任和合作的基础③，而信任是社会资本的内涵，合作是社会资本的目的。新媒体空间的交流可以使人们接触到他人的情况和他人所面对的困境，从而形成"共享的理解和认同"和社会资本。社会资本有助于个人之间形成自发的合作，它是解决集体行动困难的一个"柔性"方案，但也是一种有效和高效的战略。

共景监狱理论为权力的转移提供了另一种理论解释。该理论来源于法国社会学家福柯的"全景监狱"理论。福柯以全景监狱隐喻近代以来的国家权力支配社会的状态。社会成员就像一个监狱里的囚犯，而国家权力就像狱卒。囚犯看不到狱卒的行踪，狱卒却无时无刻不在监视着囚犯。该理论的要点有：国家和社会的权力分配是不平衡的，处于优势的国家权力通过金字塔式的官僚机构向下传递，监视和调控着社会；权力对社会进行无处不在的监视；信息的垄断与不对称，国家垄断着大量的信息，社会成员只能获取一些信息片段；公民被隔离在有限的空间，被限制和减少了集体行动的可能性和规模。这种状态被称为国家权力"规训"社会格局。

在新媒体环境下，全景监狱式的社会结构难以维系，出现了向共景

---

① 刘力锐：《基于网络政治动员态势的政府回应机制研究》，东北大学出版社 2012 年版，第 96—97 页。

② Putnam, Robert D. , Robert Leonardi, and Raffaella Y. Nanetti, *Making Democracy Work: Civic Traditions in Modern Italy*, Princeton University Press, 1994, p. 173.

③ 郑永年：《技术赋权：中国的互联网、国家与社会》，邱道隆译，东方出版社 2013 年版，第 113 页。

监狱式社会结构的急剧转变。新媒体用户在时空分布上的分散性和泛在性，使每一个用户都变成了一个移动摄像头，他们可以无时不在、无处不在地监视国家权力的运行，当他们通过新媒体分享其监视记录并进行交流，就呈现出虚拟的聚集状态，可以拼接出权力运行的全息影像。国家垄断信息的格局在一定程度上被打破，新媒体上的信息流通摆脱了国家权力的控制。结果，不仅国家监视社会的格局受到冲击，而且国家权力的运作都要受到公众的严格审视。新媒体就如同一个巨大的、无形的情报网，无所不在地监视着国家权力。有学者形象的描述道："共景监狱是一种围观结构，是众人对个体展开的凝视和控制。一人监视众人的透镜被反置了，他被安排在公共视野之中，承受围观者的期待、尺度、质询、娱乐和愤怒。"①

此外，话语权理论也为我们提供了另一种理论分析视角。在传统媒体被国家权力掌控的情况下，利用信息和知识的垄断，国家可以自主地构建自己理论自洽的话语体系，形成论证权力行使合法性的意识形态，保障权力的有效运行。而在新媒体环境下，社会公众开始运用自由流通的信息和共享的知识资源，摆脱国家构建的话语体系和意识形态的束缚，构建自身的话语体系。由此，原由国家独享的话语权力也被迫与社会分享，这意味着国家权力的减少，社会权力的增加。由此，自上而下的国家权力与自下而上的社会权力进入了力量博弈的时代。当信息资源不再为政府所垄断，其流通逐步摆脱政府的控制时，话语权力的资源日益分散，社会就会被赋予更大的权力。于是出现了社会制约国家权力的格局。结果，政府就会变得日益尊重民意、敬畏民意和顺从民意。由此，公民参与公共决策效果的强效性以及过度化参与现象都可能会产生。

第二节　公民有效参与公共决策的理论模型

本研究的导论中对"有效参与"的内涵做出了界定。在众多的公民参与公共决策的研究成果之中，有效参与或参与有效性是研究者关注的

---

① 胡百精：《新媒体语境、危机话语与社会性格》，载彭兰主编《中国新媒体传播学研究前沿》，中国人民大学出版社 2009 年版，第 200—201 页。

核心主题之一。虽然各个研究者对何为"有效"的理解各不相同，但这并不妨碍他们的研究成果对本研究具有重要的借鉴和启发价值。关于如何实现公民有效参与公共决策，有影响的理论研究成果很多，本研究挑选出其中几个比较有代表性的理论成果进行介绍分析。本研究对"模型"持一种比较宽泛的理解，认为"模型是对真实世界的某些方面的一种简化和摹画"①，模型建构着、聚合着而且展示着有关事物的各种关系，以简化的、抽象的、凸显的方式体现着真实的客观现实②。因此，上述研究成果都可以视为一种理论模型，本研究将重点介绍其中的四个理论模型。

一　阿恩斯坦的公民参与阶梯理论模型

1969 年，雪莉·阿恩斯坦提出了公民参与阶梯理论，她认为公民参与是一种公民权力的运用，是一种权力的再分配，使得在政治经济活动中民众无法掌握权力意见的情况在未来有计划被考虑。该理论从公众在参与中发挥作用的影响力大小考虑，指出政策过程中的公民参与，从最少参与到完全主导存在三个阶梯、八个梯次。在阿恩斯坦看来，公民参与可以分为从低到高的三个阶梯，依次为非参与（Nonparticipation）、象征参与（Tokenism）、公民权力（Citizen power）。

其中非参与（Nonparticipation），包括操纵（Manipulation）和治疗（Therapy）等两种参与形式。在操纵层次，政府没有向公众传达有用信息，也没有同其进行交流和讨论，公众只具有形式上的参与性，仅仅被限制在签名、集合在一起凑人数等。在治疗层次，政府会认为，公众对对决策不满的原因在于公众自身无法理解政策，不是因为决策者或决策内容的问题，公众参与大量活动的目的不是完善决策，而是规避问题，将公众对决策的不满引向公众自身。该阶段的目的只是更好地控制民众。

象征参与（Tokenism），包括告知（Informing）、征询（Consultation）、抚慰（Placation）三种参与形式。告知层次是一个单向交流的过程，公众

---

① King G., R. O. Keohane & S. Verba, *Designing Social Inquiry：Scientific Inference in Qualitative Research*, Princeton University Press, 1994, p. 49.

② 张小劲、景跃进：《比较政治学导论》，中国人民大学出版社 2008 年版，第 85 页。

往往在最后阶段获得关于决策的一些详细信息以及他们所拥有的权利和义务，并没有办法对决策施加影响。但是，这种告知构成了公众参与决策最重要的第一步，为公民的后续参与提供了基础。征询公民意见是公众参与的必要内容，最常用的方式包括态度调查、居民会议和公共听证。在此阶段，公众的意见看法可以被倾听，为政府决策提供依据。但是，通常这种参与仍具有形式性，因为仅仅用参加会议的人数、发放宣传资料的数量或者填写调查问卷的数量来衡量参与程度是远远不够的。当公众的力量强大到一定程度，政府在做出决策时就会对公众的反应做出回应，一些公众的意见被吸收进决策程序之中，从而起到安抚作用。但是，在这个阶段，参与者只在一些细小问题上发挥作用，对于参与者的建议和最终决策拥有决策权的仍然是政府。在该阶段下，民众可以对决策进行了解、表达、建议，但他们并不能决定公共政策。

公民权力（Citizen power），包括伙伴关系（Partnership）、委托权力（Delegate power）、公民控制（Citizen control）三种参与形式。在伙伴关系中，公众利用社会中的有效资源，以平等合作者的姿态与政府进行有效率的合作，公民在决策中的参与具有了实质性的意义。并且在此阶段，公众参与到政府的决策之中，如果没有得到公众的认可，决策就无法通过，并且决策通过后，政府单方面不得对其进行更改。在委托权力阶段，公众在与政府的伙伴关系中占据了主导地位，在决策参与中公众主要考虑自身，当公众不同意政府的决策时，可以行使否决权。到了参与的最高层次，即公民控制阶段，公众可以完全控制政策制定和项目管理，并且有能力排除外部干扰进行独立协商。

二　约翰·托马斯的公民参与有效决策模型

20 世纪 60 年代以来，美国公众在公共组织和公共事务管理中的参与作用日益增强。由于联邦政府颁布新的公民参与保护法案，传统的专家治国受到挑战，公民能动主义（Citizen activism）观念不断增强，公民在许多重要领域的公共政策制定与执行中的参与行动日益合法化，新公民参与运动逐渐兴起。新公民参与运动改变了公共管理者传统的工作环境，对公共管理者工作的有效性提出了有力的挑战。20 世纪 70 年代至 80 年代以来，在公民参与的实践中，行政管理者逐渐认识到公民参与能够带来重要的收益，但也能导致严重的风险。虽然公民的参与可以增强官员的回应性，提升政府公共服务的绩效，但是公民参与存在不完善性，容易与管理绩效相抵触，威胁公共决策的质量。

约翰·托马斯教授为寻找到公民参与的可操作性理论，研究了大量的公共决策案例，并提出公民参与的有效决策模型。托马斯认为公民参与问题的关键是如何将公民积极参与的热情和行动与有效的公共管理过程有机平衡或结合起来，即如何将有序的公民参与纳入到公共管理过程来，在公共政策制定与执行中融入积极、有效的公民参与。

托马斯提出：在任何公民参与过程中，公共管理者的首要任务就是决定公民参与的程度，即需不需要公民参与？如果需要，应该如何确定公民参与的广泛程度？应该与公众分享多少决策权力？界定公民参与的适宜程度主要取决于最终决策中的质量要求（quality）和政策可接受要求（acceptability）。为了运用有效决策模型，公共管理者必须首先能够识别制定公共政策、项目实施方案或者服务供给决定所处的情景。根据不同的情景，托马斯列出了五种决策参与途径：

（1）自主式管理决策（autonomous managerial decision）。管理者在没有公民参与的情况下独自解决问题或者制定决策。

（2）改良的自主式管理决策（modified autonomous managerial decision）。管理者从不同的公众群体中搜寻信息，然后独自决策，公民群体的要求可能会也可能不会得到反映。

（3）分散式的公众协商（segmented public consultation）。管理者分别从不同的公众团体讨论问题，听取其观点和建议，然后制定反映这些团体要求的决策。

（4）整体式的公众协商（unitary public consultation）。管理者与作为一个单一集合体的公众探讨问题，听取其观点和建议，然后制定反映公民团体要求的决策。（这种方法只要求所有的公众成员都有参与的机会，比如获得参与组织良好的公众听证会的机会，但并不要求每个人都实际参与。）

（5）公共决策（public decision）。管理者同整合起来的公众探讨问题，而且管理者和公众试图在解决问题的方案上取得共识。

为了能够在上述五种参与途径中做出恰当的选择，公共管理者必须对拟处理的政策问题的特点提出七个重要问题：

第一，在任何决策中，管理者都明确决策的质量要求是什么吗？

第二，我有充分的信息做出高质量的决策吗？

第三，政策问题是否被结构化了，以至于不再需要人们重新界定其他替代方案？

第四，公众对决策的接受程度是否对决策的有效执行至关重要？如果是这样的话，管理者单独制定决策，他有相当的把握来认定公民会接受政策吗？

第五，谁是相关的公众？公众是一个有组织的团体，多个有组织的团体，无组织的公众，还是这三种形式的混合体呢？

第六，在解决决策问题时，相关的公众能分享公共管理机构欲达成的决策目标吗？

第七，在选择优先解决问题的方案时，公众内部可能会产生争议吗？[①]

前三个问题涉及最终决策方案的质量约束条件，第四个问题涉及政策可接受性的需要。借助有效决策模型决策树第一部分提供的答案，公共管理者可以对公民参与的必要性做出初步的判断。图3—1即说明这种问题，对于许多政策问题，管理者应该采用自主式管理的方法，单独决策；或者在单独决策的同时也采用改良式的自主管理方法，引入有限的公民参与。

第五个问题涉及相关公众的界定，最后两个问题涉及相关公众之间目标的一致性。界定相关公众的技术方法包括自上而下的技术方法和自下而上的技术方法。与图3—1有效决策模型的初始步骤相结合，托马斯总结出了完整的有效决策模型，如图3—2所示。沿着模型的决策树，对各个问题给出答案，最后提出五种不同程度的公民参与决策途径，这五种决策途径可以适用于任何决策问题。

在确定了公民参与的程度后，公众管理者必须选择相关的参与技术以实现某种程度的公民参与。托马斯将公众参与技术分为两大类：第一

---

① 约翰·克莱顿·托马斯：《公共决策中的公民参与》，孙柏瑛等译，中国人民大学出版社2014年版，第28页。

1	2	3	4
决策质量要求是什么	政府有充足的信息吗	问题是否结构化	公民接受性是决策执行必须的吗？若没有参与，决策执行是不可能的吗

AI：自主式
AII：改良式自主

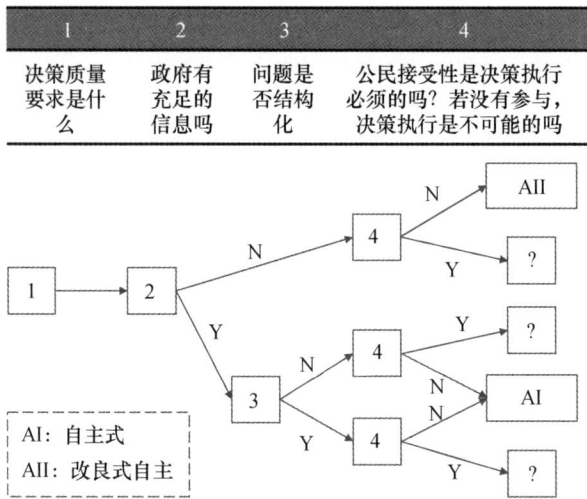

图3—1 公民参与的有效决策模型：初始步骤

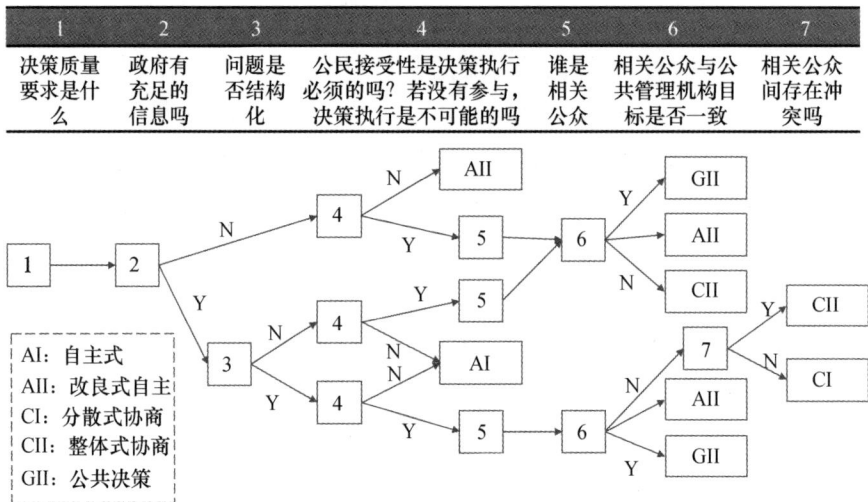

1	2	3	4	5	6	7
决策质量要求是什么	政府有充足的信息吗	问题是否结构化	公民接受性是决策执行必须的吗？若没有参与，决策执行是不可能的吗	谁是相关公众	相关公众与公共管理机构目标是否一致	相关公众间存在冲突吗

AI：自主式
AII：改良式自主
CI：分散式协商
CII：整体式协商
GII：公共决策

图3—2 公民参与的有效决策模型

类是以获取信息为目标的公民参与，主要包括：①关键公众接触法；②公民发起的接触法；③公民调查；④新沟通技术。第二类是以增进政策接受性为目标的公民参与，主要包括：①公民会议；②咨询委员会；③斡旋调解。托马斯分析了这几种技术方法的优点和缺陷以及应该何时使用这些方法。

基于此，托马斯提出了公民参与形式矩阵。托马斯认为公共管理者在解决决策问题时不应局限于某一种公民参与形式，必须考虑具体问题的内在性质和要求，同时注意这些要求随问题发展产生的变化，在不同的环境和不同的问题上，选择最合适的公民参与形式，从而提高公共管理的有效性（见表3—1）。

表3—1　　　　　　　　　　公民参与形式矩阵①

决策制定类型	公众的性质			
	单一有组织的团体	多个有组织的团体	未组织化的公民	复合型的公民*
改良式的自主管理	关键公众接触	关键公众接触	公民调查/由公民发起的接触	关键公众接触/公民调查/由公民发起的接触
分散式民主协商	关键公众接触	接触/一系列会议	公民调查	公民调查/会议
整体式公民协商	与公民团体开座谈会	咨询委员会/一系列会议	一系列公民会议	咨询委员会/会议
公共决策	与公民团体协商	与咨询委员会协商	一系列公民会议	咨询委员会/公民会议

注：＊复合型的公民即由组织化团体和非组织化团体混合而成。

三　哈贝马斯的公共领域理论和沟通有效性理论模型

公共领域在历史上的起源可以追溯到古希腊的雅典民主，强调公民每日可以在市集上、广场上自由地发表言论并讨论公共事务。公共领域的讨论被称为政治参与，政治成为公民日常生活的最重要事务。现代社会的公共领域理论最早由阿伦特提出，但哈贝马斯为公共领域理论风靡世界做出了最大的贡献。哈贝马斯认为，公共领域首先是我们社会生活中的一个领域，它原则上向所有人开放。在这个领域中，作为私人的人们来到一起，他们在理性辩论的基础上就普遍利益问题达成共识，从而

---

① 约翰·克莱顿·托马斯：《公共决策中的公民参与》，孙柏瑛等译，中国人民大学出版社2014年版，第87页。

对国家活动进行民主的控制。① 公共领域被描绘成一个向所有公民开放的、由自由讨论对话组成的空间，目的是形成具有公共理性的公众舆论，把社会的声音传达给国家，将政治权威转变为理性权威。随着历史和时代的发展，公共领域的具体实践形式不断发生变化，从古希腊的集市广场到近代欧洲的咖啡馆、沙龙，再到后来的大众传媒，最后发展到互联网等新媒体，但究其本质，公共领域一直是人们自主讨论公共事务和社会事件所形成的公开话语场域，以影响国家的政策为目的，因而也是公民参与公共决策的空间平台和表现形式。

　　哈贝马斯特别强调公共领域的公共性，公共性表现为理性批判意识的运用，也就是通过理性讨论和公开辩论，排除所有外在的权威以及个人偏见，达成共识。这一过程又被哈贝马斯称为交往行为，公共领域就是在交往过程中产生的社会空间。他以交往理性为根据设计了著名的交往行为理论。交往以符号为媒介，最主要的表现手段就是语言。为了实现交往的合理化，哈贝马斯提出了交往理性的概念。交往理性的含义是为了就某一目的达成共识，促进社会协调，社会成员应排除主体中心的观念，转向主体间的相互交往。这种交往是双向的对话和理解，也就是沟通。在哈贝马斯看来，沟通旨在通过说服达成共识，在此基础上才能产生社会的协调和发展。那么，如何才能实现有效的沟通并达成共识？哈贝马斯提出了外在制度条件和主体表达的要求，即理想沟通情境和沟通有效性要求。

　　理想沟通情境是有效沟通应具备的外部制度条件，其内涵包括：第一，一种话语的所有潜在参与者均有同等参与话语论证的权利。任何人都可以随时发表任何意见或对任何意见表示反对，可以提出质疑或反驳质疑。第二，所有话语参与者都有同等权利做出解释、主张、建议和论证，并对话语的有效性规范提出质疑、提供理由或表示反对，任何方式的论证或批评都不应遭到压制。第三，话语活动的参与者必须有同等的权利实施表达式话语行为，即表达他们的好恶、情感和愿望。第四，每一个话语参与者作为行为人都必须有同等的权利实施调节性话语行为，

---

① ［德］哈贝马斯：《公共领域》，载汪晖、陈燕谷主编《文化与公共性》，生活·读书·新知三联书店 1998 年版，第 125—133 页。

即发出命令和拒绝命令，做出允许和禁止，做出承诺和拒绝承诺，自我辩护或要求别人做出自我辩护。① 理想沟通情境的上述四点内涵的实现又依赖于公共领域的三个基本要素的满足，即参与主体要遵循自由、平等、理性的普遍原则；公共领域具有开放性，原则上所有人都可以参与讨论；公共舆论是在理性批判的基础上形成的。

沟通有效性是指为有效实现沟通各个沟通主体必须遵守的要求，包含四个方面："言说者必须选择一个可领会的表达以便说者和听者能够相互理解；言说者必须有提供一个真实陈述的意向，以便听者能分享说者的知识；言说者必须真诚地表达他的意向以便听者能相信说者的话语；最后，言说者必须选择一种本身是正确的话语，以便听者能够接受之，从而使言说者和听者能在以公认的规范为背景的话语中达到认同。"② 由于可领会性（按照交往参与者公认的语法规则说话）一般都可满足，可以将上述四个有效性要求简化为三个基本要求：第一，事实陈述的真实性；第二，沟通意向的真诚性；第三，表述话语在行为规范上的正确性。

公民参与公共决策既需要也形成了一个讨论对话的空间平台，这就是公共领域。公民参与就表现为他们在公共领域里的讨论对话。讨论对话就是沟通行动。沟通行动的目的是达成共识，然后对公共决策施加影响。公民之间的沟通行动要具有交往理性和有效进行，就必须满足理性沟通情境和沟通有效性两方面的要求。这两个方面共同构成了哈贝马斯的沟通有效性理论模型。公民之间沟通讨论达成共识是公民参与公共决策最重要的环节，因此该模型也是公民有效参与公共决策的理论模型。

四　基于知识社会学的公众参与理论模型

现代民主理论认为，公共决策本质上是一个不同利益主体的利益竞争和选择的过程。知识社会学视角是对民主理论的补充。在知识社会学看来，利益竞争及选择，本质上是一个认识和知识的交换过程。每个利益主体都是一个认识主体，也都是拥有特定知识的主体。公共决策过程是一个对不同主体所拥有的知识的吸纳和运用的过程。对公共决策过程中不同行动

---

① ［德］霍尔斯特：《哈贝马斯传》，章国锋译，东方出版中心2000年版，第80页。
② ［德］哈贝马斯：《交往与社会进化》，张博树译，重庆出版社1988年版，第2—3页。

主体的知识的合理运用，可以实现公共决策的民主化和科学化。

公民参与公共决策中最主要的行动者有两个，即公众和政府。这两个主体拥有不同的知识类型和知识优势。公众包括了公民个体和利益团体，他们对自身的利益有着最真实的了解。首先，利益不存在好或坏、正确或错误的标准，仅仅是个体不同的偏好，属于价值层面的问题。这些利益和价值偏好，是构成公共利益或公共价值的基础。公众拥有关于个体利益和价值偏好的知识，这类知识在公共决策过程中与政府拥有的技术性知识同等重要，因此公众应当拥有和政府平等的话语权和决策权。其次，对公众来说，知识的价值成分和事实成分总是紧密关联在一起的，公众没有义务也没有兴趣将两者进行区分。事实和价值的关联使得事实在不同的人眼里呈现出不同的形态。再次，公众的价值知识和事实知识主要是关于过去和当前的，他们很难对未来情况做出准确地预测。最后，在行政专业领域，公众只具有某些通过归纳而得到的经验判断。

政府主要由行政官僚组成，他们拥有行政科学专业方面的系统性知识。首先，这种知识是目标—工具理性取向的，主要与实现某个给定目标所需要的手段选择问题有关，是关于手段以及手段与目标的关联的系统性知识。因而是技术性、价值中立的知识。在决策过程中行政官僚被要求将自身的价值倾向排除。其次，官僚一般运用演绎的思维方法，获得对未来可能发生的情况的系统性预测的知识。另外，政府不仅具有专业化的知识，而且拥有公共权力。这造成政府拥有的知识的特征：对各种关联信息的综合，即拥有关于事件和问题的更广泛和更系统化的知识。这会导致政府可以享有一种"知识—权力"的垄断性地位。关于公众和政府各自所拥有的知识类型的特征和在公共决策中运用的要求，可见表3—2：

表3—2　　　　　　　　　　公民和政府拥有的知识类型

	公民	政府
知识类型的特征	零碎、分散、片面主观的知识 对自身利益的知识 价值和事实融为一体 缺乏未来维度	系统的、专业的知识 价值和事实的分离 具有未来维度

续表

	公民	政府
知识的思维方式	归纳式	演绎式
正当性	民主化	理性和科学化
决策中利用知识的要求	利益和价值的聚合和吸纳	就已经给定的目标选择最优手段
适用领域	需要进行高度价值选择的领域	价值目标已经确定，仅需要确定事实标准的领域

　　资料来源：根据王锡锌的著作《公众参与和行政过程——一个理念和制度分析的框架》中第195—196页的表格修改而成。

　　在知识社会学视角下，公共决策是公民和政府所拥有的知识的合理运用过程。不同类型的知识在公共决策过程的不同阶段有不同的重要性和运用方式的要求。这些要求形成了知识社会学的公民有效参与公共决策理论模型。我们可以将公共决策分成三大阶段，分别介绍公民和政府的知识的运用特点和方式。

　　第一阶段是决策议程设置阶段。议程设置就是价值选择，这是进行决策的首要任务。价值选择就是公民不同的偏好的表达和综合。然而，政府并不拥有关于公民的价值偏好的知识。有两种途径可以使政府得知公众的价值偏好，一种是政府实施的行政调查，另一种是公众参与。后一种途径更直接和更具有优势。公众是价值和规范知识的最重要主体，因而公众参与是决策过程中价值选择的最主要机制。[1] 公众也可以提供关于决策议题的基本事实以及个人感受等情境化信息，从而有助于了解其利益。公众对自身的利益具有最真实的了解，是其他主体无法替代的，但同时个体利益之间又经常是互斥和冲突的。因此，应让公民进入决策过程，表达其价值偏好，在必要时鼓励参与者进行协商和讨论，以达成某些基本的共识。这种基于信息交流和讨论协商而达成共识，就是公民偏好的表达和综合过程，也是决策议题的确定过程。在这个阶段，公民不仅在形式上参与，他们也应实质性地参与，和政府分享决策议题的决

　　——————

　　[1]　王锡锌：《公众参与和行政过程——一个理念和制度分析的框架》，中国民主法制出版社2007年版，第249页。

定权。

第二阶段是决策目标确定阶段。这一阶段需要了解所涉及公众的价值偏好，还要了解他们的利益分布状况，以此为基础来确定具体情境中的公共利益。在这方面，公民的参与也具有优势。让利益相关公民了解有关决策目标的方案，并就这些方案展开讨论。当决策涉及利益冲突时，让利益相关人进行辩论和协商，就各自的利益做出某种妥协，达成一定的共识。决策的目标最终充分考虑公民讨论的结果，这有助于提高公共决策的被接受程度。同时在这个阶段，我们还需要行政专家提供的专业性知识。其原因在于：首先，由于缺乏专业领域的知识，公众无法以演绎式的思维预测未来的事实变化，而公共决策的目标则关乎未来的事实发展，需要有一定的预见性。因此需要行政人员提供预测性的知识。其次，由于存在价值倾向和主观性，每个人对利益和事实的描述不一定符合客观现实，而且存在严重分歧。这增大了确定公共利益和决策目标的难度。而行政官僚通常以可检验、可计算的方法认知利益和事实，这可以修正公众基于价值和情感而提供的知识，使我们能够找到真正的公共利益和决策目标。

第三阶段是决策方案的选择和优化阶段。这一阶段又包含了三个步骤：发现所有达到决策目标的方案；评估每种方案实现目标的有效程度；挑选能最大限度地实现目标的方案。第一，对于决策方案的认定、评估和选择，需要专业技术性的知识。这类知识可以说是行政专家知识的核心部分，也是行政专家的专长和优势。在给定决策目标之后，有哪些可以选择的实现目标的路径和方案，完全可以通过演绎思维方法推导出来。第二，评估每种方案实现目标的有效程度，则需要比较全面的事实知识。这些事实知识，首先，包括公民的价值偏好和利益状况，这可以通过公民参与或行政调查的方式获得。其次，这些事实知识也包括一个未来的维度，即预见性的知识。行政专家一般通过概率计算的方式，将未来的不确定因素转变成可以计算和预测的风险。事实情境被获知之后，每一种方案能够实现目标的有效程度，以及所要耗费的成本就能被计算出来。第三，行政机关根据"成本—收益"的比较，来选择实现决策目标的最优方案。行政专家所掌握的"目标—工具理性"的系统化专业知识，在现实中经过反复的应用，已被实践证明是可靠的。因而理应得到优先运用。反之，公众拥有的知识因为无法实现价值因素和事实因素的分离，公众对方案的主张和选择一般是为了实现个人或群体的最大利益。而且公众对手段和方案的了解也是有限的，只能提供一些基于经验的判断。因而在此阶段，公众的参与对于公共决策的理性化缺乏助益。

但这并不意味着其对公共决策过程没有助益。公众对公共决策的认同和接受，决策应有的公共性和正当性，都需要通过公民参与来实现。因此，在决策方案的选择和优化阶段，我们仍然需要适度的公民参与。公民参与在此处的作用是：满足公众的知情权；通过参与公众得到一种被倾听、被尊重的心理满足感，有助于增加公众对决策的认同和接受；参与提供了公民学习专业技术理性的机会，可以提升其理性认知能力；公众在参与中提供的信息和知识、表达的诉求，对行政专家权力的滥用，具有一定的抑制作用。因此，在公共决策的第三个阶段，虽然行政专家被赋予了实质性决定权和结果决定权，公民不具有结果控制能力，也即公民参与在深度上应有所限制。但公民参与仍然是重要的，应当对决策过程具有一定的影响和控制能力，这有助于提升公共决策的正当性和可接受性。

第三节　新媒体环境下公民有效参与公共决策的内涵和衡量标准

前述新媒体环境下公民有效参与公共决策的新特点和公民有效参与公共决策的四种理论模型，为我们分析探讨新媒体环境下公民有效参与公共决策的内涵和衡量标准奠定了基础。虽然在绪论里已经初步界定了有效参与的内涵，但我们需要结合新媒体环境进行具体展开和详细讨论。

一　新媒体环境有效参与的内涵

如绪论所述，本研究将从政策科学的视角来审视公民参与公共决策的有效性。在政策科学视角下，公共决策的目的和功能是解决公共问题。因此公民参与公共决策的有效性主要是指通过公民参与能够实现解决公共问题的目标的程度。具体来讲包括三个方面：一是公共决策满足民众需求和偏好的程度；二是公民参与是否能够提高公共决策质量及提高的程度，也就是说公共决策方案能低成本高效地实现决策目标的程度；三是提升公共决策在民众中的接受度和支持度的程度。这也是公共决策中公民参与的三个主要功能和目标，即满足公民的公共需求、实现决策科学化和增强决策的可接受性。因此，有效参与用一句话来概括，就是是否实现了公共决策的民主化、科学化和可接受性以及实现的程度。

在新媒体环境下，公民的话语权被放大，公众舆论具有强效性，对政府公共决策施加了强大的压力，很多时候民意是片面和肤浅甚至偏激的。因此，这里的民主化是受限制的，公共决策不可能也不应该无限度地顺从民意。有效的内涵应该是尊重重视民意，吸纳合理的民意，拒绝不合理的民意并给予解释。在决策科学化方面，新媒体促进公民之间信息的共享，增进相互之间的交流讨论和碰撞激发，可以实现知识的增长和民间智慧的充分挖掘。因而新媒体环境下公民参与提高公共决策质量具有极大的发展空间，但要注意发挥新媒体的知识增长和集体智慧功能。在决策的可接受性方面，新媒体空间拥有一个新的话语体系，具有排斥意识形态的倾向，因此应充分发挥新媒体的沟通动员功能。必须善于运用新媒体的话语和语言解释解读公共决策，增进对决策的理解和认同；同时应考虑到新媒体言论的批判性，收集公民的各种意见，充分地答疑解惑，消除公民对决策的各种疑虑和误解，增强公民对公共决策的接受性。

二 新媒体环境下公民有效参与公共决策的衡量标准

尽管按照托马斯的有效决策理论模型，政府可以按照决策问题的性质、决策的质量要求等因素，来决定是否引入公民参与。但考虑到公共决策的公共性、可接受性要求等，在大多数情况下公民参与公共决策是必要的。另外如前所述，公共决策过程的各个环节阶段都需要公民参与。因此，公共决策中的公民参与是普遍的，广泛分布于各类公共决策问题和公共决策过程的不同阶段。面对如此普遍的公民参与活动，我们需要特别关注的问题是这些公民参与活动参与的广度、深度和方式各不相同，因而在公共决策中发挥着各不相同的功能。对公共决策中公民参与发挥的功能的总结一般也是按照公共决策过程的不同环节阶段来归纳提炼。关于公共决策过程环节阶段的划分多种多样，有三阶段、四阶段、五阶段甚至更多的阶段等种种划分方式。但其实它们所描述的公共决策的步骤和环节基本一致。因此，我们可以根据研究问题的需要而选择自己认为合适的阶段划分方式。

本研究将公共决策过程划分为问题界定、议程设立、政策规划和政策合法化四个阶段。问题界定阶段类似于拉斯韦尔所说的"情报"阶段或者琼斯的"问题确定"阶段，安德森在《公共政策制定》一书中称之为政策问题或问题界定。任何公共决策都必须首先了解、界定和分析将要解决的问题，公共决策过程要从界定分析公共问题开始启动。在问题界定阶段，公民参与的主要作用是提供关于公共问题的信息，在这一阶段公民的参与尚不积极，往往比较被动，而政府往往主动开展关于某个问题的调查，因此这一阶段公民参与的主要功能是信息传递，从政府的视角来说就是信息收集。在议程设立阶段，政府要决定将要处理和解决的公共问题。在这一阶段公民参与可以发挥实质性的作用甚至主要的作用，将公民的需要、价值偏好吸收到政府的议程设立之中，使政府的政策议程反映民意。这是公共决策民主化的主要体现。因此这一阶段公民参与的主要功能是价值吸纳。在政策规划阶段，要确定政策的目标，设计各种不同的政策方案，并对各个方案进行评估和择优。政策规划的专业性和技术性最强，因此一般来说公民参与的深度受到限制，往往强调公民参与的过程控制而非结果控制功能。但在新媒体环境下，蕴藏在民众之中的智慧和经由交流碰撞产生的知识增长十分可观，公民的参与可以发挥建言献策功能，发现政策方案的缺陷不足，提出建设性意见，弥补政府专业知识的不足，促进公共决策的科学化。在政策合法化阶段，政府要宣传解释已通过的政策，增进民众对政策的理解和认同，增强政策的可接受性。这一阶段的公民参与主要形式是政策咨询，表现为获取政策信息、政府对政策的答疑解惑等。这一阶段的公民参与为政策的执行创造了有利条件，因此公民参与发挥了沟通和动员的功能。综上所述，公共决策过程中公民参与的功能可以归纳为信息传递、价值聚合、建言献策和沟通咨询四个方面。如果从政府作为决策者的角度来总结公共决策中公民参与的功能，就是信息收集、价值吸纳、集思广益和沟通动员四个方面。

公共决策中公民参与的每一种功能都需要多种不同的参与方式来实

现。这些发挥相同功能的参与方式可以归纳为一个类别，公民参与不同的功能规定着公民参与的不同类别。因而，公共决策中的公民参与按照公民参与所能实现的功能可以分为信息传递类、价值聚合类、建言献策类、沟通咨询类四类。这四类公民参与的目的从政府的视角来看，大致可以用了解民情、反映民意、集中民智和争取民心来概括。它们分别主要运用于公共决策过程的某个阶段。但实际上这只是为了分析的方便做出的简化处理。某一类公民参与可以运用于多个决策阶段，某个决策阶段也可以采用多个类别的公民参与。如表3—3所示。

表3—3　　　　　　　　　公共决策中的公民参与类别划分

公民参与类别	参与功能（政府视角）	参与目的（政府视角）	参与目的（政策科学视角）	主要运用的决策阶段	参与等级
信息传递类	信息收集	了解民情	问题确定	问题界定	信息获取
价值聚合类	价值吸纳	反映民意	决策民主化	议程设立	协商合作
建言献策类	集思广益	集中民智	决策科学化	政策规划	政治咨询
沟通咨询类	沟通动员	争取民心	增强可接受性	政策合法化	政治沟通

需要指出的是，根据阿恩斯坦的参与阶梯理论，公民参与是决策权力的再分配，是公民对政府决策权力的分享。按照权力分享的有无和多少可以把公民参与分成不同的等级，从而形成一个由低到高的阶梯。不同等级的公民参与在公共决策中参与深度不同，具有不同的地位和作用。按照这种思路，公民参与的这四种功能以及由此产生的四种公民参与类别不是等量齐观的，可以按照参与深度及权力分享程度被归入不同的参与等级。四种公民参与类别在参与等级上由低到高分别是信息传递类、沟通咨询类、建言献策类、价值聚合类，分别对应着四个参与等级：信息获取、政治沟通、政治咨询、协商合作。其中，信息传递类和沟通咨询类都没有任何的权力分享，在权力分享上其实属于同一个层级。两者的不同在于，信息传递类只是单向的信息流动，是政府主动获取关于公共问题的信息，公民处于被动地位。而沟通咨询类是双向的信息流动，公民和政府都可能处于主动地位。因此沟通咨询类在参与深度上高于信息传递类。建言献策类属于政治咨询的等级，不但存在信息的交流，而

且公民的建议和意见可能被政府采纳，吸收进决策方案之中。这虽然被阿恩斯坦称为象征性参与，但其实是政府保留决定权的决策权力的分享。因而参与等级更高一些。价值聚合类属于协商合作等级，真正体现了公民和政府之间决策权力的分享，公民之间以及公民和政府就决策的价值选择平等地开展讨论和协商，最后达成共识，使决策反映民意。因此，价值聚合类是公民参与的最高层级。

新媒体环境下公民参与公共决策具有一些新特点，这也影响到公民参与公共决策的有效的界定和衡量。因为本研究将公共决策过程中的公民参与划分为四种类别，每种类别的公民参与的有效性显然具有不同的要求和衡量标准。因此，下面将分析新媒体环境下公民有效参与公共决策这四种类型各自的衡量标准。

首先是信息传递类公民参与。信息传递类公民参与是指政府收集和获取有关公共问题的信息，包括公民需求和供给现状等信息，主要表现为关于公共问题的社会民意收集。了解和确定问题是解决问题的第一步。因而信息传递类主要运用于公共决策过程的问题界定阶段。在问题界定阶段，公民的参与尚不积极主动，往往是政府主动开展问题调查，邀请公民参与。在新媒体环境下，信息传递类公民参与主要表现为网络民意调查、网络投票、新闻跟帖等形式。这类公民参与有效的要求有三个方面。第一，调查对象利益关涉群体优先。在新媒体上表现活跃、积极参与的人往往是年轻人、大学生以及都市白领群体。政府虽然也要了解一般民众对公共问题的看法，但更重要的则是了解公共问题的利益关涉群体的看法和意见。然而这些群体却往往是"沉默的大多数"，很少发言和参与。因此，政府应该对问题调查参与的对象做出规划，按照利益关涉群体优先参与的原则，定向邀请和鼓励利益关涉群体特别是可能做出的公共决策的目标群体参加调查，表达他们的需求和意见。对于在利用新媒体技术进行参与方面存在障碍的群体或个人，政府应提供帮助或提供替代参与方式。第二，调查结果客观全面。开展社会调查是为了获取问题相关信息，把握问题的发展现状，以准确地界定和理解问题。因此调查结果的客观和全面十分重要。这就要求调查的问卷和问题的设计要客观中立，不能带有倾向性和引导性；调查内容的安排要全面充分，不仅包含问题解决取得的成就，也包含问题解决与公众需要的差距；不仅包含问题解决的现状，也包含问题解决的环境及制约因素等方面；调查的对象也要全面覆盖，目标群体、利益关涉群体和利益无关群体都要纳入调查。为保证调查结果的客观真实性，避免政府官员利益关联对调查结果的影响，可以委托无利益关联的第三方机构进行调查。第三，重视调查结果的研究分析。政府收集获取问题信息的最终目的是为了解决问题，因此不仅要界定问题，还要理解问题。因此应重视对调查结果后续的研究和分析。政府可以自己对调查结果进行研究分析，也可以委托其他机构进行分析研究，从而为后面的议程设立和政策规划提供优质信息和知识。

其次是价值聚合类公民参与。这类公民参与主要发生在公共决策的议程设立阶段，从政府的角度看就是以公共决策吸纳公民价值偏好为主要目标的参与类型。新媒体环境下主要包括网上听证会、网络投票，在线意见征集、公民自发的网络讨论等形式方式。这类公民参与有效的要求包括四个方面。第一，实现权力分享。不同的价值之间没有高低优劣之分，政府主张的整体性价值和长远性价值并不比公众主张的价值优越。因此，不能是一种价值战胜、压倒另一种价值，可以通过妥协让步、价值汇聚、寻求共识等方式得到各方都能接受的"最大公约数"。同时，经过讨论而达成的价值共识，应当对公共决策具有一定的约束力，即公民应该分享一部分决策权。第二，充分交流讨论。要对不同主体之间经常差异很大的价值偏好进行聚合，必须要开展充分深入的交流讨论。各方主体只有充分地表达观点主张，提供论证，才能使彼此增进对问题和对方的理解，扩展知识和信息，从而产生妥协和观点汇聚，达成价值共识。第三，必要的舆论引导。新媒体舆论的形成发展具有自发性和迅速性的特点，这导致新媒体舆论具有分散性、多元性的特点，常常出现情绪化、批判性和群体极化的倾向。因此，对新媒体舆论空间的各种价值观念及交流讨论过程要进行一定的舆论引导，以促进理性的探讨、平和的交流和新的意义的生成，加快和促成价值的汇聚和共识的达成。第四，扶助弱势群体。社会弱势群体往往在公共决策的意见表达中处于不利地位，新媒体环境下"数字鸿沟"的出现更加重了他们这方面的劣势。社会弱势群体在接近和使用新媒体进行价值偏好表达和讨论上存在着种种障碍。因此，政府应该对弱势群体给予特别的关注、扶持和帮助。消除数字鸿沟中的接入沟和使用沟，赋予弱势群体平等的表达机会，增强弱势群体的参与意识和参与技能。同时，注意对弱势群体价值偏好的倾斜和引导，提升弱势群体的理性交流讨论能力。

再次是建言献策类公民参与。这类公民参与主要发生在政策方案规划阶段，是以提高公共决策科学性为主要目标的参与类型，从政府的角度来看就是集中民智，集思广益。新媒体环境下主要表现为决策方案在线意见征集、领导信箱、网络听证会等形式。建言献策类往往是政府就某项决策方案公开征求社会意见，政府居于主动地位，而且政府保留了决定采纳与否的权力和参与过程的控制权，居于主导地位，政府与公众是一种不对等的关系。这类公民参与有效的要求主要包括两个方面。第一，充分交流讨论。经由新媒体途径的建言献策类参与具有独特的优势。新媒体空间的交流讨论甚至争论辩论可以实现新的意义的生成和知识的增长，交流讨论可以实现公民之间的相互激发和启发，实现新媒体空间的知识创新功能和学习功能，这会促使更高质量的建言献策形成。因此，为发挥新媒体途径的独特优势，这类公民参与应鼓励和保障公民之间的充分交流讨论。第二，参与结果充分说明。虽然公民的建言献策不能分享政府的决策权力，但公众建言献策之后，政府应对参与的结果做出一个充分而详尽的说明。内容主要包括有多少公民参与，都提出了哪些意见建议，这些意见建议是否被决策采纳以及采纳了多少，哪些意见建议被采纳及为什么被采纳，哪些意见建议没有被采纳及为什么不被采纳。这样的结果反馈才能使公民感到自己的意见被重视和尊重，从而实现更好的参与效果和更高的参与积极性。

最后是沟通咨询类公民参与。这类公民参与主要发生在公共决策的政策合法化阶段，是以增加公共决策可接受性为主要目标的参与类型。它往往发生在公共决策已经基本确定之后，表现为政府发布公共决策的某些信息或者全部内容，并就决策制定的背景及作用、决策目标、决策方案及决策的过程进行介绍和解读，公民也可以就自己关心的问题进行政策咨询，政府给予解答。这类公民参与可以扩大公民对公共决策的理解和认同，促进该决策的顺利执行。新媒体环境下沟通咨询类参与主要表现为在线问答、在线访谈、领导信箱及各种政务新媒体等形式。这类公民参与有效的要求主要有三个方面。第一，决策方案的充分说明。如果政府就公共决策出台的背景和初衷、决策问题的解决思路、想要达到的决策目标以及决策方案设计的各种细节向公众详细说明和解释，公民原有的偏好和看法并非不可改变。当公民被决策者的诚意打动，被决策者的道理说服，公共决策就会得到他们的理解和接受。因此，应该秉持以诚动人、以理服人的原则，充分详尽地说明决策制定的来龙去脉和方方面面。第二，沟通氛围的平等宽松。在新媒体环境下，公民的价值偏好、思想观念、意见看法等具有分散性和多元性，观点意见具有情绪性和批判性，同时形成了自身独有的话语体系，比较排斥主流意识形态。因此，政府在进行沟通动员、回复咨询时切不可高高在上，盛气凌人，而应该放低姿态，以平等的身份和平和的态度与公民交流，耐心倾听公民的意见表达。同时，塑造宽松自由的言论氛围，允许公民畅所欲言，可以发表任何观点和意见，提出任何质疑和批评，并耐心细致地进行答复和解释。另外，要学会用新媒体的话语和语言进行沟通，善于换位思考，从公民的角度思考问题，从而加深对公民不满情绪和不同意见的理解，在此基础上晓之以理、动之以情，以轻松活泼的语言和身边朋友的语气进行引导和说服，缓解和消除公民的各种不满和疑虑，从而增加公民对决策的认同和支持，增强公共决策的可接受性。第三，沟通过程的及时回应。对公民就自己关心的问题提出的政策咨询，政府相关人员要及时回应，详细地、有针对性地解答公民的疑问和问题，设身处地地理解和同情公民，消除公民对公共决策的各种疑惑和误解。这样公民认同和支持公共决策的概率就会大大提高。

第 四 章

新媒体环境下公民参与公共
决策的现状考察

前章从理论上对新媒体环境下公民参与公共决策进行了阐释，明确了公民参与的理论依据，并构建了衡量标准体系。本章将聚焦于中国现实，从总体概况和具体特征两个层面对我国新媒体环境下公民参与公共决策的现状进行考察。

第一节　新媒体环境下我国公民
参与公共决策的总体概况

随着新媒体在我国的快速发展，公民参与公共决策的热情不断高涨。在此背景下，政府部门也在大力推动新媒体环境下公民参与公共决策的制度化建设，参与制度不断推陈出新，创造出与新媒体技术特征相契合的种种参与途径和参与方式，以实现公共决策的科学化、民主化。本章接下来将对这些参与制度、参与途径和参与方式进行阐述，以把握新媒体环境下我国公民参与公共决策的总体概况。

一　新媒体环境下我国公民参与公共决策的制度概况

制度是约束人们行动的规则体系，具有稳定性、强制性和层次性特点，在冲突化解和创造秩序中发挥着积极作用。现阶段，新媒体环境下我国公民参与公共决策的制度安排主要包括网络政府信息公开制度、网络信访和网络留言办理制度、网络政民协商制度以及与公民自发的网络讨论相关的制度。

（一）网络政府信息公开制度

在我国，政府信息公开又经常被官方称为政务公开。相比政务公开，政府信息公开的外延更宽泛，涵盖的范围更广，因此本研究使用政府信息公开这一术语。为应对公民日益高涨的参与热情，世界各国均在探索有效的应对机制。政府信息公开在保障公民知情权、监督权、消除信息垄断等方面发挥了重要作用，因而为世界各国所提倡。新媒体技术的发展为政府信息公开提供了更多便利条件，使得政务信息变得更可得，促使政府运作向着"善治"所倡导的回应性、透明性等方向发展。①

我国党和政府非常重视政府信息公开建设。2008 年，国务院出台《中华人民共和国政府信息公开条例》（以下简称《条例》），对政府信息公开的范围、方式和程序、监督和保障措施等方面进行了规定。其中"行政机关应当将主动公开的政府信息，通过政府公报、政府网站、新闻发布会以及报刊、广播、电视等便于公众知晓的方式公开"，为推动政务信息公开，保障公民依法从政府网站等新媒体渠道获取真实、可信的权威信息提供了重要依据。自此，国务院办公厅每年例行发布《政府信息/政务公开重点工作安排》，就当年政府信息公开的重点要点工作进行部署。2016 年，中共中央办公厅、国务院办公厅印发《关于全面推进政务公开的意见》（以下简称《意见》），提出"坚持以公开为常态、不公开为例外"的指导思想，并要求"扩大政务开放参与"；随后，国务院办公厅发布《〈关于全面推进政务公开工作的意见〉实施细则》，就《意见》所提要求制定了实施细则。新媒体的技术变革和经济社会的快速发展对政府信息公开的广度和深度提出了新要求，11 年前的《条例》已无法适应现实需求。基于此，2019 年 5 月，国务院对《政府信息公开条例》进行了修订，进一步明确了 2008 年《条例》中原则性的、处于模糊地带的内容，增强了可操作性。为适应当前两微一端的新媒体格局，修订后的《条例》在第二十三条中增加了"其他互联网政务媒体"作为主动公开方式之一。

近年来，基于开源政府理论的开放政府开始受到关注，对政府信息

---

① OECD, *Open Government: Fostering Dialogue with Civil Society*, Paris: OECD, 2003.

公开提出了更高层、更深度的要求，主张"公民有权获得政府的文件和程序"①。开放政府致力于开放政府数据，即"任何人自由、免费地访问、获取、使用和分享政府数据"②。这里的政府数据不同于政府信息公开中所提供的经过"加工和分析的信息"，而是指政务"原始数据"。早在 2012 年，上海市就上线试运行"上海市政府数据服务网"。随后，北京、湛江等地也陆续推出政府数据开放平台。2017 年，国家层面的政府数据开放也开始提上议程。中央全面深化改革领导小组通过《关于推进公共信息资源开放的若干意见》，对重点领域的信息开放提出了要求。2018 年，中央网信办、发展改革委、工业和信息化部联合出台《公共信息资源开放试点工作方案》，对开放平台建设、开放范围、数据质量、数据利用、制度规范、安全保障等方面作出部署。2018 年《中国地方政府数据开放报告》显示，截至 2018 年上半年，我国已上线 46 个符合政府数据开放特征的省市级平台，且增长态势迅猛，仅 2018 年就上线了 21 个新平台。③ 但有关政府数据公开的效果、绩效考核、评价等方面尚缺乏制度性规定。整体而言，我国的网络政府信息公开制度一定程度上消解了民主理论学家罗伯特·达尔所谓的"由信息和知识不对称所带来的不平等"④，为公民在新媒体环境中依法获取政府信息提供了保障（见图 4—1）。

（二）网络信访和网络留言办理制度

网络信访指"公民、法人或者其他组织通过党委、政府及其工作部门设立的网站反映情况、提出意见建议或者投诉请求"⑤，并由有关机构依法处理的一种制度。⑥ 网络信访作为信访制度的创新形式，信息技术革命使其可以不受空间、时间限制，极大地降低了公民进行信访的成本，

①　孟天广、郑思尧：《信息、传播与影响：网络治理中的政府新媒体——结合大数据与小数据分析的探索》，《公共行政评论》2017 年第 10 期。

②　郑磊、高丰：《中国开放政府数据平台研究：框架、现状与建议》，《电子政务》2015 年第 7 期。

③　复旦大学、提升政府治理能力大数据应用技术国家工程实验室、国家信息中心数字中国研究院：《中国地方政府数据开放报告》，2018 年，第 14 页。

④　Dahl R. A., *Democracy and Its Critics*, New Haven, CT: Yale University Press, 1989.

⑤　王巨新：《加强新时期网上信访工作》，《经济与社会发展》2010 年第 5 期。

⑥　浦兴祖：《中华人民共和国政治制度》，人民出版社 2005 年版，第 491 页。

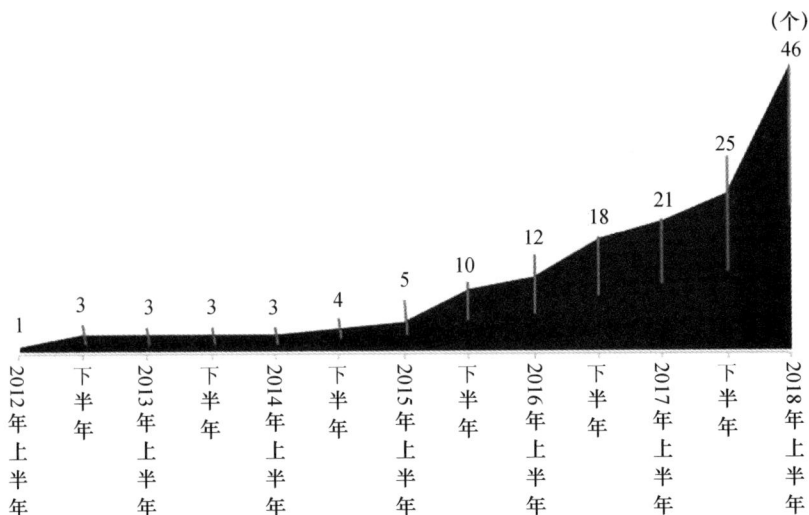

图4—1 政府数据开放平台累计数量

资料来源:《2018 年中国地方政府数据开放报告》。

是对传统信访的有力补充。网络信访在增强政权合法性和促进公民参与公共事务方面发挥着重要的促进作用。作为公民意见表达的重要组成部分,公民的网络信访构成了广泛的信息源,是民情民意的客观反映,为党和政府制定公共决策提供了信息支持。此外,网络信访制度为公民维护自身利益提供了保障,也为公民发表对于公共事务的意见建议提供了途径,有助于公民参与公共生活。

2005 年颁布的《信访条例》要求各级政府及工作部门应当向社会公布信访工作机构的相关信息(这其中包括"电子信箱"),应当在"网站"公布信访相关法律法规规章为信访人提供便利,提出要"充分利用现有政务信息网络资源,建立全国信访信息系统"。《信访条例》的出台确立了网络信访的合法地位。2007 年,中央联席会议办公室、国家信访局安排部署了 100 家单位进行网络信访试点。① 2014 年,中共中央办公厅、国务院办公厅出台《关于创新群众工作方法解决信访突出问题的意见》,要求"实行网上受理信访制度,大力推行阳光信访,全面推

① 国家信访局:《王学军赴四川广西调研网上信访试点工作进展情况》,中国政府网,2007 年 9 月 13 日,http://www.gov.cn/zfjs/2007 - 09/13/content_747580.htm.

进信访信息化建设","实现办理过程和结果可查询、可跟踪、可督办、可评价"①。2016 年,国家信访局和国家投诉受理办公室先后出台《信访事项网上办理工作规程(试行)》《网上信访事项办理工作规则(试行)》,详细规定了网络信访的相关内容,是网络信访规范化的重要操作依据。据《法制日报》报道,2018 年上半年,国家信访局网上信访量已超过信访总量的一半,网络信访已成为群众信访的主要渠道。②

网络留言办理制度是针对政府部门网络回应的规范,旨在使政府网络留言办理工作"有章可循、程序规范、责任到位"。以人民网"地方领导留言板"的建立为契机,网络留言办理制度快速发展。地方领导留言板自 2006 年创建以来,各级领导干部共回应公民诉求多达 120 万项,超过 2500 位省市县"一把手"通过该平台回复留言。观察历史数据可以发现,地方领导留言板中的留言量和回复量逐年递增,领导回复率从 2009年的 13.16% 提升至 2018 年的 80.57%。2019 年 9 月,"地方领导留言板"更名为"领导留言板",纳入部委领导留言板功能③,进一步扩大了公民网络留言所触及的政府部门范围。随着公民与政府间网络留言回复的常态化,地方各级政府纷纷建立起网民留言办理的固定工作机制。截至 2019 年,已有 26 个省区市出台了网络留言办理制度"红头文件",正式将网络留言办理工作制度化、规范化,为新媒体环境下公民进行政治咨询提供了有力保障。

(三)网络政民协商制度

网络政民协商制度用于规范公民与政府间的互动交流,是对新媒体环境下民主协商的规范和制度化程序。在当今中国,新媒体已成为政民互动的新型场域,政府主导的网络政治讨论、网络政治性论坛、网络听证、网络访谈、政务新媒体等均是网络政民协商的有效方式(见图4—2、图4—3)。2015 年,

---

① 国家信访局:《中共中央办公厅国务院办公厅印发〈关于创新群众工作方法解决信访突出问题的意见〉》,国家信访局网站,2014 年 2 月 25 日,http://www.gjxfj.gov.cn/gjxfj/news/xwfb/webinfo/2016/03/1460416226540253.htm.

② 法制日报:《国家信访局网上信访量超过半数》,新华网,2018 年 7 月 27 日,http://www.xinhuanet.com/legal/2018-07/27/c_129921519.htm.

③ 人民网领导留言板:《关于我们》,人民网,2019 年 9 月 3 日,http://leaders.people.com.cn/n1/2019/0903/c178291-31334400.html.

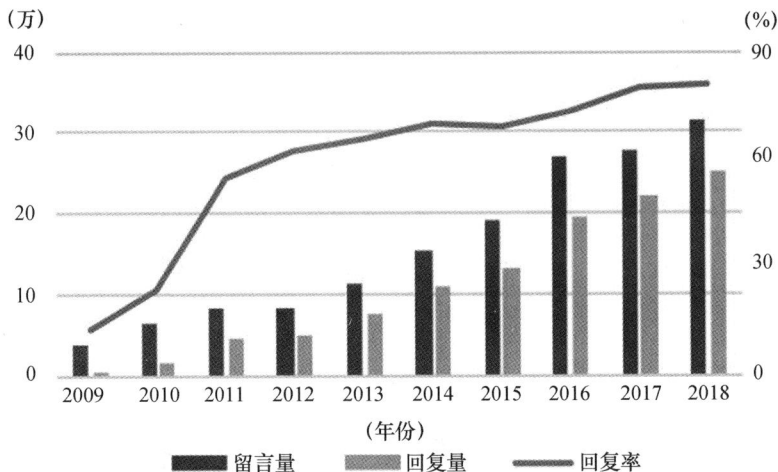

图4—2 人民网"领导留言板"留言量、回复量及回复率

资料来源：人民网：《一图读懂2018年全国网上群众工作大数据》，2019年1月11日。

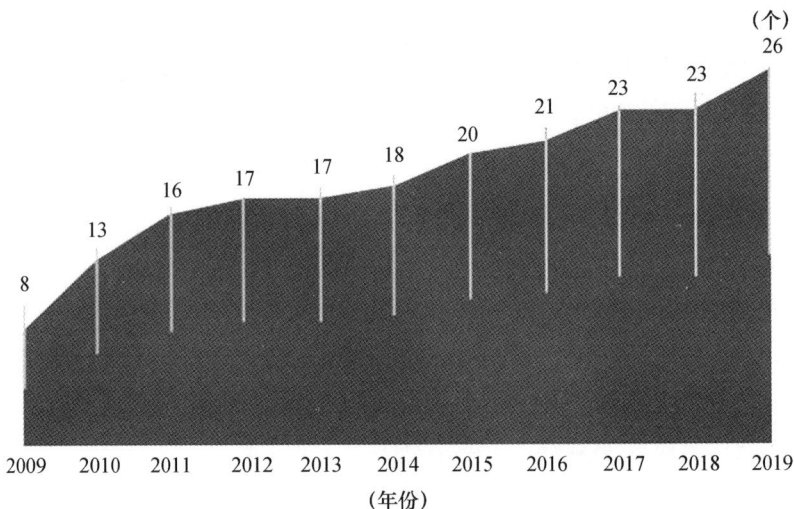

图4—3 出台制度化办理网友留言文件的省市各年累计数量

资料来源：人民网：《26省市颁布文件制度化办理网友留言》，2019年10月。

中共中央印发《关于加强社会主义协商民主建设的意见》，强调"发挥各协商渠道自身优势，做好衔接配合，不断健全和完善社会主义协商民主制度。

各类协商要根据自身特点和实际需要，合理确定协商内容和方式"①。近年来，人大会议网络直播、网络"E案"纳入政府议程等均是网络政民协商的实践。具体而言，各级政府积极开展网络政民协商探索，借助于新媒体的诸多优势，充分吸纳民智，在促进决策科学化和增强公民接受性方面取得了一定成绩。

虽然各级政府在网络政民协商中进行了积极探索，但相关制度建设却明显落后于实践发展需求。在地方政府层面，2007年宜宾市人民政府办公厅出台了《宜宾市政府公众网上听证管理暂行办法》，对听证程序进行了规范。2013年，广东省人民政府第十二届一次常务会议通过《广东省重大行政决策听证规定》，就听证组织机关、参加人员、组织、举行、结果与运用等方面进行了规定。其中第十五条"听证会一般以现场会议形式举行，也可以通过视像、网络等形式举行"，从省级层面为网络听证提供了依据。2017年，国家层面开始关注网络政民协商的制度化建设。6月9日至7月8日，国务院法制办就《重大行政决策程序暂行条例（征求意见稿）》公开征求意见；2019年5月，国务院正式出台《重大行政决策程序暂行条例》，提出"作出重大行政决策应当遵循民主决策原则"，充分保障群众通过多种途径和形式参与决策；第十五条规定"决策事项向社会公开征求意见的，决策承办单位应当通过政府网站、政务新媒体以及报刊、广播、电视等便于社会公众知晓的途径，公布决策草案及其说明等材料，明确提出意见的方式和期限"②。然而，时至今日，国家层面仍未出台专门针对网络政民协商的正式文件，就协商的原则、负责机构、权利义务、协商范围等等进行制度化规定，相关制度建设迫切需要提上日程。

（四）公民自发的网络讨论

新媒体技术为公民自发进行网络政治讨论提供了便利条件，降低了信息发布与获取的成本，扩大了公民社会交往的范围，并逐渐发展形成网络公共领域（Online Public Sphere）。依据阿伦特和哈贝马斯的观点，

①　《中共中央关于加强社会主义协商民主建设的意见》，新华网，2015年2月9日，http：//news.xinhuanet.com/2015-02/09/c_1114310670.htm.

②　国务院：《重大行政决策程序暂行条例》，中国政府网，2019年5月8日，http：//www.gov.cn/zhengce/content/2019-05/08/content_5389670.htm.

公共领域必须具备三个要素：其一，具有批判精神的公众；其二，自由交流、充分沟通的媒介；其三，能够形成公共舆论。① 网络空间聚集了多元化的公众。他们卸下"偏好伪装"②，以更便捷的方式就公共议题展开探讨，形成政治讨论。在网络公共领域，公民可以就政府部门、政策议题、官员行为等表达自己的看法甚至批判。网络公共领域成为政府部门收集民意、了解民情的行之有效的渠道。然而，随着互联网和社交媒体在中国公众政治生活中的深入，公民自发的网络讨论也引发了一系列问题，如网络暴政、数字动乱（Electronic riot）、假消息（Fake news）泛滥、网络谣言等。作为应对，我国政府部门不断完善和加强对于新媒体环境中网络讨论的监督管理，形成了一系列规章制度。这些规定不仅规范着普通网民的网络讨论行为，亦对政府部门利用新媒体进行信息发布、互动交流等作出了要求。

2000 年，为适应电子论坛等新型网络空间的兴起，《互联网电子公告服务管理规定》就电子公告、电子论坛、留言板等信息发布行为进行了规定（于 2014 年 9 月废止）。2012 年全国人大常委会通过《全国人大常委会关于加强网络信息保护的决定》，要求推行有限度的网络实名制；2013 年最高人民法院和最高人民检察院《关于办理利用信息网络实施诽谤等刑事案件适用法律若干问题的解释》中规定"同一诽谤信息实际被点击、浏览次数达到 5000 次以上，或者被转发次数达到 500 次以上的"即可追究刑事责任③，这一规定在抑制网络谣言的传播中发挥了重要作用。2014 年 8 月，国家互联网信息办公室出台《即时通信工具公众信息服务发展管理暂行规定》，对即时通信工具服务提供者的相关资质、用户信息/隐私保护、"后台实名、前台自愿"的使用者管理等方面提出了要求。对于即时通信工具服务使用者，《暂行规定》要求要遵守"七条底线"；当即时通信工具服务使用者"为从事公众信息服务活动开设公众账

---

① 熊光清：《网络公共领域的兴起与话语民主的新发展》，《中国人民大学学报》2014 年第5 期。

② 参见［美］第默尔·库兰《偏好伪装的社会后果》，丁振寰、欧阳武译，长春出版社2005 年版。

③ 《两高发布关于办理网络诽谤等刑事案件适用法律若干问题的解释》，中华人民共和国最高人民检察院，2013 年 9 月 10 日，http：//www.spp.gov.cn/zdgz/201309/t20130910_62417.shtml.

号"时，需经服务提供者审核，且明确规定"新闻单位、新闻网站开设的公众账号可以发布、转载时政类新闻，取得互联网新闻信息服务资质的非新闻单位开设的公众账号可以转载时政类新闻。其他公众账号未经批准不得发布、转载时政类新闻"。这一规定对即时通信工具服务者和使用者双方的网络行为进行了规范，为政务新媒体的管理和使用提供了依据。

其后，国家网信办对于《暂行规定》所提出的一系列原则性指导不断进行了细化，接连出台了 14 个规范性文件。如《互联网用户账号名称管理规定》细化了对于网络用户名的管理；《互联网信息搜索服务管理规定》对互联网信息搜索服务提供者在信息提供方面提出了详细要求。2016 年，随着网络直播的迅猛发展，中国互联网信息中心在第 38 次报告中首次将"网络直播"单独列出。2016 年因此也被称为"网络直播元年"。回应现实发展，国家网信办出台《互联网直播服务管理规定》，要求"健全信息审核、信息安全管理"，并对网络直播中新闻信息的真实准确性、转载新闻的完整准确可追溯、加强对"评论、弹幕"等网络实时讨论的管理等方面提出了要求。2017 年，随着公民自发的网络讨论日趋常态化，网信办接连出台《互联网论坛社区服务管理规定》《互联网跟帖评论服务管理规定》《互联网群组信息服务管理规定》，对新媒体环境下不断出现的新型网络讨论领域，如微信群、"弹幕"中的信息发布、交流讨论等行为进行了细致规定。可见，我国政府部门在规范公民自发的网络讨论中作出了不懈努力，相关规章制度的出台紧密贴合当前新媒体环境下公民网络讨论不断演变的特点，在规范公民网络讨论行为中起到了重要作用。

二　新媒体环境下我国公民参与公共决策的途径

新媒体交互性、实时性、开放性、匿名性等特点，为公民参与公共决策提供了许多新途径。政府网站、网络论坛、各大政务新媒体平台（如政务微博、政务微信、政务客户端、政务抖音号）等不断推陈出新，逐渐成为公民参与公共决策的有效途径。

（一）政府网站

政府网站的建设一直是我国电子政务发展的内在要求。自 1999 年国务院发起"政府上网工程"以来，政府网站经历了从"重数量"到"重质量"的转变。中国互联网络发展状况统计报告的数据显示，以"gov. cn"

为域名的网站数量从 1997 年的 323 个，增长至 2015 年的 66453 个。2015
年，国办组织了第一次全国政府网站普查，发现政府网站实际数量高于以
"gov. cn"为域名的网站数量，高达 84094 个。虽然拥有如此庞大数量的
政府网站，但其中超过 9 成几无访问量。普查数据显示，全国政府网站
访问量前 1% 的网站，占据了总访问量的 90.25%，且政府网站质量参差
不齐，甚至出现了"僵尸"网站、"奇葩"网站、"PS"网站等现象。[①]
此后，政府网站开始"瘦身""提质"工作，大力推进政府网站"集约化
建设"。至 2019 年 6 月，我国政府网站数量为 15143 个，相较于 2015 年时
的峰值缩减超过 80%。网站数量的减少并不意味着公民参与公共决策平台
的窄化。现阶段，我国中央和省级政府网站普及率为 100%，地市级政府网
站达到 99% 以上，区县级超过 85%，普及率已位于世界前列，为我国公民
通过政府网站参与公共决策提供了有利条件（见图 4—4）。

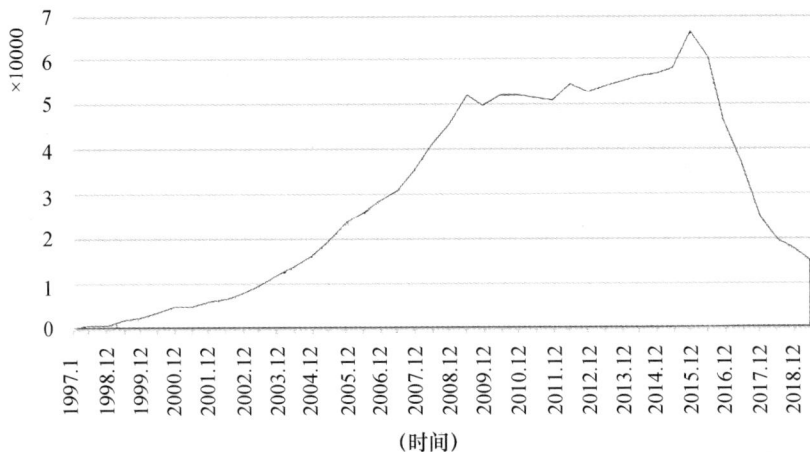

（时间）

图 4—4　政府网站数量

资料来源：第 1—44 次中国互联网络发展状况调查统计报告。[②]

---

① 《政府网站瘦身：严重问题网站关停上移 2 年砍掉 5 万个》，新华网，2017 年 7 月 19 日，
http://www.xinhuanet.com//politics/2017 - 07/19/c_1121341075_2.htm.

② 其中，2015 年国办组织第一次全国政府网站普查，因此，2015 年之前的统计报告中仅
报告了域名为 gov. cn 的网站数量，本研究采用该数据近似认为是该年的政府网站数量。但由于
仍存在一些政府网站并未以"gov. cn"作为域名，因而，2015 年前的政府网站数量应高于我们
统计所得数量；2015 年后统计报告中报告了政府网站建设情况，我们直接使用统计报告中的政
府网站数量进行统计，特此说明。

2002 年，国务院信息化工作办公室委托相关机构开始对政府网站绩效进行评估。自 2005 年起，历年政府网站绩效评估指标体系中，均将"信息公开""公众参与"列入一级指标。① 其中信息公开主要考察各级政府网站对基础信息和重点领域信息的发布数量、质量、更新维护等情况；公众参与（互动交流）则聚焦各级政府网站在咨询投诉、在线访谈、征集调查等参与渠道的建设情况。国脉电子政务的数据显示，各级政府网站平均绩效基本持平。在四个一级指标上，各级政府网站表现略有差异，就我们重点关注的政务公开和互动回应方面来看：部级政府网站在政务公开方面表现最好，而省市级网站则长于同公民间的互动回应（见图4—5）。

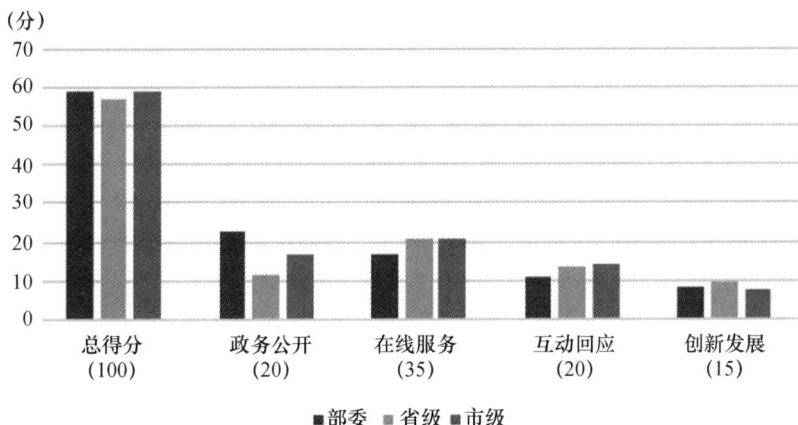

图4—5　2017 年部级、省级、地级政府网站各项平均绩效

资料来源：国脉电子政务。

从整体上看，我国各级政府门户网站的建设为公民参与公共决策提供了参与平台，在促进政府信息公开、激发公民参与热情、提高政府回应性等方面均发挥了积极作用。然而正如绩效评估报告中所指出的，政府网站建设中仍存在着网站内容实用性不足、信息发布滞后、建设标准不一、推广能力不强等一系列问题，② 制约着公民通过政府网站参与公共

① 近年来，评估报告指标体系进行了调整，以"互动交流"一级指标取代"公众参与"一级指标。

② 人民网：《第十六届政府网站绩效评估结果发布》，商务部网站，2017 年 11 月 17 日，http：//www. mofcom. gov. cn/article/zt_jxpg2017/lanmuone/201711/20171102672309. shtml。

决策的进一步发展，亟待从制度层面予以规范。

（二）商业新闻媒体

我们这里所讨论的商业新闻媒体是与政府网站、政务新媒体等官方主办的媒体相对的、强调的是由非官方主办的、但经批准可从事新闻业务的相关网站、微信公众号、微博账号等媒体。商业新闻媒体的商业属性决定了其以营利为目的，不同于政府网站的垄断性，而是处于激烈的竞争之中。这也对其提供的新闻信息提出了更高要求，在时效性、易用性等方面具有优于官方媒体的特点，因此也吸引了大批用户。正如南京大学李永刚教授所总结的，"在非偶然的重大议题传播环节，意识形态主管机构有条不紊地按照既定套路，先由权利意志节选过滤，再透过官办门户网站传递信息，商业门户网站只能亦步亦趋跟随发表；不过在非官方政治的一般选题上，商业门户网站拥有较大的自主权，他们毫不手软，以尽可能吸引眼球的方式捕获民众注意力，除了打色情擦边球外，也很擅长制造民生议程"[1]。

根据 2018 年新浪数据中心发布的《2018 新浪媒体白皮书》显示，新闻媒体间的竞争十分激烈，超过 7 成用户常常同时使用两款以上新闻客户端。而用户使用商业新闻客户端的频率要遥遥领先于使用官方新闻客户端的频率。如此之大的用户量和较高的使用频率，使得信息在商业新闻媒体中的传播更为高效，成为公民获取最新资讯的主要渠道（见图 4—6、图 4—7）。

由于商业新闻媒体很大一部分收入来自于广告投放，而广告收入又与点击量、访问量直接挂钩，因而其有更强的动机提供更具吸引性、更博眼球的相关新闻资讯来获得大量关注。然而，商业新闻媒体的利益导向往往会致使其过度追求新闻信息的时效性和受关注度，而忽略了可信度和准确度。王丽娜和马得勇的研究表明，网民对于新华社、人民日报等官方媒体的可信度评价较高，而商业新闻媒体虽然是网民经常获取信息的渠道，但其可信度显著低于官方。[2] 因而，商业新闻媒体虽然拓展了

<hr />

① 李永刚：《中国互联网上的民意表达》，《二十一世纪评论》2009 年第 4 期。

② 王丽娜、马得勇：《新媒体时代媒体的可信度分析——以中国网民为对象的实证研究》，《武汉大学学报》（人文科学版）2016 年第 1 期。

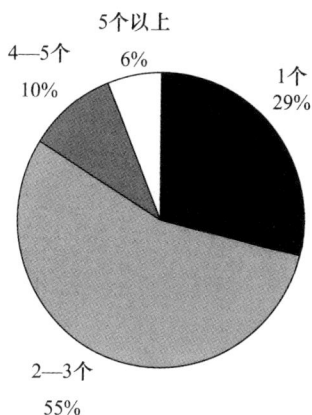

图4—6　安装新闻客户端的数量

资料来源：《2018 新浪媒体白皮书》。

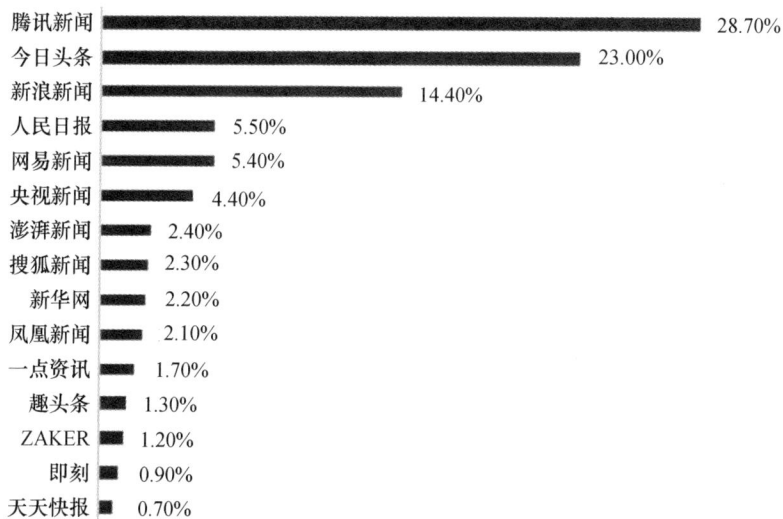

图4—7　用户最常使用的新闻客户端

注：人民日报、央视新闻、澎湃新闻和新华网为官方新闻客户端，其他均为商业新闻客户端。

资料来源：《2018 新浪媒体白皮书》。

公民获取信息的渠道，但也助长了网络谣言、假消息的传播，不利于公民的客观理性，极易加剧群体极化、网络暴政等无序参与现象。

（三）网络论坛

网络论坛，其核心概念在"论坛"，多指公共讨论的场所，《现代汉语词典》将其解释为"公众发表议论的地方"。因而，网络论坛是发生于网络媒介中的公众讨论场所。网络论坛在我国起步较早。1994 年，建立在中科院网络上的"曙光站"论坛成为国内第一个真正意义上的网络论坛。1995 年，水木清华 BBS 创立，是第一个同时在线人数超过 100 人的"大型"网络论坛。20 世纪 90 年代，由于网络论坛在当时尚属新兴事物，对于社会政治生活的影响尚未可知，因而政府部门对其采取谨慎态度。1998 年印尼排华事件以及 1999 年南斯拉夫大使馆被炸事件为网络论坛的发展提供了契机，政府部门开始意识到网络论坛在政治宣传中的强大作用。大使馆事件发生第二天，人民网以迅雷之势上线了"强烈抗议北约暴行论坛"（后更名"强国论坛"），作为表达政府和民众政治立场的渠道。

此后，网络论坛开始如雨后春笋般涌现，并具有多种类型。从所涉内容来看，可分为专业化论坛（如肝胆相照论坛）和综合性论坛（如天涯论坛）；从主办方来看，可分为官方论坛（如人民网 E 政广场）、非官方论坛（如搜狐社区、百度贴吧等）以及官方与企业媒体联合主办的半官方论坛（如广东省与南方网合办的广东发展论坛）等。网络论坛因其开放性、互动性、身份半公开性等特点深受网民欢迎。在其中，网民由"弱关系"连接在一起，可以自由选择感兴趣的话题到相关论坛发表看法、评论。普通公民包括一些弱势群体在其中首次拥有了一定话语权，打破了精英和传统媒体对框架化（Framing）过程①的垄断，构建了一条"自下而上"影响公共决策的路径，推动了公共决策议程设置的变革。议程设置逐渐由"自上而下"的单向方式向"双向"互动式转型，"外压模式"② 开始成为公共决策制定的新模式。

网络论坛一定程度上重塑了中国的网络公共领域，形成了新的组织

---

① Chong D., Druckman J. N., "Framing theory", *Annu. Rev. Political Science*, No. 10, 2007, pp. 103 – 126.

② 王绍光：《中国公共政策议程设置的模式》，《中国社会科学》2006 年第 5 期。

形式——虚拟社区（Virtual community），[①] 对公民参与公共决策产生来了积极影响，推动了一些变革的发生。但在微博、微信、短视频等近年来涌现的新型媒体的冲击下，网络论坛的时代走向尾声。[②] CNNIC 第 38 次中国互联网络发展报告最后一次报告了"论坛/BBS"的使用率，称 2012 年以来，论坛使用率已连续 4 年负增长，至 2016 年 6 月，网络论坛网民使用率仅为 15.2%，而同期网络直播服务和在线政务服务的使用率分别为 45.8% 和 24.8%。在其后的历次报告中已难寻"网络论坛/BBS"的身影。网络论坛作为公民参与公共决策的渠道的功能已逐渐被新型媒体所部分取代。即便如此，网络论坛作为网民自发进行讨论的公共领域，仍然是民意表达的有效渠道，[③] 亦是政府部门了解民意、收集民意的良好窗口。

（四）政务新媒体

政务新媒体指"各级行政机关、承担行政职能的事业单位及其内设机构在微博、微信等第三方平台上开设的政务账号或应用，以及自行开发建设的移动客户端等"[④]。近年来，新媒体技术在便捷性、互动交流等方面越发受到公众欢迎，越来越多的用户开始从传统媒体转向新媒体。特别是微博、微信已超出原本社交应用的范畴，升级成为"入口级平台"[⑤]。据 2019 年微博一季度财报显示，微博月活跃用户已达 4.65 亿，从满足人们对弱关系的需求演变为公民获取信息的重要途径；[⑥] 腾讯 2018 年财报报告微信月活跃用户更是高达近 11 亿。

平台化的新媒体已成为公众获取信息、参与公共生活的主要渠道，

[①]　Yang Guobin, "The Internet and civil society in China: A preliminary assessment", *Journal of Contemporary China*, Vol. 12, No. 36, 2003, pp. 453 – 475.

[②]　祝华新、潘宇峰等：《2016 年中国互联网舆情分析报告》，载《2017 年中国社会形势分析与预测》，社会科学文献出版社 2017 年版。

[③]　王法硕：《公民网络参与公共政策过程研究》，上海交通大学出版社 2013 年版，第 93 页。

[④]　国务院办公厅：《国务院办公厅关于推进政务新媒体健康有序发展的意见》，中国政府网，2018 年 12 月 27 日，http://www.gov.cn/zhengce/content/2018 – 12/27/content_5352666.htm.

[⑤]　祝华新、潘宇峰等：《2016 年中国互联网舆情分析报告》，载《2017 年中国社会形势分析与预测》，社会科学文献出版社 2017 年版。

[⑥]　臧雷振：《变迁中的政治集会结构与政治参与：新媒体时代的中国图景》，中国社会科学出版社 2015 年版，第 75 页。

其所覆盖用户之广、数量之大，是任何一家传统媒体所无法企及的。2016 年，国务院办公厅印发《关于在政务公开工作中进一步做好政务舆情回应的通知》（以下简称《通知》），要求"进一步提高政务微博、微信和客户端的开通率，充分利用新兴媒体平等交流、互动传播的特点"①。在《通知》的推动下，各种形式的政务新媒体不断涌现，政务"两微一端"成为各级政府部门的"标配"。近年来，随着短视频应用在中国的异军突起，短视频平台也成为各级政府部门"宣传政策""推广形象"的重要平台。② 如若说 2011 年是中国"政务微博元年"，那么 2018 年就是中国"政务短视频元年"。政务短视频进一步促使政府形象的重塑、政务信息的传播从以文字、图片为主要载体向视频形式迭代，是公民参与公共决策的创新途径。

第 44 次中国互联网络发展状况统计报告显示，我国已有 297 个地级行政区政府开通"两微一端"③，覆盖率高达 88.9%。④ 截至 2019 年 9 月，微信城市服务累计用户 6.2 亿，经新浪平台认证的政务微博为 13.9 万个，政务头条号 81168 个，政务抖音号总数突破一万家，已初步建立了数量庞大、覆盖广泛、各具特点的政务新媒体矩阵。不同于政府网站的"距离感"和浓厚的政治性色彩，政务新媒体更"亲民"、更具互动性，公民的需求得以以更便捷的形式呈现，公民可以随时随地地通过评论、转载、点赞等形式就热点公共事件发表看法，从而拓展了政治沟通的范围，打破了传统政治沟通的层级，使得原本"神秘莫测"的政府官员"走下神坛"。政务新媒体成为"网民与政府机构就网络诉求进行表达、沟通、交流和回应"的新型平台（见表4—1）。⑤

---

① 国务院办公厅：《国务院办公厅关于在政务公开工作中进一步做好政务舆情回应的通知》，中国政府网，2016 年 8 月 12 日，http://www.gov.cn/zhengce/content/2016 – 08/12/content_5099138.htm.

② 马亮：《政务短视频的现状、挑战与前景》，《电子政务》2019 年第 7 期。

③ "两微一端"：指政务微博、政务微信和客户端等政务新媒体平台。

④ 中国互联网络信息中心：《第 44 次中国互联网络发展状况统计报告》，2019 年。

⑤ 孟天广、郑思尧：《信息、传播与影响：网络治理中的政府新媒体——结合大数据与小数据分析的探索》，《公共行政评论》2017 年第 10 期。

表 4—1 不同电子政务平台间的比较

维度	政府网站	政务微博	政务微信	政务客户端	政务头条号	政务短视频
元年	2003	2011	2013	2014	2016	2018
数量	<1.6万个	>13万个	>8万个	>1万个	>8万个	>1万个
阅读量级	万	十万	十万	万	十万	百万
主要平台	政府	新浪微博	腾讯微信	支付宝	今日头条	抖音短视频
平台属性	政府	企业	企业	政府或企业	企业	企业
信息公开	强	中	中	强	强	中
政务服务	强	弱	中	强	弱	弱
互动交流	弱	强	中	强	中	中
多媒体性	弱	中	中	中	中	强
运营成本	高	低	低	高	低	中
人工智能	弱	弱	弱	中	强	强
影响力	弱	中	中	弱	中	强

资料来源：马亮：《政务短视频的现状、挑战与前景》，《电子政务》2019 年第 7 期，第 2—10 页。

三 新媒体环境下我国公民参与公共决策的主要类型及方式

新媒体技术通过降低信息获取成本、增加公众沟通交流的便捷度、建构进行公共事件讨论的虚拟公共领域、推动议程设置模式变革等等方式，为公众的政治参与提供了更为多样的方式，极大地提升了公众参与的热情。前章在分析新媒体环境下公民有效参与的衡量标准时，按照公民参与所实现的功能将公民参与划分为信息传递类、价值聚合类、建言献策类、沟通咨询类四种类型。本研究将媒体环境下我国公民参与公共决策常见的主要形式也按四种类型分类，并一一考察其现状。

（一）信息传递类公民参与

处于问题界定阶段的信息传递类公民参与以获取公民需求和供给等决策问题的信息为主要目标，旨在了解民情、民意，以便于政府部门识别和界定决策问题。在我国现阶段，新媒体环境下信息传递类的公民参与形式主要包括网络民意调查、网络投票和新闻跟帖三种形式。

（1）网络民意调查。网络民意调查是民意调查（或民意测验、舆论调查）在新媒体环境下的具体表现，核心仍在民意调查，旨在通过网络手段，了解公民对某些社会、政治、经济问题和某些政策议题的态度和意见。通过掌握大量样本数据，以统计学手段，较为客观、精确地识别舆论和民意动向。政府部门、商业媒体、第三方专业民调公司等均是网络民意调查的可能主体。我国的各级各地政府门户网站基本均开通了"网上调查"栏目，以进行网络民意收集。以常年蝉联政府网站绩效排名第一位的商务部门户网站为例。在其首页右下角即设计了"网上调查"链接，点击可发现一系列相关调查问卷，如"关于发放大麦反补贴案调查问卷的通知"（2019 年 1 月 15 日）、"商务部网站满意度调查问卷"（2019 年 1 月 11 日）等。

（2）网络投票。网络投票即以网络为平台的投票行为。虽然现阶段网络投票所指范围十分广泛，从各种荣誉称号评选到选举相关投票等。本研究所要探讨的网络投票限定在与党政机关和特定公共决策相关的发生于网络环境中的投票行为，以与现如今流行于各大群组、朋友圈中的拉票、刷票行为区别开来。新媒体技术的发展为公民的投票行为提供了前所未有的便捷。公民可以不受时间、空间限制，超越"物理在场"，随时随地就相关议题通过点击相关链接进行投票，发表看法。政府部门亦可发起网络投票，掌握公民的需求与意见，共同设定政策议程。从中国综合社会调查（CGSS）公布的 2015 年调查数据中，题目 A44 为"上次居委会选举/村委会选举，您是否参加了投票？"，统计结果显示在有效的10968 个样本中，参与投票的比率仅为 46.2%。肖唐镖和易申波基于亚洲风向标跨国调查计划（Asia Barometer Survey，ABS）的数据计算得出，我国大陆公民参与传统投票的百分比从 2002 年的 63.7% 下降至 2011 年的51.7%。① 结合两个研究可以发现，我国公民的投票参与率整体呈下降趋势。而新媒体环境下的网络投票，因其便捷性、互动性高的特点，公民参与度往往较高。例如 2019 年 7 月，中国花卉协会在网络发起投票"我心中的国花"，向公众征求意见该选择何种花卉作为我国国花。15 日至22 日期间，投票总数就达到362264 票，其中仅新浪微博"人民日报"创建的投票中就有超过 18 万人参与。

---

① 肖唐镖、易申波：《当代我国大陆公民政治参与的变迁与类型学特点——基于 2002 与2011 年两波全国抽样调查的分析》，《政治学研究》2016 年第 5 期。

（3）新闻跟帖。尽管各大新闻门户网站对于新闻信息本身把关较严，但对评论、跟帖的控制相对较松。[1] 通常情况下，新闻跟帖（评论）数量与网民的关注度直接挂钩。新闻评论不仅可以反映公民作为个体对于新闻的态度和意见，还可以就相似的态度意见互相"抱团"。网民在新闻评论区就相关议题展开一来一往的讨论已屡见不鲜。新闻跟帖所呈现出的民意看似散乱无章，但却与现实民意非常接近。以新浪新闻为例，新浪科技发布实时新闻排行榜，其中"评论数排行显示从当前时间起 24 小时内各频道新闻评论数量最高的排行情况"，以每小时更新一次的频率实时反映网民评论的热点事件。2019 年 10 月 12 日显示，当天评论数最高的新闻为"消费者抱怨丰巢诱导消费存放 7 小时打赏 1 元才能开柜"，当天的评论数就高达 231849 条。

（二）价值聚合类公民参与

价值聚合类公民参与主要发生在议程设立阶段，以吸纳公民价值偏好为主要目标，旨在在决策中平衡折中各方意见和利益，是参与等级的最高层级，反映了公民与政府间的平等互动、对话协商，主要包括网络听证会以及公民自发的网络讨论两种形式。

（1）网络听证会。网络听证会即发生在网络环境中的听证会。一般而言，听证会由代表不同利益的多方参加，就议题的合理性必要性等方面进行辩论磋商，从而产生相关决策。由于传统听证会采取现场听证的方式，所受限制相对较多，一般听证会的规模仅为 10—20 人，意见收集的范围相对较窄。而依托网络新媒体开展的网络听证会打破了空间限制，使得意见收集范围更广、讨论的互动性更强。2005 年，重庆市进行了国内首次网上立法听证会，境内外超过 10 万网民关注了该听证会，4 成网民意见被采纳。[2] 2012 年 12 月，浙江首次尝试微博直播立法听证会，将《浙江省无居民海岛开发利用管理办法》立法听证会的现场讨论内容在微博滚动直播。[3] 2016 年 5 月，深圳市法制办通过微信公众号平台举行了

---

① 李永刚：《中国互联网上的民意表达》，《二十一世纪评论》2009 年第 4 期。

② 人民日报：《国内首次网上立法听证会四成网民意见被采纳》，新浪财经，2005 年 12 月 28 日，http：//finance. sina. com. cn/g/20051228/07592233022. shtml.

③ 参见《浙江微博直播立法听证会》，新华网，2012 年 12 月 6 日，http：//www. xinhua-net. com//politics/2012－12/06/c_113933412. htm.

《深圳市公共信用信息管理办法（征求意见稿）》立法听证会，为国内外首创。深圳市在广泛宣传的基础上，从近百名网友中遴选出 50 名听证代表参与微信听证会，并邀请 19 名公民参与现场听证会，共收集 130 条意见，为"开门立法"提供了新的经验借鉴。①

（2）网络讨论。网络讨论主要发生在各大网络论坛、新闻留言板块、微博评论区等网络公共领域，是公民与公民间就热点议题或公共决策，自发展开的政治交流和对话。公民通过网络讨论，表达自身的政治意愿，② 进行知识生产，③ 并在这种交流讨论中，"系统梳理了自身的思想碎片，减少了认知不一致，加强了个人观点和论点的质量"④，促进了公共理性的形成。此外，由于网络讨论的低门槛性，传统意义上的"弱势群体"也可加入讨论，发出自己的声音，在公共决策制定中争取自身的合法权益。当政府部门通过及时回应等形式加入网络讨论时，实际上的政民协商网络空间得以形成，双方就公共决策展开辩论协商，有助于民主决策。例如，2003 年"周一超事件"正是在"肝胆相照"论坛中热烈的网络讨论的作用下，促使乙肝歧视问题被提上政策议程设置，因而是公民通过网络讨论参与公共决策的典型案例。

（三）建言献策类公民参与

当议题成功进入政府议程后，就进入到具体政策规划阶段。此时的公民参与则主要以建言献策为主要类型，以提高公共决策科学性为主要目标，主要包括在线意见征集、领导信箱等形式。

（1）在线意见征集。在线意见征集即有关部门就政府决策或公共议题在线向公众征求意见，通常在各大政府门户网站互动交流板块中均设

---

① 《深圳市法制办：微信听证新形式，开门立法新尝试》，广东省法制办，2016 年 5 月 6 日，http：//zffz. gdsf. gov. cn/sofpro/otherproject/text/content. jsp？info_id = 13540.

② 熊光清：《中国网络政治参与的形式、特征及影响》，《当代世界与社会主义》2017 年第 3 期。

③ Wei Lu，Yan Yanrong，Knowledge production and political participation：Reconsidering the knowledge gap theory in the Web 2. 0 environment，*Information Management and Engineering*（*ICIME*），2010 *The 2nd IEEE International Conference*，2010.

④ Kim J.，Wyatt R. O.，and Katz E.，"News，talk，opinion，participation：The part played by conversation in deliberative democracy"，*Political Communication*，Vol. 16，No. 4，1999，pp. 361 – 385.

有意见征集专栏。以中华人民共和国文化和旅游部官方门户网站为例，在"互动交流"下设意见征集频道，就相关条例、办法公开征求公民意见。如2019年7月5日发布的《文化和旅游部办公厅关于〈文化市场综合执法管理条例（征求意见稿）〉公开征求意见的公告》中，文化和旅游部在其中明确了提出意见的途径和方式，并注明意见反馈截止时间。公民在政府部门提出的方案的基础上，提供意见建议反馈，集中贡献民智，以促进决策科学性。

（2）领导信箱。领导信箱即以领导职务命名的各种"信箱"，如"书记信箱""省/市/县长信箱"等，可统称为"领导信箱"。1998年，成立不足半年的"首都之窗"网站开通了"市长信箱"栏目，为市民和政府间的直接沟通提供了交流平台。[1] 此后各级党委政府纷纷开设"领导信箱"，作为网络信访的有机组成部分。如2008年8月，河源市委书记陈建华接受网友建议设立了"华哥信箱"，颇受公众欢迎。陈建华平均每天需要亲自回应20封信件，最高纪录超过100封。[2] 相较于在线意见征集的官方性、权威性，领导信箱则有助于塑造领导的亲民形象、密切干群关系，拉近了公民与政府间的关系，因而也是公民建言献策的形式之一。

（四）沟通咨询类公民参与

为了增强政策的合法性，提高公民对于政策的接受度，政府部门有必要对相关决策进行沟通动员，而公民也需就相关决策进行咨询。沟通咨询一般包含两个阶段：首先，保障相关政策信息的可及性，即公民需要有渠道知道、了解相关政策信息；其后，则是保障相关政策信息传递的准确性，这就需要就政策信息与公民展开对话、沟通。因而，我国现阶段沟通动员类的新媒体环境下公民参与主要包含信息查阅和在线访谈/问答两种形式。

（1）信息查阅。信息查阅即公民可以通过网络渠道便捷地获得有关公共决策的相关资讯。这一方面要求政府部门及时将相关信息发布于便于公众获取的渠道，如政府门户网站、各大新闻门户网站、各类政务新

---

① 新华社：《北京开通网上"市长信箱"信访工作进入新阶段》，中国政府网，2005年12月26日，http：//www.gov.cn/jrzg/2005－12/26/content_137220.htm.

② 张尚仁：《网络问政——公共管理的创新形式》，《云南社会科学》2010年第3期。

媒体等；另一方面则对政策信息的"推广"提出了要求，要善于运用各种手段使政策信息进入公民视野。目前，相关政策信息基本可以做到及时发布，但推广部分却仍有所欠缺。例如，许多"惠民政策"并不为公众所了解，以致政策效果大打折扣。唯有公众了解相关信息，才能助力于政策的执行。以"微博打拐"为例，正是信息在公众间的广泛传播，才使得微博打拐取得了前所未有的成效。

（2）在线访谈/问答。在线访谈/问答即政府相关部门在互联网络平台中，就发布的政策、决策、规章、制度等向公众进行介绍、解释，以使公民对于政策决策的理解与政府部门一致，从而保障政策决策的执行效果。中国政府网站绩效评估指标体系中即包含"政策解读"部分，以评估政府网站对本部门发布的重要政策文件提供政策解读的情况，包括是否建设政策解读相关栏目，解读信息发布是否及时，解读形式是否包括文字解读、评论、专访等，解读文件是否与政策文件本身进行相互关联，以及政策解读信息是否通过政府网站进行首次发布。① 以国家税务总局的门户网站为例，在首页导航"互动交流"下，列于最醒目位置的即是"在线访谈"，并详细罗列了每次在线访谈邀请的嘉宾、访谈的主题以及访谈进行的时间。访谈内容实时网上直播并附以文字直播，充分保障了公民对于决策信息的理解，进而有助于提高决策的可接受性和执行度。

第二节　新媒体环境下当前我国公民
参与公共决策的具体特征

一　参与主体广泛但不平衡

（一）参与主体的广泛性

公民参与的主体是"公民"，强调的是具有公民意识，即有权利意识、参与意识和责任意识的政治意义上的一国居民。而新媒体环境下的公民参与发生于基于"传输控制协议"的互联网络，参与主体是使用网络的普通网民，指那些"并非以地理区域为依据而形成的，具有社区意

---

① 中国软件测评中心：《2017 年中国政府网站绩效评估指标体系（征求意见稿）》，搜狐网，2017 年 9 月 8 日，https://www.sohu.com/a/190606944_99986011.

识、相互发生行为联系的一群网络使用者"①，可将之理解为网络中的公民，即网络公民。② 与传统政治参与主体的"物理实体"不同，网民所构成的网络政治参与主体具有虚拟性、符号化的特点。这种新媒体环境下公民身份以虚拟代号的形式出现。但这些虚拟代号背后都涉及一个真实的公民参与公共决策和政治生活的具体行为，从而对现实社会产生真实影响。这种"身体不在场"为公众卸下偏好伪装③、充分表达自身观点提供了便利条件，降低了在现实环境中进行公民参与时的暴露感和不安感，从而促使公民更广泛地参与公共生活（见图4—8）。

　　虽然我国引入现代信息技术较晚，直至1987年第一封电子邮件发出之后，互联网基础设施建设才开始提上日程。但我国信息技术发展之势迅猛，在世界范围内从奋起直追到现在迎头赶上，并在一些领域已处于

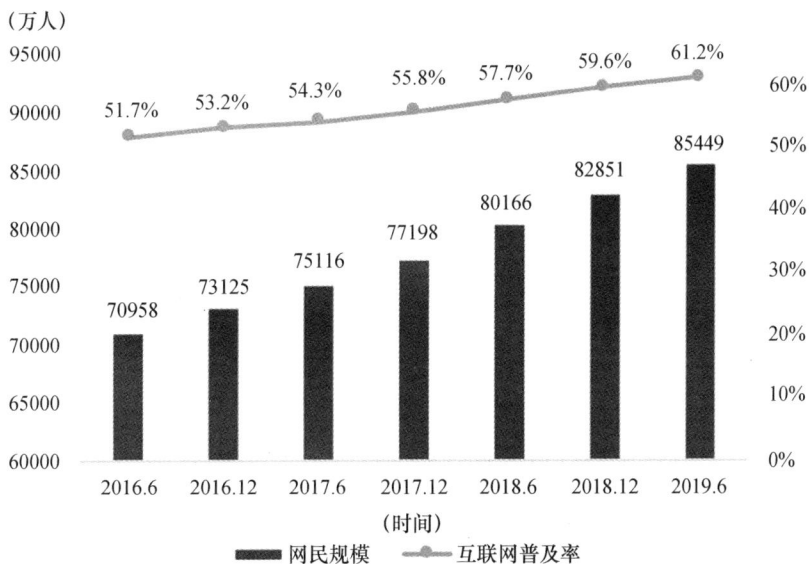

图4—8　网民规模和互联网普及率

资料来源：CNNIC《第44次中国互联网络发展状况统计报告》。

---

① 郭玉锦、王欢：《网络社会学》，中国人民大学出版社2017年版，第16页。

② 黄春莹、孙萍：《公民网络政治参与的内涵界定与行为识别》，《理论导刊》2016年第3期。

③ ［美］库兰：《偏好伪装的社会后果》，丁振寰、欧阳武译，长春出版社2005年版。

世界领先水平。CNNIC 发布的第 44 次中国互联网络发展状况报告显示，截至 2019 年 6 月，我国网民规模已达 8.5 亿，互联网普及率为 61.2%，仍处于快速增长时期。其中，手机网民达 8.2 亿，规模稳步提升。此外，我国网民人均每周上网时间也在逐步增加，达到 27.9 小时（见图 4—9）。2016 年，世界经济论坛（The World Economic Forum）发布的网络就绪指数（The Networked Readiness Index）旨在衡量一国利用信息通信技术所带来的条件推动发展的可能性。在其涵盖的 139 个经济体中，我国网络就绪指数位列第 59 位，在亚洲新兴发展市场中处于领先地位。[1]

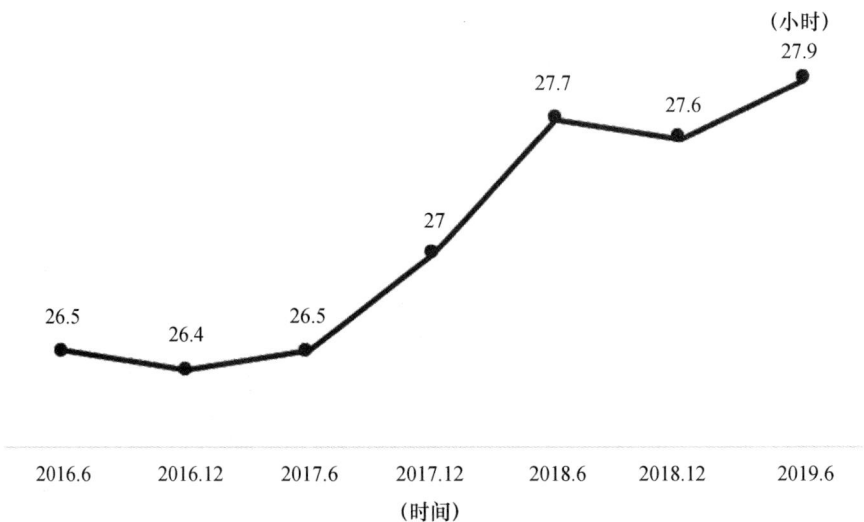

图 4—9　网民人均每周上网时长

资料来源：CNNIC《第 44 次中国互联网络发展状况统计报告》。

这种参与主体的广泛性不仅体现在数量和使用率上的增加，亦体现在网民地域分布之广。从地域分布来看，CNNIC 第 37 次统计报告中报告了中国各省网民规模和互联网普及率，[2] 可以看到，我国各省网民数量均有所增加，网民规模超千万的省份达到 26 个。而互联网普及率较低的省份，其

————————

[1]　World Economic Forum, *The Global Information Technology Report* 2016, http://www3. weforum. org/docs/GITR2016/WEF_GITR_Full_Report. pdf.

[2]　注：CNNIC 自发布第 37 次中国互联网络发展状况统计报告后未再报告各省网民规模和互联网普及率，因此在此使用第 37 次报告中的数据，统计截止时间为 2015 年 12 月。

网民规模增速则相对较高。至 2014 年 12 月，互联网普及率各省间差异已从 1997 年的 3.37 降低至 2014 年的 0.24，[①] 整体上呈现出普及率较高的省份稳步增长、普及率较低的省份奋起直追之势（见表 4—2、图 4—10）。

表 4—2 　　　　2015 年中国内地分省网民规模和互联网普及率

省份	网民数（万人）	普及率（%）	网民规模增速（%）	普及率排名
北京	1647	76.5	3.4	1
上海	1773	73.1	3.3	2
广东	7768	72.4	6.6	3
福建	2648	69.6	7.1	4
浙江	3596	65.3	4.0	5
天津	956	63.0	5.8	6
辽宁	2731	62.2	5.9	7
江苏	4416	55.5	3.3	8
新疆	1262	54.9	10.8	9
青海	318	54.5	9.9	10
山西	1975	54.2	7.5	11
海南	466	51.6	10.8	12
河北	3731	50.5	3.6	13
内蒙古	1259	50.3	10.3	14
陕西	1886	50.0	8.1	15
宁夏	326	49.3	10.6	16
山东	4789	48.9	3.3	17
重庆	1445	48.3	6.5	18
吉林	1313	47.7	5.7	19
湖北	2723	46.8	4.7	20
西藏	142	44.6	15.3	21
黑龙江	1707	44.5	6.8	22
广西	2033	42.8	10.0	23
四川	3260	40.0	7.9	24
湖南	2685	39.9	4.1	25

[①] 注：CNNIC 第 35 次报告中公布了"互联网普及率的省间差异（变异系数）"，而第 37 次报告中并未报告，因此在此使用第 35 次报告中的数据。

续表

省份	网民数（万人）	普及率（%）	网民规模增速（%）	普及率排名
安徽	2395	39.4	7.7	26
河南	3703	39.2	6.6	27
甘肃	1005	38.8	5.7	28
江西	1759	38.7	14.0	29
贵州	1346	38.4	10.1	30
云南	1761	37.4	7.2	31
全国	68826	50.3	6.1	—

资料来源：CNNIC《第 35 次中国互联网络发展状况统计报告》。

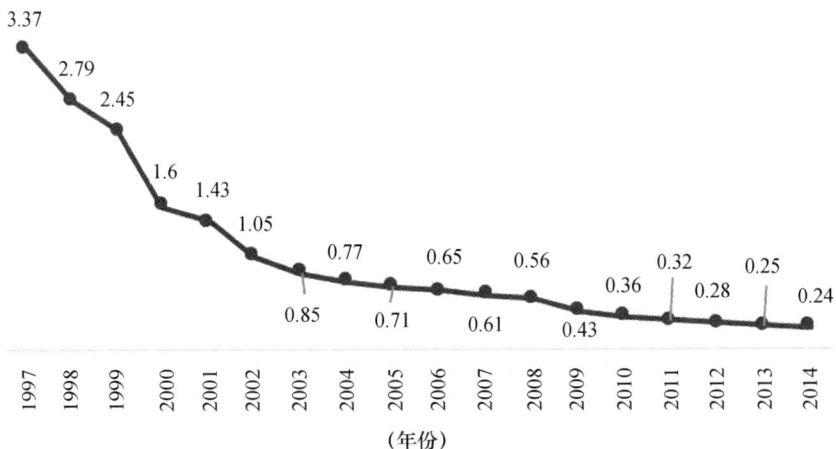

图 4—10 互联网普及率的省间差异（变异系数）

资料来源：CNNIC《第 35 次中国互联网络发展状况统计报告》。

（二）参与主体的不平衡性

参与主体的广泛性并不必然带来平衡性。虽然持积极态度的学者普遍认为，新媒体等现代信息通信技术在消除参与不平等方面发挥了重要作用，为公民提供了一个可以平等参与公共生活的平台，使得公民可以忽略自身的地位、财富等背景，破解了传统公民参与中由"优势群体"主导的弊端，促进了参与的平等。然而，由于"数字鸿沟"等现象的存在，这种看法未免过于乐观。诚如上述互联网普及率的省间差异逐年缩小，但不同经济水平区域间的差异仍十分显著。东部 10 个省份中，有 8

个省份的互联网普及率超过全国平均水平；中部地区6个省份中仅有一个，占比仅为16.7%；西部地区12个省中有两个；东北三省中仅有1个。互联网普及率最低省份仅为最高省份的48.9%。此外，我国网民结构在城乡分布、年龄、学历、收入分布等方面同样存在着不平衡的现象，由此也引发了公民在新媒体环境下参与公共决策的不平等性，具体而言体现在以下几个方面。

从网民城乡结构来看，我国农村网民数量占总体网民数量比率长期维持在26%—28%，然而，2017年《国民经济和社会发展统计公报》显示，我国农村人口占总人口的41.48%。[①] 相较于城镇居民，农村人口中仍然有很大一部分没有接入网络生活，更勿论在网络上发声。罗婧在贵州安顺进行的选举研究发现，互联网使用促进了城市居民的选举参与，而弱化了农村居民的参与行为。[②] 这也进一步表明，新媒体在促进农村人口进行公民参与方面的作用十分有限（见图4—11）。

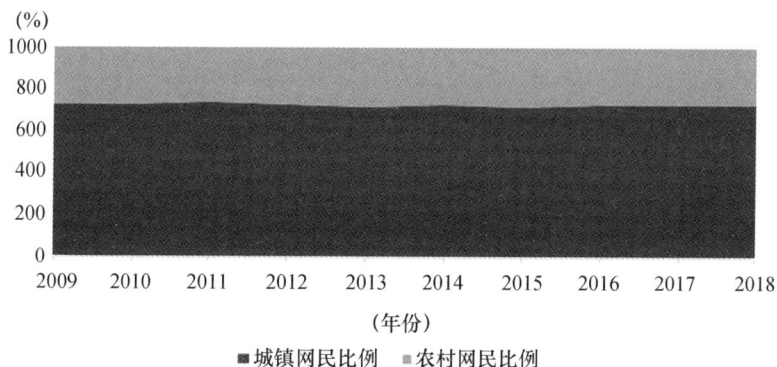

图4—11　网民城乡结构

资料来源：根据历年 CNNIC《中国互联网络发展状况统计报告》数据整理。

从性别和年龄结构来看，我国网民仍以年轻男性为主，截至2019年

---

① 中华人民共和国中央人民政府：《中华人民共和国2017年国民经济和社会发展统计公报》，中国政府网，2018年2月28日，http：//www.gov.cn/xinwen/2018－02/28/content_5269506.htm.

② 罗婧：《动员还是弱化：媒体使用对公众选举参与的影响机制——以贵州省安顺市为例》，《云南行政学院学报》2018年第3期。

6 月的数据显示，我国男性网民数占总体网民的 52.4%。10—39 岁的网民数占总体网民的 65.2%，其中又以 20—29 岁的网民数量最高。虽然互联网呈现出向中高年龄人群渗透的趋势，但 50 岁以上的网民数仅占总网民数的 13.6%（见图 4—12）。

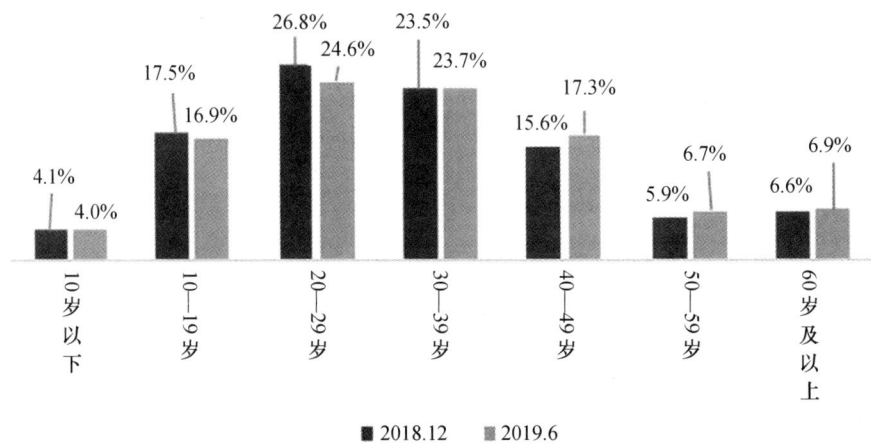

图 4—12　网民年龄结构

资料来源：CNNIC《第 44 次中国互联网络发展状况统计报告》。

从学历结构来看，上网人群仍以中低教育水平人群为主要构成。截至 2019 年 6 月，我国网民中受过高中及以下教育的人群是网民的主体，占比高达 79.9%。其中又以初中教育水平网民为主，占比近 4 成。受过大学专科和大学本科及以上教育的网民群体仅占比 10.5% 和 9.7%。可见，网民整体而言受教育水平较低（见图 4—13）。

从收入水平来看，依据国家统计局对收入群体的划分，即月收入在 2000 元以下的群体为低收入群体，2001—5000 元为中等收入群体，5000 元及以上为较高—高收入群体的划分，可以看到截至 2019 年 6 月，我国网民中低收入群体占比 39.4%，中等收入群体占 33.4%，较高—高收入群体为 27.1%。也就是说，网民以中低收入群体为主，共占比超过 7 成（见图 4—14）。

可见，我国新媒体环境中公共决策的参与主体不论在城乡结构、年龄结构、学历结构还是收入结构等方面，均体现出较大的不平衡性。由

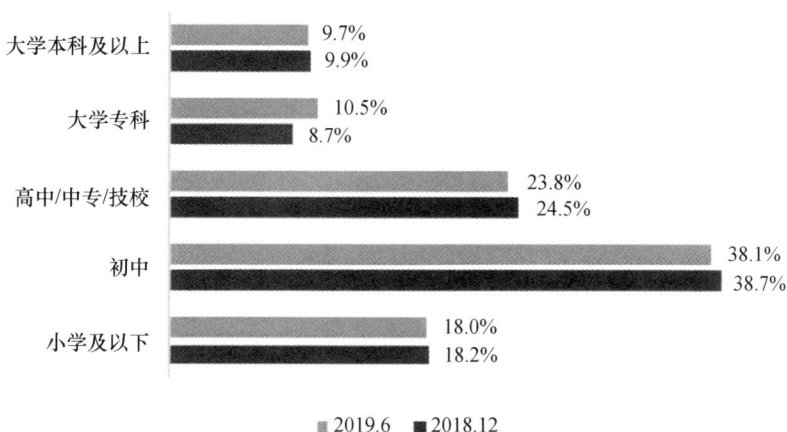

图4—13 网民学历结构

资料来源：CNNIC《第44次中国互联网络发展状况统计报告》。

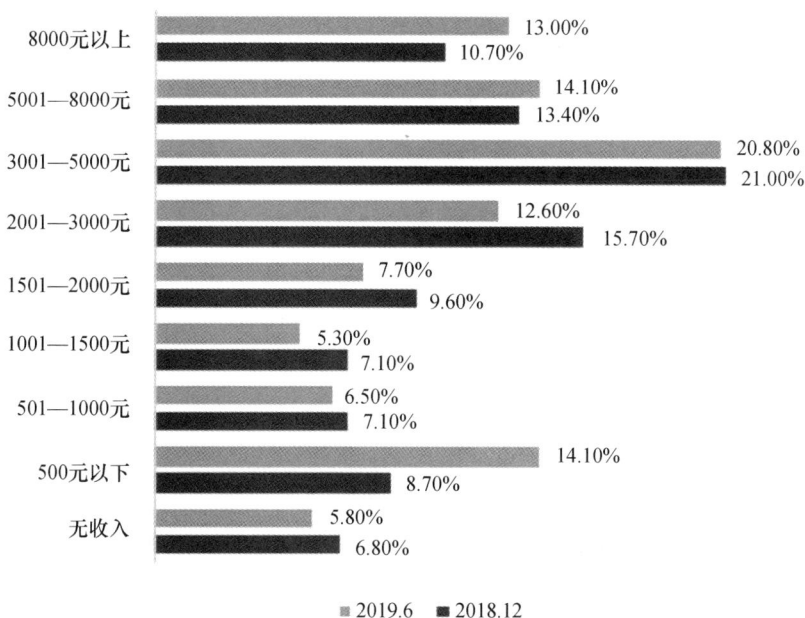

图4—14 网民个人月收入结构

资料来源：CNNIC《第44次中国互联网络发展状况统计报告》。

此，也进一步扩大了信息富有者和信息贫困者间的差距。信息富有者的声音在新媒体环境中愈发响亮，而信息贫困者则逐渐沦为沉默的多数。

二　参与渠道多样和便捷

快速发展的新媒体为公民参与公共决策提供了多种多样的渠道方式，实现了向公民和政府的"双向赋权"①。媒介终端呈现出电脑端和移动端并行融合的趋势，公民参与的主动参与和被动参与并存。为使公民可以更多地参与公共决策之中，政府部门大力推进参与渠道建设，创造出多样化的参与渠道，便于公众选择适合的方式参与公共生活。且随着移动信息技术的发展，如何使公民参与打破时间、地点、空间的限制成为决策者关注的重要问题，并取得了令人瞩目的成果，促进了公共决策的科学化、民主化进程。

（一）参与渠道的多样性

由前述分析可知，在新媒体环境中我国已逐渐形成了涉及公共决策过程各个阶段的公民参与渠道，涉及政府网站、商业新闻网站、网络论坛以及各种类型的政务新媒体，构成了一个官方渠道和非官方渠道、公民主动参与和被动参与共存的公民参与矩阵。这些参与渠道因各自的不同特点，互为补充又相互融合，共同为我国公民参与公共决策提供了更多的可能。

我们以时间脉络梳理新媒体环境下我国公民参与公共决策的诸多途径，可以发现，20 世纪 90 年代，以"水木清华"论坛和"强国论坛"为代表的网络论坛开始在我国出现。在网络论坛这一我国最早形成的网络公共领域之中，公众得以首次以隐匿的身份化身为网络论坛里的一个个昵称、用户 ID，组成了存在于网络环境中的"社会聚集体"或"虚拟网络社区"。在其中，公民可以围绕自己的兴趣组成团体，不论这一兴趣多么特殊；可以随时加入讨论、亦可随时退出；可以就任何话题发表观点、亦可作为一个"潜水者"。在这种信息的交互之中，公众参与公共事务的热情也被点燃，网络论坛逐渐成为公众网络政治表达的主要渠道，其所形成的舆论狂潮对于政府部门产生了巨大压力，推动了诸如"废止收容遣送条例"、修订《传染病防治法》等公共决策的变革，使"原本在

---

① 参见郑永年《技术赋权：中国的互联网、国家与社会》，邱道隆译，东方出版社 2014 年版。

技术上不可行的公民诉求"① 变得可行化并获得成功，也促使公民更多地主动参与到公共决策之中。

新媒体环境放大了公民的诉求表达，迫使政府部门不得不作出回应以应对这一趋势。2005 年，被称为"政府网站元年"。政府部门开始大力推进政务公开建设，旨在"使政府向公众提供政策信息，并推动政府部门的办公自动化和它们的公共服务水平"②。随着政府网站功能的不断丰富，其已逐渐成为政府和公众间进行网络问政的重要渠道。这里所指的网络问政是一种双向行为，③ 即政府部门可以通过在政府网站召开网上听证会、网上民主评议会等相关会议，问政于民、问需于民、问计于民，以实现科学民主决策；公众亦可通过网络咨询、领导信箱、网络举报等渠道，一方面向政府部门建言献策，另一方面依法行使民主监督的权利，主动问事问责于政府，要求政府予以解答和解决，实现了公民主动参与和被动参与的并存。

此外，随着传媒的市场化进程，商业新闻媒体在新闻报道方面拥有了更大的空间，在推动政务公开、公民参与方面发挥了重要作用。新闻媒体是立法、司法、行政之外的"第四种权力"，以"新闻专业主义"④为基点，被预设为"社会公众的天然代表"⑤。借助新闻媒体，公众拥有了促使其所关注的议题进入议程设置的能力，使得"公民议程—媒体议程—政策议程"的路径成为可能。进入 2010 年，依托于微博、微信、客户端等平台而异军突起的各类政务新媒体更加丰富了公民参与公共决策的渠道，从上文途径分析中我们可以看到，政府部门在推动政务新媒体建设中展现了巨大的决心和能力，在如此之短的时间内，建设出较为完整的政务新媒体矩阵。这种网状的参与结构，打破了由政府把控的信息"点对面"的单向传播，呈现出"多对多"的丰富的信息流动，加快了沟

---

① 朱旭峰：《政策变迁中的专家参与》，中国人民大学出版社 2012 年版，第 159 页。

② 郑永年：《技术赋权：中国的互联网、国家与社会》，邱道隆译，东方出版社 2014 年版，第 51 页。

③ 曾凡斌：《互联网使用与中国中间阶层的政治参与研究》，中国社会科学出版社 2016 年版，第 121—122 页。

④ 即对于媒体独立性的诉求，是对媒体从属于政治目标的传统的批判，参见王维佳《追问"新闻专业主义迷思"》，《新闻记者》2014 年第 2 期。

⑤ 陈柏峰：《当代传媒的政治性及其法律规制》，《法制与社会发展》2017 年第 3 期。

通的频率，增加了沟通的深度，丰富了公民参与公共决策的途径和形式。

（二）参与渠道的便捷性

作为"平民试图影响政府决策的活动"①，传统公民参与公共决策的方式已十分多样，史天健在其专著中就总结出了我国存在的多达 28 种参与方式，如选举参与、个人接触、给政府官员写信、通过工会/人大代表投诉等。② 但无论何种参与方式，传统公民参与往往受到时间、地点、交通甚至天气条件等因素的限制。日本学者蒲岛郁夫在名著《政治参与》一书中引用了田中善一郎关于选举日当天天气对投票率影响的研究发现，降雨大体可以解释投票率下降这一现象的 40%。③ 而新媒体环境中的各种公民参与大多以文字符号的形式呈现，这构成了新媒体环境下公民参与公共决策的基本形态。④ 这种基本形态本质上仍是"一些基本设备和设施的连通，以及基于其上的数字信号的传输和数据信息的流动"⑤，打破了传统政治参与对于参与时间、地域的限制，降低了公众的参与难度和成本，⑥ 并呈现出一种开放的、去中心的扁平化结构。⑦ 公民可以足不出户，选择自己便利的时间，以舒服的姿态通过新媒体提供的各类参与渠道和方式参与到各类公共事务的讨论之中，在议程设立、政治沟通、政治协商中发挥作用。新媒体大大加大了公众与政府部门、公众与公众之间的互动联系。⑧

随着公众使用的媒介从电脑端向手机端移动，公民参与公共决策的便捷度进一步提升。CNNIC 第 44 次中国互联网络发展状况统计报告显

① ［美］塞缪尔·P. 亨廷顿：《难以抉择：发展中国家的政治参与》，汪晓寿等译，华夏出版社 1989 年版，第 5 页。

② Shi Tianjian, *Political participation in Beijing*, Harvard University Press, 1997, p. 94.

③ ［日］蒲岛郁夫：《政治参与》，解丽丽译，经济日报出版社 1989 年版，第 129 页。

④ 黄春莹、孙萍：《公民网络政治参与的内涵界定与行为识别》，《理论导刊》2016 年第 3 期。

⑤ 李一：《网络行为：一个网络社会学概念的简要分析》，《兰州大学学报》（社会科学版）2006 年第 5 期。

⑥ 袁峰、顾铮铮等：《网络社会的政府与政治——网络技术在现代社会中的政治效应分析》，北京大学出版社 2006 年版，第 148—149 页。

⑦ 武俊斌：《网络政治参与的内涵、价值与限度分析》，《黑龙江社会科学》2015 年第 1 期。

⑧ 唐亚林：《网络政治空间与公民政治参与》，《文汇报》2009 年 3 月 17 日。

示，我国手机网民规模不断增加，几乎所有网民均开始使用手机上网，占比 98.6%（见图 4—15）。《2016 年中国社交应用用户行为研究报告》进一步揭示了公民使用移动终端的普遍性。公民通过智能手机/平板电脑使用各大社交应用的比例远远超过使用台式电脑和笔记本电脑。从使用目的来看，以新浪微博为例，60.7% 的微博用户表示主要使用目的是"及时了解新闻热点"①。公民对于微博等新媒体也持有较为积极的态度，据调查，87.3% 的用户认同微博"让新闻资讯传播更加便捷"，57.6% 的用户认同"对政府政务透明起到推动作用"②。

图 4—15　手机网民规模及其占整体网民比例

资料来源：第 44 次中国互联网络发展状况统计报告。

我国政府部门看到了新媒体移动政务的巨大潜力，因而大力推动政务新媒体移动终端的建设。以其最新进展——"政务抖音号"为例，自 2018 年至今，不到两年的时间里，已有超过 16000 家政务机构入驻抖音平台，政务机构发布的短视频播放量超过 3480 亿次，获赞超 139 亿次。③ 借助于政务新媒体强大的传播力，公民可以通过在手机上点击链接、评

---

① 中国互联网络信息中心（CNNIC）：《2016 年中国社交应用用户行为研究报告》，2017 年，第 16 页。

② 郭玉锦、王欢：《网络社会学》，中国人民大学出版社 2017 年版，第 160 页。

③ 马亮：《16000＋家政务机构入驻！"政务抖音号"凭啥异军崛起》，载微信公众号《网络传播杂志》2019 年 9 月 14 日。

论、转发、跟帖等形式便捷地参与公共决策。如2019年7月22日，网友通过@孝感公安的抖音官方账号举报电信诈骗团伙。相关负责民警经过核实后，即刻部署行动方案，从接到举报到成功实施查获仅耗时4小时。可以看到，政务新媒体等公民参与渠道不仅增强了参与的便利程度，而且这种便捷性更进一步激发了公民参与公共决策的无限可能（见图4—16）。

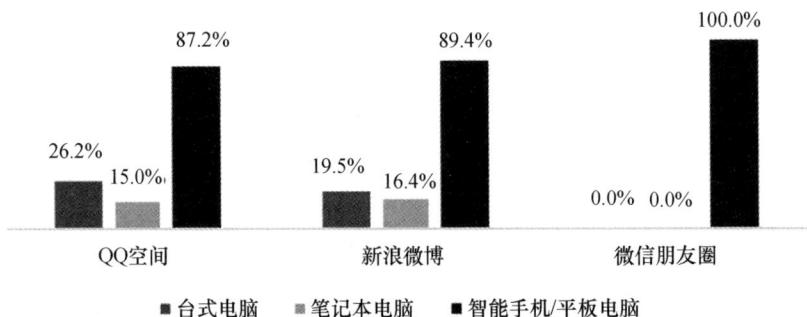

图4—16　典型社交应用使用设备对比

资料来源：《2016年中国社交应用用户行为研究报告》。

三　参与内容集中于议程设置和方案评价阶段

托马斯·戴伊（Thomas R. Dye）将公共决策活动划分为问题确认、议程设定、政策形成、政策合法化、政策执行和政策评估六个阶段。[①] 陈振明则认为公共决策过程由方案规划和合法化两个阶段构成，"政策方案规划阶段是对政策问题进行分析研究并提出相应的解决办法或方案的活动过程，包括问题界定、目标确立、方案设计、后果预测、方案抉择五个环节。政策合法化则是法定的政策主体为使政策方案获得合法地位而依照法定权限和程序所实施的一系列审查、通过、批准、签署和颁布政策的过程"[②]。观察我国新媒体环境下公民参与公共决策的现状可以发现，我国公民参与内容上以议程设置和方案评价阶段为主。前者以公民的主

---

① ［美］托马斯·R. 戴伊：《理解公共政策》，谢明译，中国人民大学出版社2010年版，第28页。

② 陈振明：《公共政策分析》，中国人民大学出版社2003年版，第197页。

动参与为主，后者以被动参与为主。这里主动与被动的区分，主要是就参与发起方是否为公民而言的。例如，在新媒体环境下，公民往往就热点公共议题展开讨论，形成强大的舆论，从而使相关议题被提上政策议程。在这一过程中，公民作为议程设置的发起方而主动参与公共决策之中。而方案选择则多由政府部门发起，此时公民往往是被动参与的。

（一）公民参与公共决策议程设置

议程设置（Agenda Setting）是决策过程的起始阶段，决定了哪些公共议题可以为决策者所关注并提上他们的议事日程。[①] 安德森在《公共决策》一书中指出："在人们向政府提出的成千上万个要求中，只有其中的一小部分得到了公共决策者的密切关注。那些被决策者选中或决策者感到必须为之采取行动的要求就构成了政策议程。"[②] 传统议程设置模式以政治精英和大众传媒为主导，话语者与受众处于不对等的权利关系之中，公民长期只能被动接受经由媒体议程设置后产生的信息，无法进行公共议题的自我建构。因而，传统环境下的议程设置多呈现出"自上而下"单向传递的特点。

新媒体扩大了信息流动的范围、加快了信息流动的速度，使得精英相对于普通民众所掌握的信息优势逐渐减小。在匿名、平等、不受物理条件限制的网络空间，普通公众从精英手中获得了一定的"编辑权"，可以通过互联网等新媒体发布、传播信息。公民可以就所关注的公共议题发表看法，通过转发、评论等形式传播信息，在新媒体环境中形成强大的舆论浪潮，倒逼政府部门就相关决策作出反应。正如王绍光所总结的，公民通过诉诸舆论，"对决策者形成足够的压力，迫使他们改变旧议程、接受新议程"[③]。可以说，新媒体培育了"自下而上（Ground-up）"的议程设置路径，向公众赋权。[④]

以 2011 年广受关注的"郭美美事件"为例，6 月 21 日，网友"卖耗

① 朱旭峰、田君：《知识与中国公共政策的议程设置：一个实证研究》，《中国行政管理》2008 年第 6 期。

② 詹姆斯·E. 安德森：《公共决策》，华夏出版社 1990 年版，第 69 页。

③ 王绍光：《中国公共政策议程设置的模式》，《中国社会科学》2006 年第 5 期。

④ Macintosh, A. and Whyte A., "Towards an evaluation framework for e-participation", *Transforming Government: People, Process & Policy*, Vol. 2, No. 1, 2008, pp. 16–30.

子"在天涯论坛发布题为《微博又有新发现，20 岁"红十字会商业总经理"，各种炫富！火速围观》的帖子，引发了网友的广泛关注，成为街谈巷议的热点事件。据《2011 年中国互联网舆情分析报告》的统计数据，有关该事件的新浪微博讨论超过 383 万条、腾讯微博 350 万条，还有天涯社区、凯迪论坛、强国论坛的上千条热帖，共计 7344309 条，[①] 形成了强大的舆论，最终进入了政策议程，推动了公共决策的变迁。近年来，我国公民利用新媒体参与议程设置的热点事件已屡见不鲜，如 2014 年的广东茂名 PX 项目事件，2016 年的"雷洋事件""魏则西事件"，2018 年的"鸿茅药酒事件""问题疫苗事件"，均是公民借由新媒体发起议程设置的典型案例。自 2004 年始，国务院成立机构以广泛收集网络民意，并编辑《互联网信息摘要》报送高层领导。[②] 网络民意因此也被称为"公开的内参"，进入中南海高层领导的视野。正如清华大学邓喆、孟庆国所总结的，新媒体"为公众开辟了一个主动的、自发的与政策制定者直接对话的路径，使公众议程能够更直接、更迅速地影响公共政策的形成"[③]，这一方面正向地激励了公民更多地通过新媒体参与到公共决策中来，另一方面也为政府部门获取民意、了解民意提供了有效渠道。

（二）公民参与公共决策方案评价

在我国，公民通过新媒体参与公共决策方案评价活动主要是指公民参与由政府部门发起的，通过政府门户网站、新闻网站、政务新媒体等渠道，向全社会广泛征求意见以完善相关决策方案的活动。广大公民通过新媒体，便捷地参与到公共决策方案选择中来，将自己的意见、建议、看法输送给政府决策者，从而对公共决策产生影响。这一过程，从本质上来讲属于政府主动发起的有关公共决策的政治协商。[④] 党的十九大报告中明确要求"加强协商民主制度建设，形成完整的制度程序和参与实践，

---

① 祝华新、单学刚等：《2011 年中国互联网舆情分析报告》，载《2012 年中国社会形势分析与预测》，社会科学文献出版社 2012 年版。

② 《网络舆论成为"公开的内参"，民意汇进中南海》，《半月谈》2004 年第 7 期。

③ 邓喆、孟庆国：《自媒体的议程设置：公共政策形成的新路径》，《公共管理学报》2016 年第 2 期。

④ 王法硕：《公民网络参与公共政策过程研究》，上海交通大学出版社 2013 年版，第 163 页。

保证人民在日常政治生活中广泛持续深入参与的权利"。

　　但由于众多因素，我国传统公共决策过程带有一定的封闭性、隐蔽性，政治系统和外在环境间究竟发生着怎样的能量转换，政治输入又是如何变成了政治输出，公众无从知晓。因而，这一转化过程被形象地称作"决策黑箱"，指公共决策过程是不透明、不公开的。"当政策过程的决策阶段进入'黑箱'，本身就与政策制定的程序正义相冲突。即使未公开的决策构成包含了政府部门体察民意、以人为本、政策法律化等丰富内容，或者说决策中的其他程序都是规范的，仍与程序正义的总则相背离。更何况，公众的参与也是决策程序的必要内容。"①

　　新媒体技术革命对于推动"决策黑箱"向"决策白箱"的转变具有重要作用。"白箱"是与"黑箱"相对的概念，指公共决策过程是透明公开的，决策过程犹如置于透明的玻璃箱中，任何人都可了解、知悉。郭小安总结道，与传统媒体相比，新媒体最大的特点就是"人人都是潜在的信息发布者，信息多向（而不是单向）传播，信息传播范围扩大到全世界，信息可以瞬间传遍地球的每一个角落。这些特点使控制信息难上加难，使普通网民拥有了前所未有的话语权，也使公共权力不再可能完全在暗箱中操作"②。近年来，各级政府部门在出台关系民生的重大政策方针时，在网络上向社会大众广泛征求意见已成为了常规做法。2008 年，国务院发布《关于深化医药卫生体制改革的意见（征求意见稿）》，通过网络等方式共征集到反馈意见 35260 条。③ 2010 年，国务院法制办就《国有土地上房屋征收与补偿条例》公开征求意见。自 1 月 29 日至 3 月 3 日间，共收到意见建议 65601 条。④ 有关部门充分吸收相关意见建议修改了《补偿条例》，并开始第二次公开征求意见，又收集到 37898 条意见建议。地方各级政府也纷纷利用新媒体公开征求意见，如 2019 年 7 月，珠海市

---

　　① 何志武：《打开决策"黑箱"：大众媒介参与公共决策转化的核心环节》，《新闻大学》2008 年第 1 期。

　　② 郭小安：《网络民主的可能及限度》，中国社会科学出版社 2011 年版，第 221 页。

　　③ 新华社：《发展改革委：新医改方案征求意见收到 3.5 万条反馈》，中国政府网，2008 年 11 月 15 日，http://www.gov.cn/jrzg/2008－11/15/content_1150149.htm.

　　④ 国务院法制办：《国务院法制办公室关于公布〈国有土地上房屋征收与补偿条例（第二次公开征求意见稿）〉公开征求意见的通知》，中国政府网，2010 年 12 月 15 日，http://www.gov.cn/gzdt/2010－12/15/content_1766386.htm.

自然资源局就《珠海市征地补偿标准》公开征求意见，并就公众反馈意见采纳情况进行详细说明。随着政府网站建设的日渐规范化，公民可以便捷地在各大政府门户网站看到"征求意见"栏目，以商务部网站为例，其"征求意见"栏目下设政策法规征求意见、混委会征求意见、规划编制征求意见、标准征求意见以及其他征求意见。

可见，不论是公民主动参与议程设置还是被动参与方案评价，新媒体环境促进了公民与政府间的双向沟通，一方面形成了一条"自下而上"影响公共决策的路径，实现了向公民的赋权；另一方面也为政府开启了广纳民意、广集民智之窗，从而提升公共服务水平和公共决策质量，新媒体同样实现了向政府的赋权。这样一种双向互动，打破了传统上两者间的"零和博弈"①，使得公民和政府均可从中受益。

四　参与成本降低但有效性偏低

（一）参与成本降低

在传统的公民参与中，公民向政府部门传递信息是较为困难的。一方面，传统公民参与的渠道和途径相对比较闭塞，通常只有有限的几种形式，且往往以"中介参与"为主要表现，即"公民通过自己的代表和代议机关参与国务政事"②。此时，参与过程无疑是较为烦琐的，参与成本也相对较高。例如，为接触到对应的人大代表，公民可能需要乘坐一定的交通工具，到达指定的地点，此时已付出了相当的时间和金钱成本，更勿论后续的潜在成本。另一方面，就传统的上访来说，胡荣指出"虽然《信访条例》以及相关的法令法规都规定到政府部门上访是公民的一项权利，但在实际中上访是被严格限制的"，上访者所反映的问题往往并不能得到有效解决，且因上访行为使上访者与政府部门处于对立面的境地，从而易招致打击报复。③ 因此，传统公民参与中，可见的和隐形的成本是相对较高的。

---

① 郑永年：《技术赋权：中国的互联网、国家与社会》，邱道隆译，东方出版社2014年版，第15页。

② 陈振明、李东云：《"政治参与"概念辨析》，《东南学术》2008年第4期。

③ 胡荣：《社会资本与城市居民的政治参与》，《社会学研究》2008年第5期。

随着我们进入大众媒体让位于"个体和参与性"新媒体的时代,① 公民参与公共决策的成本因新媒体的诸多特征和优势而逐步降低。新媒体所具有的"互动性、社会现场感、媒介丰富性、自主性、私人化、个人化、娱乐性"等特征,② 突破了传统大众媒体的诸多限制,使得信息传播的速度、时效、空间大幅提升。公民参与可以不受地点、时间、天气等外在条件的限制,通过各种终端形式,便捷地参与到公共决策中来,参与成本大幅降低,甚至可以说在有些情况下,几无成本。此外,我国政府部门大力推进的旨在提高网速、降低资费的网络"提速降费"措施,进一步降低了公民参与的成本。在信息社会之前,公民获取信息的主要方式是阅读报纸,受限于交通条件,纸媒的传播速度往往以天计;新媒体时代,信息传播的单位则以秒、毫秒计。我国 CNNIC 第 44 次调查报告显示,截至 2019 年 6 月,互联网宽带接入用户中,77.1% 已接入高速的 100M 以上宽带,光纤接入用户规模甚至占比 91.0%。我国固定宽带下载速率同比增长 55.5%,4G 网络下载速率同比增长 20.4%。截至 2019 年 7 月,据我国三大运营商披露,自 2015 年以来流量单价已下降超 90%。③ 网络提速降费已初见成效,进一步降低了公民上网的成本。新媒体时代,随时随地低成本上网的实现保障了公民参与公共决策的低成本性,大大降低了张明澍调查发现的公民不参与的诸如交通不便、家务繁重等客观原因。④

(二) 参与有效性偏低

如前所述,本研究将公民参与有效性定义为,在公共决策过程中,公民参与能够实现解决公共问题的预期目标的程度。这其中,我们从三个方面来理解预期目标,即满足公民的公共需求、决策科学化和可接受性。尽管新媒体降低了公民参与公共决策的成本,但现阶段我国公民参

① [加拿大] 马歇尔·麦克卢汉:《理解媒介:论人的延伸》,何道宽译,商务印书馆 2000 年版,第 33 页。

② 臧雷振:《变迁中的政治机会结构与政治参与:新媒体时代的中国图景》,中国社会科学出版社 2015 年版,第 79 页。

③ 经济参考报:《三大运营商公布提速降费成绩单》,新华网,2019 年 7 月 30 日,http://www.xinhuanet.com/fortune/2019 – 07/30/c_1124813473.htm.

④ 张明澍:《中国"政治人":中国公民政治素质调查报告》,中国社会科学出版社 1994 年版,第 59 页。

与的有效性仍是相对偏低的，主要表现在以下几点：

（1）公民参与等级较低，实际影响较小，很多是象征性参与。阿恩斯坦（Arnstein）依据权力分配的形式，将公民参与分为三种类型的八种形式，即非参与：操纵（Manipulation）和治疗（Therapy），以教育参与者为主要目的；象征性参与：信息（Information）、咨询（Consultation）和安抚（Placation），允许公民向政策制定者提建议，虽然决策权仍在政策制定者手中；实质性参与：合作伙伴（Partnership）、授权（Delegated power）和公民控制（Citizen control），此时公民可以积极民主地践行自身权利。① 由前述分析可知，新媒体环境下我国公民参与公共决策仍然集中于议程设置和方案选择两个阶段，属于阿恩斯坦所界定的"象征性参与"范畴，此时决策者仍以获得信息为本质目的的。

（2）政府对公民参与态度消极，回应缓慢。政府有效及时回应民意是公民有序有效参与公共决策的必然要求。新媒体拓展了政府回应的方式，政府通过在线渠道回应公众投诉、回复公众的诉求等方式②，极大地提升了政府回应的效率，促进了政府与公众之间的双向有效互动。赵静和薛澜甚至提出了"回应式议程设置模式"这一概念，来描述"政府在外部社会焦点事件影响下，直接将相关政策议题纳入决策程序的议程设置过程"③。然而，现实中有的政府部门在应对公民参与时仍采取"维稳思维"，很多时候要么避而不谈、掩而不告，要么通过删帖、打压以粗暴控制舆论传播。此外，许多网络事件暴露出政府回应不诚恳、不及时的顽疾。如 2017 年的"雪乡事件"，12 月 29 日微信公众号平台一篇名为《雪乡的雪再白也掩盖不掉纯黑的人心！别再去雪乡了！》的文章引发了公众的广泛关注。大海林国有林管理局在事后第五日，即 1 月 3 日才通过《新京报》发布声明，错过了政府治理的先机，致使舆情爆发。④ 新媒体

---

① Arnstein S. R., "A ladder of citizen participation", *Journal of the American Institute of Planners*, Vol. 35, No. 3, 1969, pp. 216 – 224.

② Battaglini M, "Public protests and policy making", *Quarterly Journal of Economics*, Vol. 132, No. 1, 2017, pp. 485 – 549.

③ 赵静、薛澜：《回应式议程设置模式——基于中国公共政策转型一类案例的分析》，《政治学研究》2017 年第 3 期。

④ 文宏：《网络群体性事件中舆情导向与政府回应的逻辑互动——基于"雪乡"事件大数据的情感分析》，《政治学研究》2019 年第 1 期。

环境下，政府部门往往疲于应对汹涌的民意，回应模式沿着"事件发生—网民质疑—媒体介入—形成强大舆论压力—政府被迫回应"的路径演化。①

（3）参与过程中"群体极化"现象突出。按照凯斯·桑斯坦的解释，群体极化指"团体成员一开始即有某些偏向，在商议后，人们朝偏向的方向继续移动，最后形成极端的观点"，在新媒体环境中，他认为"志同道合的团体会彼此进行沟通讨论，到最后他们的想法和原先一样，只是形式上变得更极端了"②。由于群体极化现象的存在，在可以提供个人订阅信息的新媒体中，个体的"选择性注意"更易实现，他们往往仅注意到那些与自身看法意见一致的信息，同时倾向于选择与自身看法、兴趣、价值观一致的人或群体交往，并回避接触那些不同观点的信息。这不利于多元化思想的碰撞。如此一来，那些非理性的、极端的言论在新媒体所构筑的虚拟空间中更易形成和传播，或者说"网络很容易成为极端主义的温床"③。加之在新媒体环境中，"很多人可以说话但是又可以不负责任，所以说理的人要比那些只会谩骂的人吃亏"④。这使得原本可以通过某种途径顺利化解的网络事件被严重对立和情绪化的言论绑架，进而发展成为新媒体环境下的多数暴政。

可见，在新媒体环境中，我国公民参与仍处于较低等级这一现状限制了公民公共需求的有效表达和对决策过程产生影响的能力；而政府应对公民参与中的消极态度和滞后回应则无疑会引发公民对政府部门的不信任，甚至会使政府陷入"塔西佗陷阱"⑤；参与过程中"群体极化"现象的存在则制约了网络公共领域的健康发展，极易导致新媒体环境中的多数暴政。这不利于增强公共决策的科学性和可接受性。

---

① 许鑫：《网络公共事件政府回应的现状、问题与策略》，《情报杂志》2016 年第 7 期。

② ［美］凯斯·桑斯坦：《网络共和国：网络社会中的民主问题》，黄维明译，上海人民出版社 2003 年版，第 47 页。

③ 熊光清：《中国网络民主中的多数暴政问题分析》，《社会科学》2011 年第 3 期。

④ 胡泳：《众声喧哗：网络时代的个人表达与公共讨论》，广西师范大学出版社 2008 年版，第 229 页。

⑤ 杨妍：《自媒体时代政府如何应对微博传播中的"塔西佗陷阱"》，《中国行政管理》2012 年第 5 期。

第 五 章

新媒体环境下公民有效参与
公共决策的实证研究

第三章中，我们按照公民参与所能实现的功能将新媒体环境下公民参与公共决策分为信息传递类、价值聚合类、建言献策类、沟通咨询类四种类型，并大体分析了每种类型的特点。第四章中，我们又描述了新媒体环境下我国公民参与公共决策的总体概况和具体特征，但这些考察仅仅从宏观层面揭示了我国公民参与公共决策的现状，无法具体展现每种类型公民参与的内涵特征、运行机制以及有效性等情况。因此，为对四种类型的公民参与进行深入剖析，本章依据案例研究设计方法，选取了近年来若干有代表性的案例进行深入研究。

第一，在案例选择上，由于我们不需要通过少数案例推测总体状况，案例选择的关键在于是否可以比较完整地、相对准确地回答研究者的问题。① 罗伯特·K. 殷（Robert K. Yin）在其经典著作《案例研究设计和方法》一书中，给出了 5 种目的性抽样策略：关键案例、极端案例、典型案例、揭露性案例以及纵向案例；② 陈向明在《质的研究方法与社会科学研究》中则细化为 9 种策略：极端或偏差型个案抽取、强度抽样、最大差异抽样、同质型抽样、典型个案抽样、分层目的型抽样、关键个案抽样、效标抽样以及证实和证伪个案抽样。③ 我们的目的是借由案例来阐明

① 陈向明：《质的研究方法与社会科学研究》，教育科学出版社 2000 年版，第 104 页。

② Yin R. K.，*Case Study Research：Design and Methods*，4th ed，London：Sage，2009，pp. 47 – 49.

③ 陈向明：《质的研究方法与社会科学研究》，教育科学出版社 2000 年版，第 105—109 页。

新媒体环境下公民参与公共决策过程中各类公民参与的作用机理、运行机制以及有效性情况，因此典型个案抽样是较为合适的策略。关于抽样的具体方式，常见的有滚雪球或锁链式抽样、机遇式抽样、目的性随机抽样、方便抽样以及综合抽样。学者们一般通过综合运用上述方式选择合适的案例进行分析，毕竟我们不是为了"回答'有多少'或'有多频繁'这样的问题，而是为了更加有力地说明'发生了什么事情'、'事情是如何发生的'"①。

第二，排除干扰因素。本研究的主体是新媒体环境下的公民参与公共决策问题，而新媒体自身的变化发展非常迅速，需要在一定程度上控制新媒体技术发展对公民参与公共决策的影响。由第四章的现状考察可知，2011 年、2013 年、2014 年分别是我国"政务微博元年""政务微信元年"和"政务客户端元年"。也就是说，2014 年以后，我国的政务新媒体矩阵基本形成。为了消除新媒体建设情况对公民参与公共决策产生的影响，我们主要选取 2014 年以后的公民参与公共决策热点案例进行分析。

第三，使用公开资料以克服"内省性"问题。本研究对相关案例中的参与者进行了访谈，但正如罗伯特·K. 殷所指出的，质性研究中的"内省性"问题主要与访谈相关。在访谈中，受访者会有意识地调整自身的回答策略以说出采访人想要听到的答案。② 因此，为了尽可能地避免内省性问题，本研究并未采用访谈资料或内部资料，而是采用了公开资料。使用公开资料作为证据支撑也有一定的局限性，如舍弃了仅有内部人士知晓的细节，以及有些公开资料难以获得等。但公开资料具有稳定性——可供不同学者进行多次检验；非建构性——并非案例研究所建构的结果；准确性——包含了与案例相关的各类准确信息；范围广泛——时间跨度长、案例多等优势，③ 由此也可以保证材料具有较高的可信性。

基于以上的考虑，本研究按照信息传递类、价值聚合类、建言献策类以及沟通咨询类四种参与类型，分别选取了 2014 年之后发生的、相关

---

① 陈向明：《质的研究方法与社会科学研究》，教育科学出版社 2000 年版，第 110 页。
② Yin R. K. , *Case Study Research：Design and Methods*, 4th ed, London：Sage, 2009, p. 102.
③ Yin R. K. , *Case Study Research：Design and Methods*, 4th ed, London：Sage, 2009, p. 102.

公开资料较为丰富全面的若干个典型案例，借此重点分析新媒体环境下每种类型的公民参与公共决策的内涵特征及有效性程度。

第一节　信息传递类公民参与

一　内涵特征

新媒体环境中的信息传递类公民参与公共决策指政府部门通过新媒体渠道获取关于公共问题的信息，大多处于拉斯韦尔所说的"情报"阶段，安德森将之称为问题界定阶段。此时，政府部门为了制定公共决策，需要将广泛地了解、收集、分析民意作为决策的基础。如我们在第三章中阐述的，在问题界定阶段，公民参与的主要作用是向政府提供决策所需的信息，主要功能是信息传递，对政府部门来说就是信息收集。信息传递类公民参与的显著特点是信息的单向流动，政府部门主动通过多种渠道收集有关公共问题的信息，而公民则往往是被动参与。也就是说，在信息传递类公民参与中，公民的参与一般不积极主动，往往是政府主动开展相关调查，利用多种新媒体渠道邀请公民参与进来，主要表现为各大政府门户网站中的互动交流类栏目以及各种网络民意调查、网络投票、网上听证会等形式。信息传递类公民参与的一般流程是，政府部门在相关网站平台发布网络民意调查信息或发起网络投票，标明民意收集的时间范围、主题、参与方式方法等详细信息——公民知晓或看到该民意调查或网络投票信息，并愿意填写相关问卷或投票，以表达自身对于该问题的看法——政府部门收集公民提交的信息，对之进行汇总、整理以及分析——政府部门将收集到的民意通过合适的渠道反馈给公民。

由于信息传递类公民参与的目的是了解民情以帮助界定公共决策问题，因此，正如我们在第三章中所建构的新媒体环境下公民有效参与公共决策的衡量标准所要求的，信息传递类的公民有效参与涉及三个方面的标准：第一，调查对象利益关涉群体优先；第二，调查结果客观全面；第三，重视调查结果的研究分析。如此，才能保障收集到的民意可以反映公民真实的诉求、可以作为问题界定的依据。这三方面标准的实现又依赖于若干前提条件。首先，要满足调查对象的利益关涉群体优先性，就要首先明确哪些是公共问题的利益关涉群体。在此基础上，对处于弱势地位的、利用新媒体有障碍的利益关涉群体，需提供必要的辅助或替代方案。其次，要保证调查结果的客观全面，就是除了利益关涉群体优先外，调查也要尽可能地扩大范围，目标群体、利益关涉群体和利益无关群体均要纳入调查范围。这一条件的实现又依赖一个重要的前提，即公民知晓相关调查。而要使公民知晓，就需要政府部门的大力宣传和及时推送。新媒体时代，政府部门有许多可以利用的技术条件来扩大公众对调查的知晓度。此外，调查内容的科学性、中立性要求调查问卷应由专业人士设计，以尽量规避倾向性、引导性。最后，调查结果的研究分析则要求政府部门充分利用收集到的数据，进行各种研究和分析，以准确识别和把握公共决策问题，并将结果及时反馈给公民。这种反馈本身有助于使公民感到自己被重视，从而增强公民对参与的满意度，促进其进行后续参与行为（见表5—1）。

表5—1　　新媒体环境下公民有效参与公共决策的衡量标准：信息传递类

类型	衡量标准	具体要求
信息传递	调查对象利益关涉群体优先	明确公共问题的利益关涉群体
		对于利用新媒体有障碍的群体提供辅助或替代方案
	调查结果客观全面	宣传推送相关网络调查，保障知晓度，扩大参与范围
		调查内容设计的科学、中立性
	重视调查结果研究分析	重视调查数据处理分析，保障准确性
		调查结果及时反馈给公民，以增强公民对参与的满意度

二　案例引入

实践中，通过新媒体进行民意信息收集已成为较为常见的做法。在第四章的现状考察中，我们指出，现阶段我国各级政府门户网站几乎均开通了"网上调查"栏目，用于进行网络民意收集。此外，各级政府部门还经常会和商业新媒体平台合作，允许商业新媒体平台转载调查内容和链接，借由这些新媒体平台广泛的影响力，扩大和保障公民对调查项目的知晓性。在我国各级政府部门利用新媒体进行信息收集的公民参与实践中，有的符合我们所界定的衡量标准和具体要求，取得了较为理想的结果；有的则未达到预期的效果。我们接下来将引入"北京市文明行为促进条例"社会问卷调查活动和"我心中的国花"网络投票活动，来具体说明新媒体环境下信息传递类公民参与是如何运作的。

（一）《北京市文明行为促进条例》社会问卷调查活动

为了引导和促进北京市民的文明行为，北京市人大常委会拟制定《北京市文明行为促进条例》作为 2019 年的立法项目。在开门立法原则的指导下，2019 年 8 月 5 日至 25 日，北京市委宣传部、首都文明办开展了促进文明行为社会问卷调查活动。它们采用"线上＋线下"结合的方式，利用多种渠道发布问卷调查活动信息，并借助新媒体提供的技术，制作电子问卷，以便利公众传播与填写。具体而言，借由新媒体平台提供的线上问卷技术，公民可以通过点击链接在电脑端填写，亦可通过扫描二维码在移动端参与。考虑到还有部分使用新媒体有障碍的群众，北京市委宣传部和首都文明办还对十六区居民进行了线下入户问卷调查。

为保障公民可以充分知晓该活动，首都文明办在其门户网站发布了《北京市促进文明行为社会问卷调查全面启动》的公告，指出"为了使立法更好地集中民智、体现民意、符合民心，我们将开门立法的阶段前移，即在法规草案未形成前便公开向社会征求意见。民意调查的结果将作为法规草案形成的基础"①。腾讯·大燕网、环球网、千龙网、新浪网、搜狐网、新京报等新媒体均在其网站、客户端、官方微博、微信公众号等转发和推送该公告。除了线上宣传和推广外，北京市委宣传部和首都文明办还在《北京日报》上刊登专版，发布纸质版《北京市促进文明行为调查问卷》，并附有各种参与方式的地址和二维码。由此，形成了一个线上—线下联动、大众传媒—新媒体联动的宣传推广矩阵。

调查问卷共包含参与人基本情况以及调查内容两大部分。问卷开始表明了开展问卷调查的目的，以帮助受访者了解为何举办该问卷调查。随后，在参与人基本情况方面，对受访者的性别、年龄、所在单位性质、受教育程度以及居住地进行了统计。其中考虑到该条例主要用于促进北京市民的文明行为，居住地的选项设计了北京市、其他省区市、港澳台地区三个选项，以便于后续的统计分析工作。调查内容包含 7 个问题，

---

① 首都文明办：《北京市促进文明行为社会问卷调查全面启动》，首都文明网，2019 年 8 月 5 日，http：//www.bjwmb.gov.cn/xxgk/xcjy/t20190805_944039.htm.

其中"您对北京市文明行为促进立法的态度"为单选题，包括非常必要、必要、没必要三个选项；"您支持北京市文明行为促进立法的理由""您认为应该倡导鼓励哪些文明行为（不超过 6 项）""您认为倡导鼓励文明行为可以采取哪些措施（不超过 3 项）""您认为最应该处罚哪些不文明行为（不超过 10 项）""您认为处罚不文明行为可以采取哪些措施（不超过 3 项）"5 题为多项选择；最后"您对提升文明城市建设水平和文明行为促进立法有哪些建议"为开放性题目，受访者可按照本人意愿填写。问卷设计得较为科学合理，基本涵盖了该项条例所涉及的核心问题。

在促进文明行为社会调查问卷活动结束后不到两个月内，2019 年 10 月 10 日至 20 日，北京市人大社会建设委员会、文明行为促进条例立法起草小组发布《公开征求对〈北京市文明行为促进条例（草案征求意见稿）〉意见的通告》，在其中详细报告了社会问卷调查活动的参与情况、问卷回收情况、问卷调查的结果等信息，并据此起草了《北京市文明行为促进条例（草案征求意见稿）》，再次向社会公众征求意见。通过查看该促进条例草案后发现，草案确实充分体现了社会问卷调查的结果，并在此基础上进一步丰富了内容。

（二）"我心中的国花"网络投票活动

2019 年 7 月 15 日，中国花卉协会发布《征求牡丹为我国国花意见的通知》，通知指出，国花是国家形象和民族精神的象征，是国家文明进步的重要标志。今年是中华人民共和国成立 70 周年，我国社会稳定、经济繁荣、人民幸福，确定我国国花的时机已经成熟。经组织专家讨论，确定我国国花的基本条件是：一是起源于中国，栽培历史悠久，适应性强，分布广泛，品种资源丰富；二是花姿、花色美丽大气，能反映中华民族优秀传统文化和性格特征；三是文化底蕴深厚，为广大人民群众喜闻乐见；四是用途广泛，具有较高的生态、经济和社会效益。综合各方意见，推荐牡丹为我国国花。为了解社情民意，征求社会对推荐牡丹为我国国花的意见，在中国花卉协会官方网站发布《投票：我心中的国花》，于 2019 年 7 月 15 日至 19 日面向公众开放网络投票通道。投票活动除在中国花卉协会官方网站设置投票平台外，还设置了手机端投票通道。腾讯、新浪、和讯网等商业新媒体平台纷纷转发了该投票链接。由于宣传力度较大、所涉话题专业性较弱，引发了公众的广泛关注和持续参与热情，中国花卉协会因此将投票时间延长至 2019 年 7 月 22 日。根据官方公布的投票结果数据，截至 2019 年 7 月 24 日，活动共收到投票 362264 票。其中同意牡丹为国花的 288747 票，占总投票的 79.71%，其次为梅花 44551 票，占 12.30%，其余花卉得票数均不足 3%。[①]

　　但此次国花投票活动引发了一些公众的质疑。主要集中在以下几个方面：首先，投票时间短难以保障科学性。中国花卉协会原本设置的投票时间仅为 4 天。不少网友质疑在如此之短的时间内，难以进行深入思考，更无法做出客观公正的投票。后中国花协迫于舆论压力延长了投票时间，但仍显诚意不足。其次，投票设计不合理难以保障公平性。进入中国花卉协会官方网站发布的投票通道，可以发现投票结果并不实时显示。而投票结果实时显示是新媒体时代网络投票中的常见做法。投票结果不实时显示使得公众开始质疑其是否存在一些"暗箱操作"。除此之外，国花投票的选项设置也存在严重问题。在进入官方投票平台后，除了有关此次活动的背景介绍外，仅有一个题项："赞成牡丹为国花（同意　不同意）"。公众选择"同意"则可直接点击"提交"。仅在选择"不同意"选项后，才显示除"牡丹"之外的其他花卉：梅花、菊花、兰花、月季、杜鹃、茶花、荷花、桂花、水仙。因此，有网友认为"国花为一国之花，需全民参与，不该先入为主，更不该采取不透明投票"。再次，投票活动的客观公正性存疑。从公开信息中可以发现，在此次活动中，河南洛阳和山东菏泽两个牡丹产地，均通过各种媒体和多个渠道陆续发出倡议，号召公众前去投票支持牡丹方案。如菏泽市的《牡丹晚报》在其官方微信公众号发文《独家重磅！牡丹欲定为中国国花！中国花协征求意见，菏泽人为牡丹投一票》，洛阳日报社微信公众号也发文《重磅！中国国花欲定为牡丹！洛阳人快来投票支持!》。但国花是全中国的象征，并非仅代表一两个城市，全国公民的有效参与才能体现广泛民意。最后，中国花卉协会举办该活动的资格问题也遭到公众质疑。面对质疑，中国花卉协会先是表示"此次投票是官方授权，授权于中华人民共和国国家林业和草原局"，后又改口称"只是收集民情民意"，并表示下一步

---

　　① 中国花卉协会：《中国花卉协会关于国花网上民意调查情况的通报》，2019 年 7 月 23 日，http://www.forestry.gov.cn/hhxh/276/20190723/101232868167560.html。

还将综合各方意见，将方案上报国务院相关部门，并提请全国人大审议。

三　有效性分析

通过考察上述两个案例的发展过程，我们从微观上对现阶段新媒体环境下我国公民参与公共决策的具体运行机制有了大致掌握。两个案例代表了近年来新媒体环境下信息传递类公民参与公共决策的典型情况。接下来，我们依据第三章中所构建的有效性衡量标准，以衡量这两个信息传递类公民参与案例的有效性，并对它们进行比较分析（见表5—2）。

表5—2　新媒体环境下信息传递类公民参与公共决策有效性案例比较

衡量标准	具体要求	北京文明行为促进社会问卷调查活动	"我心中的国花"投票活动
调查对象利益关涉群体优先	明确公共问题的利益关涉群体	√	×
	对于利用新媒体有障碍的群体提供辅助或替代方案	√	×
调查结果客观全面	宣传推广相关网络调查，保障知晓度，扩大参与范围	√	√
	调查内容设计的科学、中立性	√	×
重视调查结果研究分析	重视调查数据处理分析，保障准确性	√	×
	调查结果及时反馈给公民，以增强公民对参与的满意度	√	√

注："×"代表未达到具体要求；"√"代表达到具体要求。

首先，从调查对象利益关涉群体优先这一衡量标准来看，北京市促进文明行为社会问卷调查活动较为符合我们这一标准下的具体要求。具体而言，由于该条例主要利益关涉群体为北京市民，因而，问卷在居住地题项中突出了是否为北京市民这一选项。此外，为充分保障利用新媒体有困难的群体参与到该项调查中，北京市委宣传部和文明办还开展了线下入户调查，作为新媒体调查渠道的替代手段。如此一来可最大限度地消解数字鸿沟所带来的代表性不足问题。而反观"我心中的国花"投票活动则在该项衡量标准方面表现较差。这主要体现在，第一，评选国花活动是一项全国性的活动，利益关涉群体应当是全国人民群众。但由于中国花卉协会所推荐的"牡丹"在洛阳和菏泽两地具有特殊意义，因而引起了这两地居民的高度关注和参与，在一定程度上使得其他地区的人民产生了"被代表"的负面情绪。第二，该项调查并未考虑弱势群体在接入、使用新媒体上的不便，并未提供有效的替代手段和辅助措施。

其次，从调查结果客观全面的衡量标准来看，两个案例在"宣传推广相关调查，保障知晓度，扩大参与范围"方面均较为有效。相关负责单位均充分利用各类媒体平台，参与发布调查和宣传推广的不仅有新媒体渠道，还有传统媒介，如文明行为促进调查活动中的《北京日报》；不仅政府门户网站转载，各大商业新媒体平台也积极转载；不仅有基于网站的宣传，还有基于微博、微信、客户端的宣传。可以说，两个案例的宣传推广均是较为充分的，活动也因此获得了较高的曝光率，公众的参与度均较高。数据显示，北京市文明行为促进社会问卷调查活动共计有2200 万人次点击问卷链接，参与网络问卷填写的有 141.1776 万人。在线下调查中，回收有效问卷 6400 份；通过四级人大代表联动机制回收有效问卷 10751 份。"我心中的国花"投票活动收到投票 362264 份。[①] 但在调查内容涉及的科学性、中立性方面，两个案例则相差较大。北京市文明行为促进调查活动中，线上问卷符合调查问卷设计标准，没有明显的倾向性和引导性，使得市民可以充分表达自身看法。而"我心中的国花"活动的调查设计则带有明显的倾向性和引导性。中国花卉协会已通过专家论证拟推荐"牡丹"为国花，而后进行相关调查，从某种程度上仅仅是对"牡丹"方案的宣传动员，而不是真正想了解公众对于设立国花的意见。甚至有网友认为，该项调查有"暗助"牡丹方案之嫌。

最后，在调查结果的研究分析方面，两个案例均做到了将调查结果及时反馈给公民，一定程度上保障了公民的知情权，也维护了公民参与此类活动的兴趣和积极性。但在对调查结果的深入研究分析方面，两者

---

① 北京市人民代表大会常务委员会：《公开征求对〈北京市文明行为促进条例（草案征求意见稿）〉意见的通告》，北京人大网，2019 年 10 月 10 日，http：//fuwu. bjrd. gov. cn/rdzw/legis-lation/draft/front/draft. do? method = detailDraft&_draftId = 20191900000156.

也体现了一定差异性。具体而言，北京市人大社会建设委员会、文明行为促进条例立法起草小组对调查结果进行了充分论证，不仅对问卷回收结果和大体情况进行了通报，还据此形成了《条例草案》进一步向公众征求意见；而"我心中的国花"投票活动结束后，中国花卉协会仅简单地对投票结果进行了通报，这一结果后续将如何影响我国国花设立则未见明确说明。

因而，通过上述分析，我们认为北京市文明行为促进社会问卷调查活动较为符合我们所界定的信息收集类有效参与的衡量标准，整个活动是较为有效的。而"我心中的国花"网络投票活动在多项具体要求上表现较差，整个活动是较为低效的。

第二节　价值聚合类公民参与

一　内涵特征

新媒体环境中的价值聚合类公民参与公共决策，主要发生于议程设立阶段，公民通过新媒体反映其需求和价值偏好，政府部门将民意吸收到公共决策的议程设立之中，以使公共决策体现民意，促进公共决策的民主性。因而价值聚合类公民参与的显著特点是信息的双向流动，公民与公民、公民与政府之间就公共决策的价值选择展开理性讨论和协商，最终达成共识。此时，一方面，政府部门充分利用新媒体的多种渠道邀请公民参与到议程设立中来，就公共决策的相关价值取向发表看法，如各类网上听证会等活动；另一方面，公民也借由新媒体，在网络论坛、各类讨论组中自发就公共议题展开讨论、发表看法，最终形成具有一定影响力的舆论，进而进入政府议程，对公共决策产生影响。传统公共决策的议程设立过程是政府部门主导的相对主动和理性的选择过程，即当社会需求出现后，政府部门首先对之进行识别和界定，而后政府就决策问题的范围、内容展开说明，在广泛吸纳民意的基础上辨识决策问题的重要程度，以达成共识。但在新媒体环境下，对政府部门来说，价值聚合类公民参与则呈现出一定的被动性和偶然性，汹涌的民意借由新媒体渠道快速汇集，迫使相关议题进入政府议程，也就是说，社会需求从"问题进入到议程合法化阶段非常迅速，而对问题的解释说明、各方讨论达成共识的过程和环节容易被忽略。"①

　　价值聚合类公民参与由于其目的是在公共决策中充分吸纳公民的价值偏好，因此正如我们在第三章所提出的，此时公民有效参与公共决策的衡量标准涉及四个方面的主要内容：第一，实现权力分享；第二，充分交流讨论；第三，必要的舆论引导；第四，扶助弱势群体。如此，才能保障公民可以借由新媒体充分表达价值偏好，理性探讨公共议题，并可能对公共决策产生切实影响。这四个方面的衡量标准进一步又可分为若干具体要求。具体而言，首先，实现权力分享即是在决策中体现民意。在公民诉求和政府的整体性、长远性价值间取得平衡，寻求"最大公约数"。其次，充分交流讨论的实现，则有赖于健康的网络公共领域。而健康的网络公共领域又以向所有公民开放、自由交流的媒介空间以及形成具有公共理性的公共舆论为前提条件。再次，要想在议程设置中引导舆论向着理性探讨、平和交流的方向发展，政府部门必须及时回应各方诉求。但这种回应不应是"毫无内容"的官样文章，而应提供翔实的公共决策相关事实信息，从而从根源上遏制非理性言论和网络谣言的传播扩散。最后，如前所述，在新媒体环境下的各类公民参与公共决策中，应当始终关注弱势群体的劣势地位，并注意赋予他们平等表达的机会（见表5—3）。

表5—3　新媒体环境下公民有效参与公共决策的衡量标准：价值聚合类

类型	衡量标准	具体要求
价值聚合	实现权力分享	在决策中吸纳体现民意
	充分交流讨论	向所有公民开放 自由交流的媒介空间 公共理性的公共舆论
	必要的舆论引导	及时回应相关诉求 提供翔实的相关事实
	扶助弱势群体	赋予弱势群体平等表达的机会

---

① 赵静、薛澜：《回应式议程设置模式——基于中国公共政策转型一类案例的分析》，《政治学研究》2017年第3期。

二　案例引入

新媒体的飞速发展助推了公民参与意识的觉醒，并赋予了公民广阔的参政议政空间和多样化的参与渠道。因此，在新媒体环境下，价值聚合类公民参与公共决策的案例也愈发常见。现实中新媒体环境下的价值聚合类公民参与主要通过两种机制对公共决策产生影响。第一种机制是借由焦点事件推动公共决策形成。在这一途径中，公民潜伏已久的需求和价值偏好借由焦点事件引发，并快速汇集成主导性的民意。政府部门通过界定、识别公民的多元偏好，结合社会环境信息，将相关价值偏好纳入政府议程，经过多方论证、多轮协商等过程，最终推动公共决策出台。相较于第一种机制要求政府部门在短期内快速做出反应，第二种机制则是更为长期地、潜移默化地对公共决策产生影响。具体而言，某一公共议题长期获得公民的广泛关注和讨论，在这种长期的讨论协商中，公民间形成了某种共识。政府部门密切关注并识别出公民的需求和共识，然后做出相应的公共决策调整，以在决策中充分吸纳和反映民意。我们接下来将引入"重庆公交车坠江事故"以及我国公民长期呼吁雾霾治理两个案例来具体说明新媒体环境下，价值聚合类公民参与公共决策是如何运作的及其所反映的潜在问题。

（一）重庆公交车坠江事故

2018 年 10 月 28 日 10 时 08 分，重庆市万州区一大巴车在万州长江二桥桥面上与小轿车发生碰撞后，坠入江中。众多蓝 V 认证的官方媒体及部分微博大 V 开始陆续对事件进行报道或转载其他媒体的报道信息。11时 22 分"中国之声"在微博上首次发声，转载了《北京青年报》的相关报道《重庆万州一大巴车坠江政府正组织救援》，交代了事件的基本信息。随后头条新闻、新浪视频、中国地震台网速报等媒体也开始陆续转载相关信息。12 时，新京报记者首次在网络上发布了文章《重庆公交车与轿车相撞坠江女车主驾车逆行导致》，称事故"系一小轿车女车主驾车逆行导致"。该文章被众多主流媒体争相转载，广大网民开始关注此事件。13 时，据万州区交巡警支队通报，与公交车碰撞的私家车女司机邝某娟已被警方控制。下午 14 时，人民日报官方微博发文时也使用了"女司机"一词，标题称女司机已被警方控制。与此同时，一些微博大 V 开始大肆转载这些报道，并对女司机进行强烈谴责。一时间，网络上对女司机一片骂声。在官方正式通报调查结果之前，网民认定女司机是导致此次公交车坠江的主要责任人，舆论的矛头纷纷指向"女司机""逆行""高跟鞋"。网络上出现许多极端言论"这个女司机一定要判死刑！让她一个人死就好了！干嘛连累那么多人"，网络舆论开始了对女司机的网络暴力。此时，网友的行为从默默转发为遇难者祈祷平安，一边倒地转向了对女司机言辞激烈的批评、辱骂。人民日报微博的留言话题统计显示，此时"不支持"女司机的网友态度占比已达到50.7%，达到了整体的"二分之一"，呈现出一边倒责怪女司机的趋势。而持"支持"和"中立"态度的观点分别占2.6%、4.9%，总共不到整体的十分之一，剩下41.5%则是在关注救援等其他话题。17时，重庆市万州区公安局官方微博发布警情通报称：经初步事故现场调查，系公交客车在行驶中突然越过中心实线，撞击对向正常行驶的小轿车后冲上路沿，撞断护栏，坠入江中。网络舆论的方向开始转变，之前报道称因女司机逆行导致大巴坠江的媒体开始在网上删帖、删除相关报道，网络大V也纷纷开始向女司机道歉，网络上呈现网民集体向女司机道歉的现象。29日上午，女司机被解除控制，返回家中。

10月29日上午，成都商报发布了文章《重庆坠河公交司机凌晨5点K歌4个半小时后出事》，之后被各类媒体和自媒体大量转载。这种带有诱导性的标题把事故责任指向了公交司机，网络舆论矛头又迅速转向公交司机。一些不明真相的微博大V对该文章进行转发。例如微博大V何天恩在微博转载并复制文中重要信息，即重庆司机凌晨5点K歌自称唱得不好，4小时候后出事。随着众多自媒体、网络大V"添油加醋"的转载，网络上开始出现公交司机"疲劳驾驶""报复社会""嗑瓜子"等谣言。一些网民还没来得及和女司机道歉，又纷纷跑来猜疑、指责坠江公交车司机冉某，并对冉某进行强烈谴责，"看了视频！这司机也不是好人啊！"，"明显疲劳驾驶。公交有监控，什么时候公布"。公交司机冉某成为舆论谴责对象。10月31日坠江公交被打捞出水。11月2日上午，重庆万州官方公布了公交车黑匣子中事发时的视频，视频中乘客刘某在乘坐公交车过程中，与正在驾车行驶的公交车驾驶员冉某发生激烈争吵并互殴，导致车辆失控向左越过中心实线，与对向正常行驶的红色小轿车相撞，并冲上路沿撞断护栏，坠入江中。一时间舆论再次由猜疑指责公交司机疲劳驾驶急剧转向批判女乘客刘某的失控行为，并引发网络空间对公共安全的广泛讨论。

从蚁坊软件发布的报告来看，整个舆情过程的媒体报道中，33% 聚焦于司机与乘客缺乏安全意识和规则意识；26% 旨在传播重庆公交坠江的原因；17% 关注救援现场与伤亡情况；12% 关注设计万州长江二桥防护栏的安全系数；7% 解析事故责任划分和赔偿问题。在网民话题分布方面，占据舆论主流的是谴责女乘客刘某和公交车司机，占比 47%。这部分网友认为女乘客的行为害人害己，应当对此类行为予以严惩；也有网民认为司机的职业素养和安全意识不到位；17% 的舆论认为其他乘客应当制止冲突，控制局面以避免事态恶化。此外，还有网友就桥梁安全防护、司机驾驶防护等问题展开讨论。①

为了回应民众诉求，2018 年 12 月，交通运输部要求部署开展营运客运汽车安全监控及防护装置整治行动。2019 年 1 月，交通运输部发布《2019 年交通运输安全生产工作要点》，提出要"加快推进城市公共汽电车驾驶区域安全隔离设施的配备应用"。其后，最高人民法院、最高人民检察院和公安部联合发布《关于依法惩治妨害公共交通工具安全驾驶违法犯罪行为的指导意见》（以下简称《意见》），明确"抢夺方向盘"等行为以危险方法危害公共安全罪定罪处罚，且一般不适用缓刑。此外，为鼓励其他乘客对危险行为进行制止，《意见》还规定"对正在进行的妨害安全驾驶的违法犯罪行为，乘客等人员有权采取措施予以制止。制止行为造成违法犯罪行为人损害，符合法定条件的，应当认定为正当防卫"；同时，此类行为应作见义勇为事例进行褒扬。②

（二）公民参与雾霾治理决策

雾霾对公众的日常生活和身心健康均造成了较大的影响，是我国公民长期关注的公共议题之一。2010 年美国驻华领事馆在其馆内设置空气

---

① 蚁坊软件：《重庆公交车坠江事故》，2018 年 11 月 9 日，https：//www. eefung. com/hot-report/20181109142755.

② 最高人民法院、最高人民检察院、公安部：《关于惩治妨害公共交通工具安全驾驶行为的意见》，2019 年 1 月 10 日，http：//www. court. gov. cn/zixun-xiangqing - 138641. html.

监测站，监测北京地区大气 PM2.5 及臭氧浓度，同时在推特上定时更新监测数据。我国当时的《大气污染防治法》中仍采用的是直径小于或等于 10 微米的颗粒物（PM10）标准，与美方的 PM2.5 标准不一致。我国政府认为美国驻华领事馆的单方行动易与中国环保机构发布的监测数据混淆，并将这一争端理解为国内"输入型"网络舆情的典型案例，将此事件界定为外交争执事件。但这一事件引发了公众对于《大气污染防治法》中的标准的质疑。2011 年，诸多微博大 V、环保 NGO 开始在微博上发起"我为祖国测空气"，呼吁公众自测 PM2.5，并在微博平台实时更新数据。发起者包括潘石屹、波士顿萨福克大学历史系助理教授薛涌、郑渊洁、李开复、姚晨、冯永峰等拥有庞大粉丝群的大 V，以及绿色潇湘、绿色之友等环保组织。为应对广大公众的持续关注和参与热情，同年 11 月，环保部发布的《环境空气 PM10 和 PM2.5 的测定重置法》开始实施，首次规范了我国 PM2.5 的测定方法。北京大学环境科学与工程学院教授张远航指出，加入 PM2.5 指标后，我国的空气质量达标城市将从 80% 锐减至 20%，"我想这也是环保部迟迟未能下定决心将 PM2.5 纳入空气质量监测体系的原因"[①]。2012 年，在最终修订后颁布的《环境空气质量标准》中，正式确定增加 PM2.5 监测指标。

本研究通过百度指数，以"雾霾"为关键词，设置时间范围从 2011 年 1 月 1 日至检索日 2019 年 11 月 18 日的搜索结果显示，每一个峰值均对应着当年的雾霾相关热点事件。2013 年年初北京、河北等地遭遇持续雾霾，2013 年年底中东部出现严重雾霾事件（见图 5—1）。2013 年 12 月 9 日，央视网等中央网络媒体发表文章《盘点雾霾带来的五大意外收获》，列举了雾霾的"五大好处"，遭到网友和各方网络媒体的猛烈抨击。[②] 2014 年 2 月，北京再现重度雾霾，央视财经 15 日在其官方账号连发两篇微博，认为"政府不能当瞎子，它必须要肩负起自己的责任"，并质问政府的不作为，反讽道"这里，还有人管雾霾吗?"。这两篇微博引

① 新民周刊:《中国 PM2.5 标准来了》，新浪网，2011 年 11 月 23 日，http：//news. si-na. com. cn/c/2011 – 11 –23/133923512606_3. shtml.

② 凤凰卫视:《媒体盘点雾霾带来的五大意外收获惊呆小伙伴》，凤凰网，2013 年 12 月 11 日，http：//phtv. ifeng. com/program/zbjsj/detail_2013_12/11/32024045_0. shtml.

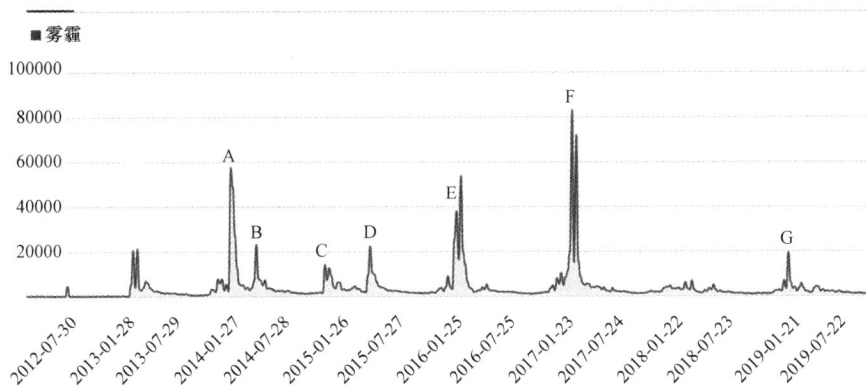

图5—1　百度指数"雾霾"关键词搜索趋势

起网民热议，被转发超过 1 万次，但随后被删除。26 日，习近平总书记视察北京并发表重要讲话，指出："要加大大气污染治理力度，应对雾霾污染、改善空气质量的首要任务是控制 PM2.5。"[①] 2014 年 10 月，京津地区雾霾再度爆表，但 11 月 APEC 会议在京召开期间，北京空气质量良好，出现了久违的蓝天白云，与北京地区一贯以来的雾霾天气形成对比，网友将这样的天空戏称为"APEC 蓝"，引发热议。11 月 7 日，"APEC 蓝"开始见诸党报央媒，《人民日报》发表《让"APEC 蓝"永驻天空》的时评指出，"只要下定决心、采取措施、联防共治，雾霾是可以治理的"。2015 年 2 月 28 日，柴静通过人民网、优酷等国内视频网站同步推出《穹顶之下》，再次引发公众对于雾霾议题的强烈关注。《穹顶之下》被推出 24 小时内，播放量已上亿。同日，新浪微博"@柴静看见""@人民网"等代表性账号的转发、评论、点赞已达 50 万以上，在评论中相关讨论超千万次。总计300 多家媒体对视频进行了转载，包括国内各大主流媒体平台如腾讯、搜狐、土豆等。3 月 1 日，环保部部长陈吉宁在媒体见面会上表示，"柴静从一个特殊的角度，从公众和健康的角度，唤起公众对环境

① 新京报：《向雾霾宣战　北京超常规手段治理大气》，新华网，2019 年 2 月 26 日，ht-tp：//www.xinhuanet.com/energy/2019－02/26/c_1124163433.htm.

的关注，值得我们敬佩。"① 虽然《穹顶之下》得到了环保部部长的积极
肯定，但 2 日即传出消息称，网络和新媒体上该视频被要求撤至非显著
位置，各大媒体均撤下相关稿件。至 6 日，该片已在全网被删。但借由
《穹顶之下》体现出的民意是高涨的，表明公众对于雾霾的关注度已十分
高涨。在 2015 年 3 月 2 日至 15 日的全国两会期间，环境污染始终是关注
热点关注议题，国家总理李克强、环境部长陈吉宁、环境部副部长潘岳
均在两会中对环境污染问题做了重要表态。同年，《大气污染防治法》通
过两次公开征求意见、三次审议于 2015 年 8 月 29 日修订通过，并于
2016 年 1 月 1 日起开始施行。此后，2015 年 12 月，北京连续两次重度雾
霾红色预警；2016 年 12 月至 2017 年 1 月，全国多地出现橙红色雾霾预
警，多地教育局发布停课通知。民众对于雾霾的关注度再次达到历史峰
值。在公民的强烈诉求下，2017 年 3 月 5 日，李克强总理在十二届人大
第五次会议上作的政府工作报告中指出，2017 年要坚决打好蓝天保卫战。
2018 年 5 月 18 日，习近平总书记在全国生态环境保护大会上发表重要讲
话，要求"加大力度推进生态文明建设、解决生态环境问题，坚决打好
污染防治攻坚战，推动我国生态文明建设迈上新台阶"。同年 6 月 7 日，
为贯彻落实习近平总书记在全国生态环境保护大会上的重要讲话精神，
坚决打赢蓝天保卫战，生态环境部制定了《2018—2019 年蓝天保卫战重
点区域强化督查方案》，进一步推动地方各级党委政府及相关部门落实大
气污染防治责任，持续改善京津冀及周边地区、汾渭平原、长三角地区
等重点区域环境空气质量，巩固大气污染防治成效。其后 7 月 31 日，生
态环境部部长李干杰主持召开生态环境部常务会议，原则通过《环境空
气质量标准》（GB3095—2012）修改单，这是该标准的第三次修订，对
状态标准参数进行了调整，以更好地与国际接轨，学习借鉴国际先进经
验更好地治理雾霾。② 可以看到，政府部门在公共决策中不断吸纳民意，
在雾霾治理中已初显成效。2017 年后，有关雾霾的舆论舆情已趋于平缓，

---

① 新京报新媒体：《环保部部长：已看过〈穹顶之下〉短信感谢了柴静》，新京报网，
2015 年 3 月 1 日，http://www.bjnews.com.cn/news/2015/03/01/354712.html。

② 生态环境部：《专家解读〈环境空气质量标准〉修改单》，生态环境部网站，2018 年 7
月 21 日，http://www.mee.gov.cn/gkml/sthjbgw/qt/201807/t20180721_447045.htm。

仅在 2018 年 11 月，京津地区再次出现雾霾黄色预警时小幅引发了网民讨论，但舆情指数已较前些年有所降低。

三　有效性分析

以上两个案例代表了近年来新媒体环境下我国公民进行价值聚合类公民参与的典型运行机制。其中，重庆公交车坠江事件是借由焦点事件引发网络舆论狂潮而后推动决策出台的经典案例；而我国雾霾治理的决策出台则体现了我国公民对于雾霾事件的长期关注产生的持续影响。接下来，我们将依据第三章中构建的新媒体环境下公民有效参与公共决策价值聚合类的衡量标准，评估这两个案例所展现的参与有效性情况（见表5—4）。

表5—4　新媒体环境下价值聚合类公民参与公共决策有效性案例比较

衡量标准	具体要求	重庆公交车坠江	雾霾治理
实现权力分享	在决策中吸纳和体现民意	√	×→√
充分交流讨论	向所有公民开放	√	√
	自由交流的媒介空间	√	×→√
	公共理性的公共舆论	×	×→√
必要的舆论引导	及时回应相关诉求	×	×→△
	提供翔实的相关事实	×	×→△
扶助弱势群体	赋予弱势群体平等表达的机会	×	×

注：" × "表示未达到具体要求；" √ "表示达到具体要求；" △ "表示一定程度上达到要求。

首先，从实现权力分享角度来看，两个案例中所汇聚的民意最终均在公共决策过程中起到了一定作用。具体而言，重庆公交车坠江事件，虽然网民舆论出现了多次反转，但最终向着理性批判方向发展，并形成了以对乘客刘某和司机的谴责以及其他乘客应当进行阻止为主导的舆论。最终最高人民法院、最高人民检察院和公安部联合发布《关于依法惩治妨害公共交通工具安全驾驶违法犯罪行为的指导意见》，将公众关注的议题纳入公共决策。而公民呼吁参与雾霾治理的过程则体现了政府部门在公共决策中从无视民意到吸纳民意的转变。雾霾出现的早期，虽然公众已开始密切关注该议题，并多方呼吁政府部门出台有力举措予以治理，但此时政府部门采取"鸵鸟"策略，不予回应，甚至出现扭曲事实、删帖等行为。随着雾霾问题愈演愈烈，公众参与意识的觉醒和相关知识的普及，有关雾霾的网络讨论也愈发升温。面对汹涌的民意，政府部门经过多方权衡，开始吸纳民意，将雾霾治理提上决策日程。

其次，从充分交流讨论的标准来看，两个案例则呈现出较大差异。重庆公交车坠江事件中，公众可广泛介入相关讨论，且有较为自由的舆论环境，但由于缺乏准确信息和政府部门的合理引导，舆论呈现出较强的无序性。在弄清事实真相前，网络舆论经历了多次反转。最开始有媒体曝出"小轿车女司机逆行"的谣言，官方新媒体账号对该谣言的背书更加速了其传播，并最终助推了针对女司机的网络暴力。在小轿车司机真相被澄清后，又传出有关公交车司机疲劳驾驶的谣言，各大媒体、大V又纷纷转载具有吸睛标题的谣言，网民针对公交车司机的网络暴力再起。尽管在真相得到澄清后，网络舆论终回归理性，但其间的多次反转以及多次网络暴力则与缺乏有效参与衡量标准的第三条"必要的舆论引导"密不可分。由于公民呼吁雾霾治理是一个长期的过程，该案例中的交流讨论呈现出从不充分到相对充分的转变。随着新媒体技术的不断普及，越来越多的公民可以更便捷地介入有关雾霾的相关讨论。因而，向所有公民开放这个具体要求已基本被满足。雾霾出现早期，由于政府部门的认识不足以及应对舆情经验的缺乏，采取了一些粗暴方式抑制舆论扩散。这种应对方式将公民推向了政府的对立面，网络舆论由此也开始出现了一些情绪性宣泄。后期，随着公民与政府对雾霾议题认识的加深，交流讨论空间日趋自由，舆论也愈发理性客观。

再次，从必要的舆论引导方面来看，两个案例同样展现了不同特征。重庆公交车坠江案中，虽然案件本身有其复杂性，相关证据的收集需要时间（如打捞公交车黑匣子难度较大），但政府官方媒体在没有确认事实的前提下，加入谣言的扩散传播，无疑对舆论造成了十分负面的影响。而相关事实信息发布不及时，更为谣言传播和网络暴力留下了极大空间。雾霾事件早期，政府部门采取回避态度，无视公民诉求，致使多数公民关注的核心议题得不到解答，如雾霾的真正成因是什么？对健康有无危害？戴口罩有没有用？有报道称，2011 年曾有网友要求北京市环保局根据信息公开原则公布 PM2.5 数据，但遭到了后者拒绝。① 在此阶段，政府部门不仅不积极回应，甚至还出现了歪曲事实的相关言论，如官方媒体发布的《盘点雾霾带来的五大意外收获》，试图左右舆论。雾霾事件后期，政府意识到新媒体时代对空气污染相关信息的封闭是无效的，开始将 PM2.5 纳入检测标准并向社会公开，一定程度上满足了公民对于雾霾相关信息的需求。但这种回应仍是不足的，正如有学者指出，长期以来，政府部门并没有给出关于雾霾成因的权威定论，且相较于公民的积极参与，政府主体的参与是相对不足的。李明德等人通过对微博上雾霾议题叙事主体的统计分析发现，发声主体是相对单一和不平衡的，其中普通公众占比 56%，而政府仅占 16.2%，专家和环保组织共占比不足 10%。② 然而，雾霾议题的深入讨论显然需要一定的专业知识，参与主体的不平衡性无疑会制约公民就此议题的理性、客观参与，从而影响公民参与的有效性。

最后，从扶助弱势群体的标准来看，两个案例均未体现对于弱势群体的倾斜，特别是新媒体环境下"数字鸿沟"的出现，使得这部分群体在类似的热门公共事件探讨中"集体失声"。通过百度指数提供的关键词"人群画像"功能，我们可以初步对参与这两个案例讨论的网友的地域分布特征有个整体把握，如图 5—2 所示。可以发现，积极参与案例讨论的网友几乎均是来自事件发生地。如重庆公交车坠江案中，来自四川省的网络讨论位居第二；而雾霾治理案例中，由于雾霾常发生于京津地区，网络舆论多集中于北京地区。除了事件直接牵扯到的地区，参与讨论的几乎均是经济较为发达地域的网友。这表明，经济较为发达地区的公民相较于欠发达地区的公民，更具备参与条件，也更愿意参与到网络讨论中来。

---

① 《专家解读：不公布 PM2.5 数据是很正常的事情》，观察者网，2011 年 12 月 9 日，https：//www. guancha. cn/ZhangRui/2011_12_09_125630. shtml.

② 李明德、张玥等：《2014—2017 年雾霾网络舆情现状特征及发展态势研究——以新浪微博的内容与数据为例》，《情报杂志》2018 年第 12 期。

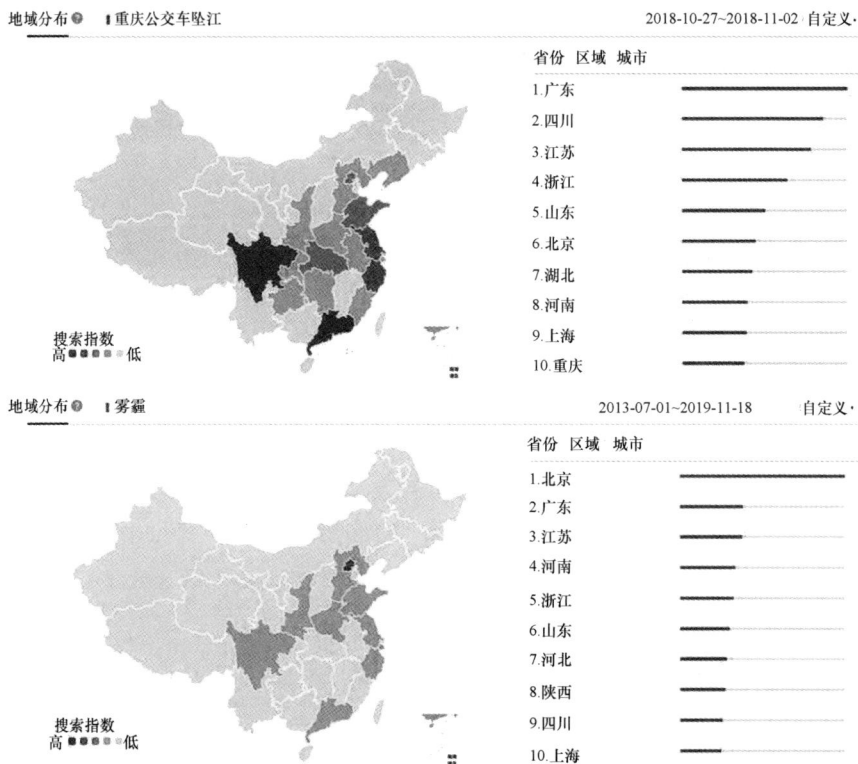

省份 区域 城市

1.广东
2.四川
3.江苏
4.浙江
5.山东
6.北京
7.湖北
8.河南
9.上海
10.重庆

搜索指数
高 ●●●●●● 低

地域分布 ▮雾霾　　　　　　　　　　　　　　　2013-07-01~2019-11-18　　自定义▾

省份 区域 城市

1.北京
2.广东
3.江苏
4.河南
5.浙江
6.山东
7.河北
8.陕西
9.四川
10.上海

搜索指数
高 ●●●●●● 低

图5—2　百度指数"重庆公交车坠江"和"雾霾"搜索人群画像地域分布

　　综上所述，从我们构建的有效参与衡量标准来看，重庆公交车坠江事件中，虽然公民通过在新媒体中的自由讨论汇聚出共识，最终推动了公共决策的调整，但由于政府部门缺乏对事件的有效引导，致使整个过程谣言四起、网络暴力频现，因此是相对低效的。雾霾治理涉及公民的长期参与过程，参与的有效性也经历了从低效到有效的转变。具体而言，在雾霾议题出现早期，由于尚处于新媒体的萌芽时期，政府部门对雾霾、新媒体等新生事物的认识明显不足，因而在引导舆论、提供交流空间等方面表现较差。此后，随着相关知识信息的普及和观念意识的转变，政府部门逐步正视雾霾问题，并与公民间形成了良性互动，开始注重民意的吸纳。虽然政府部门在及时回应诉求和信息公开方面仍有进一步提升的空间，但整体而言，此时公民参与雾霾治理决策的有效性已相对较高。

第三节 建言献策类公民参与

一 内涵特征

新媒体环境中的建言献策类公民参与公共决策，主要发生在政策规划阶段。在此阶段，由于需要确定政策目标、设计备选方案并对备选方案进行评价和择优，这些对专业性和技术性要求较高，因此，公民可以参与的深度是相对有限的。但新媒体环境汇聚激发的民智增量是十分可观的。通过交流互动和知识共享，公民可能发现决策的缺陷，提出建设性意见以弥补行政专业人员的不足，促进公共决策的科学化。从参与层级的角度来看，建言献策类公民参与属于政治咨询，公民与政府间存在着信息交流，且公民的意见和建议可能直接被政府采纳，但政府部门仍然掌握着最终决策权和对参与过程的控制权。因此，建言献策类公民参与的显著特点是政府主导的信息的双向流动，即政府就决策向公民展开政治咨询，但政府仍然掌握着最终决策权。公民与政府间本质上仍然是政府居于主导地位的不对等权力关系。新媒体环境赋予了建言献策类公民参与更多可能，政府部门主动就公共决策开展意见征集，利用新媒体多方邀请公民贡献民智，主要表现为各大政府门户网站的意见征集、法律草案意见征集、网络听证会、领导信箱、各大网络问政平台等形式。

由于建言献策类公民参与以促进公共决策科学化为主要目的，因此，其有效性程度主要从以下两个方面衡量：第一，充分交流讨论。新媒体环境中的交流讨论甚至辩论可以激发民智，实现知识增长，从而促进高质量建言献策的形成。要实现这一目的，政府部门首先需要保障有足够数量的公民参与进来。这又进一步依赖两个前提：其一，公民知晓相关决策进行意见征集或了解建言献策的渠道；其二，公民愿意花费一定时间精力和经济成本参与进来。公民参与人数和所提意见数量是这一标准的直观衡量。参与人数多、所提意见多，表明政府对意见征集活动进行了一定的宣传推广，公民知晓并参与建言献策。尽管有些专业领域的公共决策对公民的知识水平、专业技能要求较高，公民参与此类决策的积极性相对有限，但政府部门仍然需要保证意见征集活动的知晓率，将决定参与还是不参与的权利交给公民。此外，政府部门的意见征集类活动还需保障时间的充裕性，即考虑到决策事项的复杂程度，给公民以充足的时间准备和思考。第二，参与结果充分说明。虽然公民建言献策并不一定能够分享政府的决策权。但政府应对公民建言献策的结果进行统计分析和解释说明，并及时并反馈给公民。具体包括公民参与的人数，提出了哪些意见建议，哪些意见建议被采纳及为什么被采纳，哪些意见建议没有被采纳及为什么不采纳。对结果的分析和说明反馈，一方面，有助于政府部门对公民所提意见建议进行评估衡量，以在必要时对决策进行相应修正；另一方面，有助于使公民感到自身的意见建议得到了政府的重视和尊重，从而保障和提高公民参与的积极性（见表5—5）。

表5—5　新媒体环境下公民有效参与公共决策的衡量标准：建言献策类

类型	衡量标准	具体要求
建言献策	充分交流讨论	对意见征集活动或建言献策渠道进行宣传推广 有一定数量的参与人数和意见建议 征求意见时间充裕
	参与结果充分说明	及时报告参与结果，包括参与人数，汇总意见建议，意见建议的采纳/拒绝情况及原因

二　案例引入

当前，政府部门在正式出台各类法律法规和政策性文件前，普遍会向公众进行意见征集，以使公民可以提供政府部门所遗漏的信息和欠缺的知识，从而提高公共决策的科学性。具体机制为政府部门在起草相关草案后，通过政府门户网站发布通告向公众公开征求意见，并列明征求意见的起止时间、方式方法等。公民在规定时间内，通过规定的渠道建言献策。政府部门收集公民意见建议并进行统计分析，在此基础上多方论证，决定是否需要据此对决策进行修正。最后，政府将公民参与的具体结果详细反馈给公民。接下来，我们将引入2018年两大热点舆情事件——"问题疫苗事件"和"滴滴顺风车乘客遇害系列事件"及其后续决策出台的意见征集过程作为案例。《2018年中国互联网舆论分析报告》的统计显示，这两个舆情事件受到了全国人民的广泛关注，位列2018年前十大热点舆情事件。① 两个事件后续均导致政府部门出台相关决策，并向公民进行意见征集。我们通过对比分析这两个典型案例，来说明我国现阶段建言献策类公民参与的具体运作机制及存在的问题。

（一）问题疫苗事件及《疫苗管理法》的出台

2018 年 7 月 15 日，国家药品监督管理局发布通告指出，长春长生生物科技有限公司冻干人用狂犬病疫苗生产存在记录造假等行为。19 日，《吉林省食品药品监督管理局行政处罚决定书》提及长生生物百白破疫苗检验不合格。21 日，一篇名为《疫苗之王》的文章引爆整个舆论圈，各大媒体均出现了针对疫苗事件的相关报道，一时间此事成为人们议论的热点。事件发生后，相关部门和国家领导人都针对此事快速做出了反应。22 日，国务院总理李克强就疫苗事件作出批示。23 日，习近平总书记就疫苗事件作出重要指示，要求有关部门高度重视，立刻调查事实真相，一查到底，严肃问责，依法从严处理。23 日，中国证监会对深交所上市公司长生生物立案调查；24 日，长春长生已被国家药监局会同吉林省食药监局立案调查，其母公司长生生物也被证监会立案调查；29 日，依据《中华人民共和国刑事诉讼法》第 79 条规定，长春新区公安分局以涉嫌生产、销售劣药罪，对长春长生生物科技有限责任公司董事长高某芳等18 名犯罪嫌疑人向检察机关提请批准逮捕；根据习近平指示和李克强要求，国务院建立专门工作机制，并派出调查组进驻长春长生生物科技有限责任公司进行调查；同时对其采取了股份限售和账号冻结等措施。至此，疫苗事件引发的网络舆情基本平复。对网民话题的分析数据显示，34% 网民呼吁严惩涉事企业及责任人；20% 担忧问题疫苗带来健康隐患；17% 认为疫苗监管存在漏洞；12% 追踪问题疫苗的具体流向。② 可以看到，此次事件的爆发凸显了我国疫苗管理关键环节的相关法律法规的缺失。

为杜绝问题疫苗事件重演，党中央、国务院高度重视人民群众用药

① 祝华新、廖灿亮等：《2018 年中国互联网舆论分析报告》，载《2019 年中国社会形势分析与预测》，社会科学文献出版社 2019 年版，第 265 页。

② 蚁坊软件：《长春长生疫苗造假事件》，蚁坊软件网站，2018 年 7 月 27 日，https://www.eefung.com/hot-report/20180727162910/.

安全，要求用最严谨的标准、最严格的监管、最严厉的处罚、最严肃的问责（简称"四最"）加强疫苗监管。为了规范疫苗研制、生产、流通及预防接种，保障和促进公众健康，维护公共安全，按照党中央、国务院部署和要求，市场监管总局会同有关部门起草了《中华人民共和国疫苗管理法（草案送审稿）》（以下简称送审稿），于2018年11月报送国务院。收到送审稿后，司法部立即征求了有关部门、省级人民政府、部分协会和企业的意见，赴疫苗生产企业进行调研，召开座谈会听取疫苗生产企业、疾病预防控制机构、接种单位、地方监管部门和专家的意见。在此基础上，司法部会同市场监管总局、药监局、卫生健康委等部门对送审稿作了研究、协调、修改，形成了《中华人民共和国疫苗管理法（草案）》（以下简称《草案》）。《草案》前后共三次向公众公开征求意见。

2018年11月11日，国家市场监管总局在其门户网站发布《中华人民共和国疫苗管理法（征求意见稿）》及起草说明，公开向社会公众征求意见。第一次公开征求意见截至11月25日，历时15天。公众可以通过电子邮件和邮寄信件两种方式建言献策。中国政府网、新京报、多家微信公众号、微博官方账号均转载了该信息，引发了公民的广泛关注。但通过对公开信息的检索，并未发现对第一次公开征集意见的公民参与结果的反馈说明。

2019年1月4日，第十三届全国人大常委会第七次会议对《草案》进行了审议后，即在中国人大网进行公布，并开始第二次公开征求意见，截止日期为2月3日。在此次意见征集中，公众可直接通过中国人大网的"法律草案征求意见"平台建言献策，亦可通过邮寄信件的形式参与。中国人大网的数据显示，此次意见征集共有977人次参与，收集意见2809条。4月20日，全国人民代表大会宪法和法律委员会发布《关于〈中华人民共和国疫苗管理法（草案）修改情况的汇报〉》，详细说明《草案》征求了哪些方面的意见，包括各有关政府单位，各疫苗生产、配送、疾控、接种企业/单位，以及专家、协会、机构、公众等。《汇报》就《草案》依据收集到的意见进行修改的情况进行了列举，主要集中在5个方面的内容：①对疫苗研制和创新的激励和支持不够，建议增加相关规定；②建议增加对急需疫苗可以免于批签发的规定；③建议进一步加强预防接种管理，规范预防接种行为；④预防接种异常反应认定标准过于严格、补偿范围过于狭窄，建议修改；⑤加大违法处罚力度，提高违法成本。

2019 年 4 月 26 日，第十三届全国人大常委会第十次会议对《草案二次审议稿》进行审议后在中国人大网上进行公布，并开始第三次公开征求意见，截止日期为 5 月 25 日。此次意见征集方式与第二次相同，均可通过中国人大网和信件邮寄两种方式进行。中国人大网的统计数据显示，第三次公开征求意见共 423 人次参与，收集意见 1107 条。6 月 25 日，全国人民代表大会宪法和法律委员会发布《关于〈中华人民共和国疫苗管理法（草案）〉审议结果的报告》，说明在《草案二次审议稿》的基础上广泛征求公民意见后进行的修改。主要修改意见集中在以下 7 条：①疫苗管理法和药品管理法重复的内容不作重复规定；②进一步完善疫苗信息公开，保障公众知情权；③传染病暴发、流行时期的应急保障措施；④提高罚款额度，增加处罚种类；第⑤到第⑦条为对具体条目的进一步修改。

经过半年时间三次公开征求意见，2019 年 6 月 29 日，第十三届全国人大常委会第十一次会议表决通过了《疫苗管理法》，并于 2019 年 12 月 1 日起施行。

（二）滴滴顺风车乘客遇害系列事件及网约车管理规定的出台

2018 年，滴滴网约车一系列舆情事件的爆发，引发了公众对于"网约车司机从业资格把关不严、网约车企业无牌照经营、网约车车辆审核不严、网约车企业责任承担等诸多问题的高度关注和质疑。"①"郑州空姐滴滴顺风车遇害事件"和"乐清幼师滴滴顺风车遇害事件"将网络舆论推至顶峰，呼吁强化网约车管理的舆论迅速爆发。为回应公民诉求，交通运输部于 2018 年 5 月 11 日发布了《关于加强和规范出租汽车行业失信联合惩戒对象名单管理工作的通知（征求意见稿）》，公开向社会各界征求意见。通知显示，意见反馈截止时间为 5 月 25 日；公众可通过发送电子邮件和邮寄信件的形式提出意见，并标明了电子邮箱和通信地址。同日，交通运输部在其官方微信公众号发布《请对加强和规范出租汽车行

---

①　黄扬、李伟权：《网络舆情推动下的网约车规制政策变迁逻辑》，《情报杂志》2018 年第 8 期。

业失信联合惩戒对象名单管理工作提建议～》，号召公众建言献策。搜狐、新浪、腾讯等各大新媒体平台均进行了转载。然而，交通运输部在意见反馈截止后，并未就公众参与情况进行说明反馈。通过检索，也没有发现对此次意见征集活动的后续报道。在此次活动中，有多少人参与、征集意见条数、意见采纳情况甚至意见征集后续是否出台了正式规定等等均无下文。

2018年5月24日，交通运输部印发《出租汽车服务质量信誉考核办法》，以进一步完善出租车服务的信用管理体系。随后，各级地方政府据此纷纷出台本地方的相关考核办法。以深圳市为例。2018年12月3日，深圳市交通运输局通过其门户网站发布《深圳市网络预约出租汽车服务质量信誉考核办法（征求意见稿）》向社会公开征求意见。公众可在2018年12月3日至7日，通过电子邮件、信件或直接通过网络平台留言三种形式建言献策。12月4日，深圳交通在其官方微博账号转载了该信息，人民网、凤凰网均对该征集意见活动进行了报道。2018年12月18日，深圳市交通运输委在其门户网站发布了《关于征求〈深圳市网络预约出租汽车服务质量信誉考核办法（征求意见稿）〉意见的反馈》（以下简称《反馈》）。该《反馈》罗列了收集到的全部22条意见，并将意见进行分类，同时对反馈意见的具体内容、是否采纳以及处理情况一一列举。

三　有效性分析

以上三个决策公开征集意见过程代表了近年来我国公民通过新媒体参与建言献策活动的典型运行机制。在这些案例中，有的是切实希望通过公民的建言献策增加决策的科学性和合法性；有的则是照章办事，履行公开征求意见的义务，公民参与仅具有象征性意义。我们同样依据第三章所构建的公民有效参与公共决策的衡量标准来分析三个案例的有效性情况及存在的问题（见图5—3、表5—6）。

《深圳市网络预约出租汽车服务质量信誉考核办法》（征求意见稿）反馈意见整理及采纳情况

序号	意见分类	反馈意见	是否采纳	处理情况
1	经营者服务质量信誉考核	建议第十条中"网约车经营者质量信誉考核对象是在考核周期内拥有本市网约车经营许可且已实际运营的企业"修改为"网约车经营者质量信誉考核对象为在考核周期内拥有本市网约车经营许可且已实际运营的企业或企业分支机构"。	采纳	考虑到网约车经营平台实际情况及未来发展趋势，该条建议可采纳。
2		建议删除第十二条第一款"企业经营许可证、营业执照"。	采纳	考虑到企业更改相关信息的情况极少，且企业再更改相关信息后会及时报送主管部门，为减轻企业报送负担，该条建议可采纳。
3		建议第十二条第四款中"百万车公里交通责任事故伤人率、百万车公里交通责任事故死亡率、交通违法行为"修改为"考核周期内存在网约车辆总运行里程"。	部分采纳	部分采纳意见。该项档案内容主要记录网约车经营平台安全运营情况，交通责任事故伤人率、死亡率是其中的关键指标，不宜删除。因此，删除第十二条第四款中"交通违法行为"的表述，保留"百万车公里交通责任事故伤人率、百万车公里交通责任事故死亡率"的要求。
4		建议第十二条第五款的"运营违规行为"修改为"企业运营违规行为"。	不采纳	考虑到交通运输主管部门拟建设公共交通行业诚信平台，对网约车驾驶员的运营违规行为将实施联合惩戒，该项信息可收集掌握。
5		建议第十二条第七款中"包括政府及部门表彰奖励、社会公益、新能源车辆使用等情况"修改为"包括政府及部门表彰奖励、社会公益、新能源车辆使用、支持国家产业结构调整、扩大社会就业、节能减排贡献等情况"。	不采纳	意见提及"支持国家产业结构调整、扩大社会就业、节能减排贡献等情况"难以进行指标量化。
6	奖惩措施	建议第二十三条中"市出租汽车行政主管部门可给予以批准"修改为"市出租汽车行政主管部门可优先予以批准"。	采纳	交通运输部《出租汽车服务质量信誉考核办法》第三十一条第一款第二项规定中存在"在符合法定条件下，可优先予以批准"的规定，为与交通运输有关规定保持一致，该条建议可采纳。
7		建议删除第二十六条"对服务质量信誉考核等级被评为B级的网约车经营者，市出租汽车行政主管部门可暂停平台驾驶员从业资格注册或延续注册申请"。	不采纳	首先，国家办法第四十三条规定：省、市交通运输主管部门可依据本办法细化考核标准、考核方式及奖惩措施等。本考核办法在国家考核办法基础上，结合本市网约车行业发展实际情况，细化有关奖惩措施，符合国家考核办法有关精神；其次，我市网约车经营者众多，驾驶员有权选择适宜的平台企业开展运营业务，暂停服务质量信誉考核等级B级平台驾驶员从业资格注册或延续注册申请并不损害驾驶员有关权利。
8		建议删除第二十八条。	不采纳	根据交通运输部《出租汽车服务质量信誉考核办法》第三十三条规定："出租汽车企业有下列情形之一的，设区的市级以上出租汽车行政主管部门应当按照职责分工，视不同情形，将其已评定考核等级降级，并报上级交通运输管理部门备案：（一）发生一次死亡3人以上交通事故且负同等、主要或全部责任的；（二）发生一次重大恶性服务质量事件的；（三）组织或引发影响社会公共秩序、损害社会公共利益的停运等群体性事件的"，因此，本办法不宜删除该项规定。

图5—3　《深圳市网络预约出租汽车服务质量信誉考核办法》
（征求意见稿）反馈意见及采纳情况

表5—6　新媒体环境下建言献策类公民参与公共决策有效性案例比较

衡量标准	具体要求	《疫苗管理法》意见征集	交通运输部出租车相关规定意见征集	深圳市出租车相关规定意见征集
充分交流讨论	对意见征集活动或建言献策渠道进行宣传推广	√	△	△

续表

衡量标准	具体要求	《疫苗管理法》意见征集	交通运输部出租车相关规定意见征集	深圳市出租车相关规定意见征集
充分交流讨论	有一定数量的参与人数和意见建议	√	—	√
	征求意见时间充裕	√	√	×
参与结果充分说明	及时报告参与结果，包括参与人数，汇总意见建议，意见建议的采纳/拒绝情况及原因	△	×	√

注："×"代表未达到具体要求；"√"代表达到具体要求；"△"代表一定程度上达到要求；"—"代表未报告。

首先，从充分交流讨论这一衡量标准来看，《疫苗管理法》立法过程中的交流讨论是最为充分的。自 2016 年开始疫苗事件频发，公众对于疫苗问题高度关注。2018 年长春生物疫苗事件再次牵动了公众敏感的神经。从 2018 年 7 月问题疫苗曝光到 2019 年 6 月《疫苗管理法》出台，在如此短的时间内出台一部专业性极强的法律，展现了政府回应民众关切的决心和能力。全国人大常委会法制工作委员会行政法室主任袁杰在接受采访时指出，"最广泛、最大范围地征求意见"保证了本次立法的质量和可操作性。①《疫苗管理法》前后经三次公开征求意见，多家媒体平台对意见征求活动进行了转载宣传，保证了征求活动的曝光率。三次征求意见均规定了相对充裕的时间范围，累计超过 70 天。中国人大网上的公开资料显示，仅通过人大网"法律草案征求意见"平台参与《疫苗管理法》建言献策的就累计达 1400 人次，提出了 3916 条意见。但出租车管理相关规定的意见征集活动在充分交流讨论上则表现相对较差。不论是交通运输部还是深圳市交通运输局对于意见征集活动的宣传推广都是不足的，仅有有限的几家媒体发布了相关信息，公众的知晓率相对较低。在时间充裕度保障方面，《深圳市网络预约出租汽车服务质量信誉考核办法（征

---

① 法制日报：《中国首部疫苗管理法：用最严制度维护人民身体健康》，新华网，2019 年 7 月 2 日，http://www.xinhuanet.com/politics/2019 – 07/02/c_1124696747.htm.

求意见稿)》仅留给公众 4 天时间来提意见建议，相对较为仓促。

其次，从参与结果充分说明来看，三个案例同样体现了较大的差异性。《疫苗管理法》虽然保障了公众的充分交流讨论，并且及时对参与结果进行了反馈，但其反馈报告仍是概括性的。特别是对于收集到的意见的整体情况并未进行说明，仅就核心的几点建议的采纳和法案修改情况进行了阐述，而未采纳意见有哪些及为何未被采纳则未予以解释。如果说《疫苗管理法》的意见征集活动反馈是不足的，那么交通运输部《关于加强和规范出租汽车行业失信联合惩戒对象名单管理工作的通知（征求意见稿)》的意见征集则根本未进行反馈，政府并未走完建言献策类参与的全部流程。这使得公民的建言献策沦为象征性参与，至于参与之后产生了何种影响则更无从知晓。三个案例中，深圳市交通运输局对于公民建言献策的反馈是最为及时充分的，该反馈公开通报了所有收集到的意见的内容、意见是否采纳以及处理情况。

最后，《疫苗管理法》立法过程中公民参与的有效性是较高的，这种高效参与同时也保障了法案的迅速出台、高质量和可操作性，是新媒体环境下公民有效参与建言献策的典型案例。但在参与反馈方面，仍有提升的空间。而出租车管理相关规定的意见征集活动则在不同方面表现出一定的低效性，没有实现促进公共决策科学化的目的。

第四节　沟通咨询类公民参与

一　内涵特征

新媒体环境下的沟通咨询类公民参与公共决策，是以增进公民对决策的理解和认同、增强决策可接受性为目的的，主要发生在政策合法化阶段。政府需要对已通过的决策进行宣传解释，以帮助公民理解决策，进而更好地执行决策。在沟通咨询类公民参与中，政府和公民均可作为主动方。具体而言，公民可以主动通过多种渠道获取政策信息，政府亦可主动利用各种媒体对决策进行答疑解惑。新媒体为沟通咨询类公民参与提供了更为丰富便捷的渠道，如在线问答、在线访谈、领导信箱等形式。由于在此阶段，公共决策已经形成，此类公民参与就以关于决策制定过程和实施的沟通交流为主要内容，以保证公民形成对决策的正确认知，增强对决策的接受性，最终确保决策的顺利执行。

因此，沟通咨询类公民参与的有效依赖于三个方面的要求：第一，决策方案充分说明。充分说明又涉及两方面的具体要求，一是对决策方案的解读解释要尽可能多地覆盖受影响群体；二是要利用多种新媒体渠道，提供多角度、多方位的解读。第二，沟通氛围平等宽松。在新媒体环境下，公民的思想观念、价值偏好十分多元和分散，同时人们思维活跃、注意力短暂。为适应这种注意力"短、平、快"的特点，要以生动有趣、轻松活泼等公民喜闻乐见的形式进行决策解读，才能让公民更愿意、更有兴趣去了解决策。第三，沟通过程及时有效回应。新媒体的互动性使得公民与政府间的沟通咨询可以实时进行，政府得以更好、更快地回答公民的问题。政府人员设身处地地理解公民，及时、详细、有针对性地解答公民的疑问和问题，有助于公民认同决策，从而保障决策的顺利执行（见表5—7）。

表5—7　新媒体环境下公民有效参与公共决策的衡量标准：沟通咨询类

类型	衡量标准	具体要求
沟通咨询	决策方案充分说明	通过多种渠道进行决策解读，扩大决策解读覆盖面
	沟通氛围平等宽松	创新沟通手段，结合公民喜闻乐见的沟通形式
	沟通过程及时回应	及时、详细、有针对性地解答公民的疑问和问题

二　案例引入

当前，各级政府部门在出台相关决策后，通常会通过多种渠道公开，并对决策进行解读，就决策制定的背景及作用、决策目标、决策方案以及决策过程等予以说明解释，以帮助公民更好地理解决策、认同决策、执行决策。通常各大政府门户网站均开设政策解读类栏目，有的通过文字的形式，发布解读文章；有的通过在线访谈、在线问答等更具互动性的方式，邀请政府相关负责人在线为公民解读决策，通过公民在线提出问题，相关负责人在线回应的形式快速答疑解惑；有的通过在线留言办理系统，公众在该系统中提出问题后，相关负责机构通过该系统及时进行反馈。总的来说，新媒体环境使得沟通咨询类公民参与形式丰富多样，效果大大增强。但即便如此，现阶段有些政府部门仍存在强制推行决策的现象。我们接下来将引入"2018 年个税改革"和"2017 年 12 月郑州限行"两个案例，说明沟通咨询类公民参与在新媒体环境下的具体运作机制和存在的问题。

（一）2018 年个税改革

2018 年 6 月 19 日，《个人所得税法修正案（草案）》（以下简称《草案》）提请第十三届全国人大常委会第三次会议审议，《草案》在起征点、综合征税、专项附加扣除以及税率结构四个方面进行了调整。6 月 29 日，中国人大网公布《中华人民共和国个人所得税法修正案（草案）》，向社会公众公开征求意见。意见征求截止日期为 7 月 28 日，历时 30 天。中国人大网的统计数据显示，共计 67291 人次参与此次意见征集活动，收集意见建议 131207 条。2018 年 8 月 31 日，第十三届全国人民代表大会常务委员会第五次会议审议通过《中华人民共和国个人所得税法修正案》，并宣布自公布之日起施行。

由于个人所得税法的实施涉及公民日常工作生活的方方面面，需要公民切实理解、认同新税法，才能更好的执行。为保障公民正确理解新税法，各级税务机关通过多种渠道、多种形式对新税法进行了多角度解读。2018 年 12 月 19 日，国家税务总局在官网发布《关于全面实施新个人所得税法若干征管衔接问题的公告》，规定了全面实施新个人所得税法后预扣预缴个人所得税的计算方法。12 月 20 日，国家税务总局办公厅通过国家税务总局官方网站发布《关于〈国家税务总局关于全面实施新个人所得税法若干征管衔接问题的公告〉的政策解读》（以下简称《公告》），就《公告》出台的背景、主要内容、施行日期进行了解读。

除了对政策的文字解读外，国家税务总局还通过在线访谈对新税法进行了说明。如针对 2018 年个税改革中首次设立的专项附加扣除，2018 年 12 月 26 日上午 9：00 至 10：00，国家税务总局所得税司副司长叶霖儿、国家税务总局征管和科技发展司副司长陈泗、国家税务总局纳税服务司副巡视员张颂舟就个税专项附加扣除相关问题与网友进行了题为《落实个税专项附加扣除政策　让纳税人及时尽享改革红利（第一期）》的在线交流。1 个小时内，网友共提出了 39 个问题，三位嘉宾均予以详细解答。如网友 613505 提出："假如我在 2019 年取得两个技能人员职业资格证书，可以享受多少钱的继续教育扣除？"叶霖儿答道："根据《个人所得税专项附加扣除暂行办法》的规定，纳税人接受技能人员职业资格继续教育、专业技术人员职业资格继续教育，可以在取得相关证书的当年，按照 3600 元定额扣除。因此，您在一个纳税年度中取得多个技能人员职业资格证书，也按照 3600 元的定额扣除。"2019 年 1 月 9 日上午 10：00 至 11：00，在新税法实施后，国家税务总局又组织了《落实个税专项附加扣除政策　让纳税人及时尽享改革红利（第二期)》的在线交流，邀请国家税务总局所得税司副司长叶霖儿、张峰，国家税务总局电子税务管理中心副主任陈梦林再次就专项附加扣除相关问题进行在线交流，网友共提出了 41 个问题，相关负责人均在线予以解答。此外，为使公民可以随时咨询相关问题，国家税务总局还开设了 12366 纳税服务平台，下设智能咨询、网上留言、在线咨询以及众包互助四个栏目，公民可以通过该平台提问、自主查找获取相关资讯。自开设以来，12366 纳税服务平台共收到留言 388 条，均得到了相关部门的有效回应。

在创新沟通咨询形式方面，各级税务机关纷纷进行了多种尝试。如国家税务总局制作了《90 秒带你读懂减税降费》的动漫，以通俗易通、轻松有趣的形式向公众讲解普及税务知识。厦门市税务局更是开通了"减税降费在厦门"抖音号，借助抖音传播快而广的特点，以公众特别是年轻人喜欢的形式解读税收政策。截至 2019 年 11 月，"减税降费在厦门"抖音账号已推出 87 条抖音短视频作品，粉丝超过 4.1 万人，获赞 14.9 万次，在税收政策解读方面取得了良好效果。

（二）2017 年 12 月郑州限行

为减少机动车污染排放，改善空气质量，缓解交通压力，2017 年 12 月 2 日晚 23：41，郑州市人民政府发布《郑州市人民政府关于实施机动车单双号限行的通告》，规定自 2017 年 12 月 4 日 0 时至 2017 年 12 月 31 日 24 时，在郑州市中心区域内实施单双号限行。然而，这一直接影响公众日常生活的决策的突然出台使不少市民直呼"一头雾水"。12 月 4 日，中共河南省委政法委员会官方微信"中原盾"发布文章《河南车辆"限行 25 问"，全都告诉你》，以问答的形式对限行政策进行解读。然而，这篇文章虽然对限行的具体操作办法进行了解释，但却未能从市民的角度思考问题，无法缓解和消除公民的不满和疑虑。比如有网友问"开车出郑州当天不限，回来当天被限，咋办？"中原盾答"这还能难住你了？错过限行的日期回郑州，或者先回郑州停车、错过限行的日期再让车进三环。"再如，网友问"我要开车出城，但当天我的车限行，那我直接开出城、不在郑州来回跑，可以不？"中原盾答"想得美。凡是在郑州市三环内的道路上行驶，都算违反限行政策，不管你去哪。"固然党政部门的官方新媒体试图以轻松的而接地气的口吻解答公民的疑虑，但正如网友评论所言"党政部门的自媒体号接地气是好事，但把严肃话题娱乐化就太搞笑了。建议雇用专业艺人运营自媒体号，起码那些人能保证娱乐效果"。此外，郑州此次限行政策从发布到实施仅有24小时。而郑州市常住人口上千万，2017年郑州市机动车保有量近400万辆，在24小时内使这些机动车车主全部知晓该政策并执行，无异于天方夜谭。

三 有效性分析

不论是个税改革还是机动车限行，均是会对公众的日常生活产生切实影响的决策。因此，在这些决策出台后，政府更应充分与公众沟通交流，以保障公众认同和理解决策内容，并愿意付诸行动，配合决策执行。我们通过对2018年个税改革以及2017年年末郑州机动车限行两个决策出台后政府在提高公民接受性方面的相关做法，来说明沟通咨询类公民参与的运行机制。这两个案例中公民参与的有效程度的差异是显而易见的（见表5—8）。

表5—8　　新媒体环境下沟通咨询类公民参与公共决策有效性案例比较

衡量标准	具体要求	个税改革	郑州限行
决策方案充分说明	通过多种渠道进行决策解读，扩大决策解读覆盖面	√	×
沟通氛围平等宽松	创新沟通手段，结合公民喜闻乐见的沟通形式	√	×
沟通过程及时回应	及时、详细、有针对性地解答公民的疑问和问题	√	×

注："×"代表未达到具体要求；"√"代表达到具体要求。

首先，从决策方案充分说明的衡量标准看，2018年个税改革中，政府部门就决策出台的相关细节向公众进行了细致说明和解释，基本实现了决策方案的充分说明。个税改革的初始阶段一定会给公民的日常生活带来诸多不便，但政府部门通过充分解读政策、为公众提供全方位的帮助等手段，使得公众最终愿意接纳决策和执行决策。个税改革实施首月，全国个人所得税减税 316 亿元，表明公民基本上已经接受了新税法，并且认真贯彻执行新税法。相比之下，2017 年年末郑州限行政策出台后，政府并未进行详尽的解释和说明，且仅通过有限的渠道向公众告知此项政策。限行首日不少市民还不知道郑州开始实施机动车限行，据报道有 6154 辆车在当日被罚。[①] 究其原因，政府未对方案进行充分说明和广泛宣传应当负有一定责任。

其次，从沟通氛围平等宽松的标准看，在个税改革案例中，国家税务总局不仅通过文字、在线访谈、在线问答、网络留言等形式对新税法进行解读，还制作了税法解读动漫，以更为生动活泼、趣味横生的创新形式向公众进行新税法普及。此外，厦门市税务局还开设了专门的抖音官方账号，录制了一系列原创短视频，紧密贴合新媒体环境下公民特别是年轻人的喜好兴趣进行具有针对性的沟通，取得了良好效果。而在郑州机动车限行案例中，郑州市相关部门虽然也通过官方微信公众号对限行政策进行了解读，但沟通中却言语使用不当，反而加剧了公民对于限行政策的不满。

最后，从沟通过程及时回应的标准看，各级税务机关为保障公民充分理解新税法，通过搭建即时互动平台、安排专业人士 24 小时答疑等形式为公民答疑解惑。而郑州限行政策出台后，政府部门不仅没有设身处地地理解和同情公民，反而使用了戏谑口吻回应公民困惑，使得不少网友反讽道，"怎么样，有没有很人性化？有没有感觉很以人为本？有没有感觉很为人民服务？"，甚至有网友表示"被气笑了"。

通过对两个案例中公民参与的有效性分析，我们认为个税改革案例较为符合我们所界定的沟通咨询类有效参与的衡量标准，整个沟通动员过程取得了良好效果，是较为有效的。而郑州限行政策案例的沟通咨询过程则未能满足我们所界定的衡量标准，是较为低效的。

---

① 河南商报：《限行首日，郑州 6154 辆车闯限行被罚　同一天违规多次上路，不是只罚一次！》，搜狐网，2017 年 12 月 4 日，http：//www.sohu.com/a/208419356_99965877.

第五节　总结

通过对近年来我国新媒体环境下公民参与公共决策的 9 个案例的梳理，本研究对四种类型公民参与的运行机制和有效性进行了比较分析。可以看到，随着新媒体技术的日渐发展，公民通过新媒体参与公共决策也变得愈发常见。在这 9 个案例中，有的展现了政府部门在决策中吸纳民意、汇集民智、提高公民接受性等方面的决心和能力，具有较高的有效性；有的则仅仅是照章办事的象征性参与，有效性较低，反映了现阶段新媒体环境下我国公民参与公共决策中存在的若干问题，这些问题制约了公民参与的进一步发展。

具体而言，"北京文明行为促进社会问卷调查活动""疫苗管理法""2018 年个税改革" 3 个案例表明，新媒体环境下公民参与公共决策可以在我国取得较高程度的有效性，具有极大的潜力。但是，这类理想情境在现阶段仍然只是少数，并未形成常态化，更为常见的是其余 6 个案例中所揭示的状况。在现实中，信息传递类公民参与仍然存在着公民"被代表"的情况，调查设计的不科学、不合理严重制约着对于民意的准确收集。价值聚合类公民参与虽然借由新媒体社会舆论放大器的功能，使得公民发起和推动的决策变迁愈发可行。但在这一路径中，由于政府部门缺乏适当的引导，加之公民缺乏理性批判、平等宽容的精神，极易诱发群体极化、网络暴力等非理性现象。大多数建言献策类公民参与是不充分的，许多公民不知道政府在对公共决策征求意见甚至不了解建言献策的相关渠道。本研究对中国人大网"法律草案征求意见"栏目中自2006 年至 2019 年 11 月 19 日的 170 项法律草案征求意见活动中参与人数和收集意见条数进行了统计。结果发现，参与人数最多的前 15 项法律草案，占据了全部参与人数的 81.81%；收集意见数最多的前 15 项法律草案，占据了收集到的全部意见的 79.96%。也就是说，绝大多数向社会公开征求意见的法律草案，并未吸纳足够的公民参与。新媒体环境虽然使得政府和公民间可以通过更为丰富多样和便捷的形式进行沟通咨询，但现实中，许多决策出台后仍然是简单地强制推行，并未向公民进行充分的解释说明，导致公民对这类决策的不理解和不支持甚至不满，因此决策的执行效果也会大打折扣。此外，新媒体环境下的公民参与公共决策极易受到来自数字鸿沟因素的制约和影响，而我国政府在扶助弱势群体方面仍然有较大的提升空间（见图5—4）。

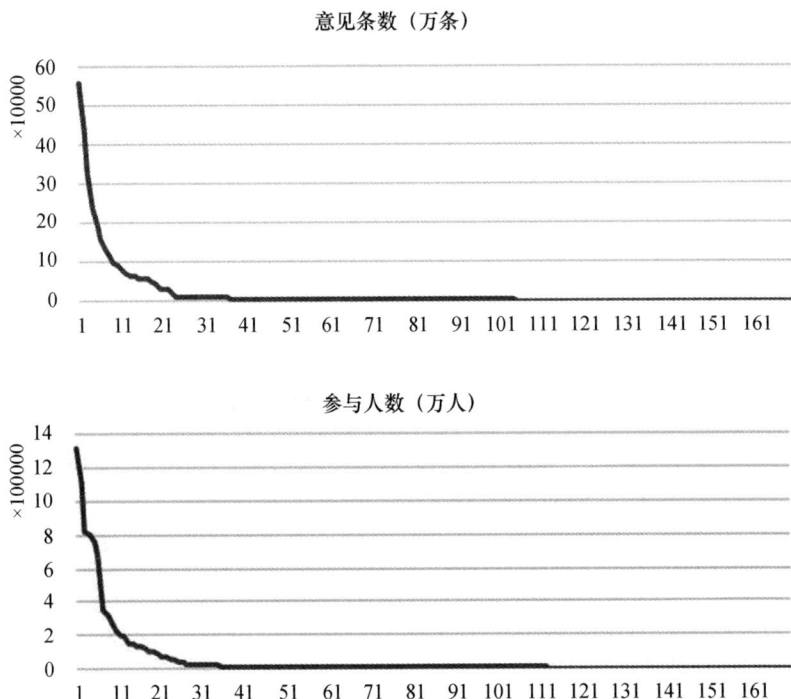

意见条数（万条）

参与人数（万人）

图5—4　公民参与法律草案征求意见的意见条数和参与人数统计

资料来源：中国人大网—法律草案征求意见—已结束征求意见的法律草案，2019 年 11 月 19 日，http：//www. npc. gov. cn/npc/c8195/flcazqyj_zqlist. shtml.

　　总的来说，新媒体环境下现阶段我国公民参与公共决策的整体有效性是十分有限和偏低的，这进一步表明现阶段在公民参与公共决策过程中还存在着诸多制约因素。我们将在接下来的一章对新媒体环境下我国公民有效参与公共决策的制约因素进行深入剖析。

第 六 章

新媒体环境下公民有效参与
公共决策的制约因素

前两章中，本研究全面考察了新媒体环境下我国公民参与公共决策的总体现状及具体特征，并通过对具体案例的剖析揭示了存在的问题。这些问题又源自于一系列制约因素。这些制约因素既有宏观的，也有中观的和微观的；既有来自制度环境的，也有来自文化环境的，它们共同作用、交互影响。本章接下来将深入剖析这些因素是如何制约新媒体环境下我国公民有效参与公共决策的。

第一节 路径依赖效应：公共决策体制的制约

作为制度变迁理论中的重要观点，路径依赖（Pathdependence）指"一些微小时间的结果以及机会环境能决定结局，并且，结局一旦出现，便会产生一条特定的路径。"① 也就是说，一旦一个国家或地区在先前的某一时间点进行了政治选择，后续进程将延续这一路径发展，几无可能被扭转。即便存在着其他选择，但由于"制度矩阵"以及相关行动者的认知框架和行为习惯已然形成，其所筑成的壁垒无形中使得起始选择的扭转成本无比高昂。在新媒体环境下，现有公共决策体制本质上仍然是由政府主导的"信息—权力"垄断体制。公共决策信息和程序不完全公开透明，决策权实际上仍由政府掌握，公众难以对政府的权力形成一定

---

① ［美］道格拉斯·G. 诺思：《制度、制度变迁与经济绩效》，杭行译，格致出版社 2014 年版，第 111 页。

的制约。这一决策体制无疑是受到传统决策体制的路径依赖效应影响的结果，一定程度上制约了公民参与公共决策的效果。

一　"决策黑箱"依然存在

对我国而言，"决策黑箱"的形成与新中国成立初期采取的"全能主义"政治结构密不可分。新中国成立伊始，现代化发展的多重目标以及承袭的部分政治经济传统，必然呼吁一个"强政府"，以在多方压力下承担起现代化建设的重任。正如刘易斯所指出的，"国家越落后，一个开拓性政府的作用范围就越大"①。此时，政府不仅扮演着行政组织的角色，同时还扮演着经济组织的角色；对社会的管理不仅涉及宏观调控，同时还涉及中观和微观管理；广大人民群众虽然被广泛动员起来加入到对各项政策法规的执行和落实中去，却被拒于协商之外。政府管理模式呈现出高度集中的全面控制特点。在传统决策体制中，"重大的决策完全由最高领导人，或各级主要党政领导干部垄断，政府决策的过程则被视为'一把手'们的'一言堂'"②。相对封闭和隐蔽的决策体制，使得公民对于决策过程往往一无所知，"决策黑箱"由此形成。这一决策体制在当时的社会环境下，集中了一切可利用的资源，推动了社会生产力的飞跃式发展，实现了特定历史背景下的特定历史任务，保障了公共决策制定和执行的高效性，但其锚定了我国决策体制的"起始点"，使得后续决策体制的发展仍延续着原有的发展路径。虽然新媒体的快速发展为我国公民参与公共决策带来了许多颠覆性的变革，但公共决策体制的核心本质仍未发生变化，即我国公共决策本质上仍然是以政府为主导的"信息—权力"垄断体制，决策黑箱仍未被彻底打破。具体而言，又进一步体现为政府部门对于决策信息的垄断以及决策权力的集中。

决策信息充分公开是公共决策透明化的基础。决策信息公开不仅是

---

① ［英］阿瑟·刘易斯：《经济增长理论》，梁晓明译，上海人民出版社1994年版，第520页。

② 王绍光、樊鹏：《中国式共识型决策："开门"与"磨合"》，中国人民大学出版社2013年版，第5页。

决策结果的公开，还要求决策依据信息的公开和决策过程信息的公开，[①] 且内含对公开信息的全面性、真实性、及时性的要求。卡尔·多伊奇（Karl Deutsch）在几十年前就指出"政府有点不像是个权力问题，而有点更像是个操控的问题。操控毫无疑问是一个沟通的问题，而信息绝对是沟通的关键。"[②]

传统公共决策体制中，普通公民缺乏获取决策信息的有效渠道，因而公共决策制定被理所应当地视为政府部门的权力。进入新媒体时代，信息变得更可得、更易得，这为公民获取决策信息提供了有力的技术支撑，一定程度上削弱了精英阶层相较于普通公民所拥有的信息优势。公民可以便捷地通过政府门户网站、新闻媒体网站、政务新媒体等渠道获取政府部门公开的相关信息，从而获得了一定的信息权力。然而，现阶段政府部门仍然掌握着有关决策信息公开什么、何时公开、怎么公开的决定权。加之相关制度建设的滞后性，进一步加剧了政府部门对于决策信息的垄断。现实情况是，虽然法律法规对政府信息公开提出了要求，但实际执行情况并不十分理想，决策信息公开不全面、不及时的现象屡见不鲜。究其原因大体可归为两类：首先，政府及公务人员同样具有自利性，有追求自身利益的诉求，甚至可以说"所有组织结构都逃不掉自私的组织规定性"[③]。这导致了一些组织或个人有着利用自身掌握的信息优势谋取部门或个人利益的倾向，因此出于对利益的考量，具有不公开决策信息的动机。其次，由于各类政策规定中对于哪些决策信息应当公开并未进行细致说明，政府部门极易混淆应当公开的信息和保密信息间的界限，更有甚者以信息保密为"挡箭牌"拒绝公开应当为公众所知的决策信息。

整体上看，我国的公共决策信息公开仍处于起步阶段。"HRV 透明度

---

① 钱再见、董明牛：《黑箱何以打开？——公共决策权力运行公开化的路径研究》，《学习论坛》2018 年第 6 期。

② Karl Deutsch, *The Nerves of Government: Model of Political Communication and Control*, New York: Eastern University Press, 2004, Part III, 转引自郑永年《技术赋权：中国的互联网、国家与社会》，东方出版社 2013 年版，第 49 页。

③ 王赓武、郑永年：《中国的"主义"之争》，八方文化创作室出版社 2009 年版，第 378 页。

计划（HRV Transparency Project）"测量了 125 个国家 1980 年至 2010 年政府部门收集和发布汇总数据方面的透明性。数据显示，我国 2010 年的政府透明度得分为 1.16，仅位列第 52 位，低于同处亚洲的韩国（20位）、日本（21 位）、泰国（31 位）等。① 中国社会科学院法学研究所 2019 年 3 月发布的《法治蓝皮书（2019）》在对 2018 年机构改革后的 49 个国务院部门、31 个省级政府、49 个较大市政府以及 100 个县级政府的信息公开工作进行评估的基础上，发现仍分别有 22 个国务院部门（占比 44.90%）、7 个省级政府（22.58%）、12 个较大市政府（24.49%）以及 63 个县级政府（63.00%）未公开自己的法治政府建设情况年报。能够按要求及时公开年报的国务院部门和省级政府竟不足 3 成。② 可见，我国的决策信息公开仍十分不充分。

从决策权的分配来看，由于政府部门相较于普通公众仍掌握着公共决策信息的核心内容，这种信息的不对称使得决策权仍聚集于政府手中，公众很难对政府权力产生实质性的制约。虽然新媒体赋予了公民一定的"自下而上"影响议程设立的能力，且可借由焦点事件形成的舆论洪流促使决策发生变革。但整体上看，公民所拥有的决策权是十分有限的。我们可以从我国政府管理模式的沿革中略窥一斑。如前所述，以高度集权为特征的全能型政府是新中国建设初期我国决策体制的起点。但全能型政府"既错位又越位同时还缺位"③，难以适应发展的需求。因此，改革开放后，注重效率的管理主义以及同时期在西方兴起的新公共管理运动开始在我国盛行开来。政府开始从全能权力中让渡一些权力给其他主体，但仍然主导着社会政治经济生活的方方面面。管理主义对于效率的追求使得政府部门在决策中同样有"效率至上"的倾向，而对于效率的追求极易导致决策的集权化。为了保证决策的高效性，政府部门往往拒绝公民的参与，因为集权制度的拥护者认为：集权意味着高效，民主意味着

---

① Hollyer J. R., Rosendorff B. P. and Vreeland J. R., "Measuring Transparency", *Political Analysis*, Vol. 22, No. 1, 2014, pp. 413–434.

② 陈甦、田禾、吕艳滨等：《法治蓝皮书：中国法治发展报告 No.17（2019）》，社会科学文献出版社 2019 年版，第 207 页。

③ 唐任伍、张伟群、汪路：《管理主义行为的价值迷思及其矫正》，《中国行政管理》2016 年第 1 期。

低效。然而，决策权的过度集中必然导致约束的不足，由此也为寻租腐败等行为留下了空间。新媒体虽然增强了公民进行民主监督的权力，但只有公民的参与行为得到相关部门的注意和重视，才能起到切实作用。如若不然，也仅仅是新媒体环境下浩如烟海的网络言论中的一朵浪花，最终从公众意识中泯然不见。

可见，受传统政府决策模式的影响，政府部门对于决策信息的天然垄断使得公民在公共决策参与中成为劣势一方。而决策权的集中则进一步增加了公民有效参与公共决策的难度，使得公民参与难以起到切实作用。新媒体即便在公民参与公共决策中发挥了重要积极作用，但仍然无法打破传统决策模式的路径依赖效应。孙柏瑛指出，"无疑，在目前的中国公民参与发展中，政府主导是一个基本的现实：绝大多数的参与式管理是由政府启动并指导的，参与的方式是在政府组织的主导下进行的，参与介入的广度与深度取决于政府给予的尺度"①。新媒体通过提供信息向公民进行的赋权，一定程度上促进了"决策黑箱"向"决策灰箱"的转变，但最终实现"决策白箱"仍需要多方努力。

二　传统决策参与程式的制约

新媒体环境下的公民参与是在传统公共决策模式的基础上发展而来的。虽然技术决定派多认为新媒体环境下的公民参与是区别于传统参与的一种"革命性"的参与形态，新媒体塑造了"新公民"，他们更关注全球性议题、更年轻、组织形态更为松散和富有弹性。② 但持社会建构论的学者则认为，与传统决策参与相比，新媒体环境下的公民参与并未发生革命性变革，更多是传统决策参与在新媒体环境中的投射。新媒体对于公民参与的影响，最终还是取决于公民如何使用相应的技术手段，新媒体技术本身并无法改变公民的政治态度和倾向。③ 正如黄春莹和孙萍所总

---

① 孙柏瑛、杜英歌：《地方治理中的有序公民参与》，中国人民大学出版社 2013 年版，第 243 页。

② Cliff Z. , *A New Engagement Political Participation*, *Civic Life*, *and the Changing American Citizen*, New York：Oxford University Press，2006.

③ Hyung L. P. , *Internet*, *Political Participation and New Digital Divide*：*Internet Influence on Political Participation*：*Supplement or Revolution*, Lambert Academic Publishing，2010，pp. 17 – 26.

结的，"网络政治参与能够产生政治参与增量变化，但离不开现实社会既已生成的政治、文化及公民政治素养等因素的影响，因此它只能是一种补充性而绝不是革命性工具"①。也正是基于此，新媒体环境下的公民参与也对传统政治参与具有较大的继承性。加之路径依赖效应导致对于传统公民参与程式的过度依赖，使得新媒体环境下的公民参与往往并不能充分发挥新媒体的技术优势，从而制约了公民参与公共决策的效果。

我们以传统信访和网络信访为例。传统信访中，为了减少进京上访、越级上访等非正常情况的发生，各级高层政府对下级政府普遍实行信访排名制度和责任追究制度。这一初衷对于维持社会稳定起到了一定作用，但也存在严重弊端。在一票否决、零信访的考核压力下，各级政府将控制信访数量作为重点关注对象。也正是因此，针对信访者的蹲点死守、打击报复时有发生。公民传统利益表达渠道作用的发挥因此受到严重制约。新媒体的发展带来了网络信访这一信访的新渠道，使得公民的信访行为变得前所未有的便捷和低成本。网络信访是公民通过新媒体渠道向政府部门反映情况、提出意见建议和诉求的重要渠道，也是政府部门了解民情、获取民意的重要窗口。目前，我国政府部门在各级政府门户网站、政务微博、政务微信等固定或移动终端为公民进行网上信访和网络留言提供了多样化的渠道，丰富了公民参与公共决策的渠道的选择。

但仔细分析网络信访的办理流程，可以发现依然与传统信访流程并无二致。同样依循"公民信访—政府交办—处理—反馈"的路径，流程耗时长且复杂，未能充分利用新媒体的优势。固然网络信访方便快捷，公民通过点击鼠标即可将诉求送达相关政府部门，省却了舟车劳顿等大量的时间、金钱和精力。然而，网上信访自提交之后便进入了漫长的无声等待期，往往经过5个到30个工作日才能得到有关部门的回应。这期间信访究竟进展到哪一步，正在由哪个部门处理，信访者无从知晓。这一方面是由于我国政府体系长期存在的部门间、层级间协调困难和信息壁垒。信访问题往往涉及多个部门、多个层级的政府机构，需要各政府机构统筹协调、信息共享，共同对信访问题予以回应。然而，传统信访

---

① 黄春莹、孙萍：《公民网络政治参与的内涵界定与行为识别》，《理论导刊》2016年第3期。

中的消极回避现象在网络信访中仍然存在，使得有些部门不愿意承担责任，从而存在互相推诿、踢皮球的现象，大大降低了网络信访的实际效用。实际上，新媒体技术所带来的信息海量化、即时性、泛在性为政府部门打破信息壁垒提供了前所未有之机遇，但却并未在现实中得到有效利用。另一方面是由于相关考核监督制度的不健全，进一步导致了网络信访中的政府回应呈现出"选择性特征"。具体而言，"政府并非对所有议题具有同等程度的回应，地方政府对集体性而非个体性表达、本地居民而非流动人口表达的诉求有更好的回应，对低成本且单一性的议题更容易回应"①。也就是说，考核制度的不健全不仅体现在缺乏对于应当录入何种事项的相关具体考核标准，还体现在考核的"自上而下"问责机制，即对上级政府负责，而非以回应公民诉求为根本动力，传统信访考核制度中的绩效考核导向依然存在于网络信访之中。此外，网络信访制度体系中法律法规的缺乏，致使各地网络信访流程无法统一化、标准化，由此也就引发了信访流程的混乱和无序。缺乏政策法规依据的网络信访人员只好借鉴传统信访流程操作，某种程度上"不得不"过度依赖传统程式。

可见，对于传统参与程式的过度依赖，使得传统公民参与中的诸多弊端同样在新媒体环境下呈现。而相关制度体系的不完善，进一步加剧了对于传统参与程式的依赖，这形成了一种恶性循环，导致新媒体的诸多优势无法充分发挥。如何打破思维惯性和体制惯性，建设更符合新媒体特点的决策制度体制是研究者和决策者需要关注的重要问题。

第二节　价值成分与事实成分：决策过程角色和权力配置的制约

公共管理领域有着悠久的价值理性和工具理性争论，从公共行政到治理理论实质上体现着管理主义与宪政主义间的恒久博弈。两大主导范式间的钟摆效应使得各大学派的主导价值在其间不停摆动又呈现融合趋

---

① 孟天广、赵娟：《网络驱动的回应性政府：网络问政的制度扩散及运行模式》，《上海行政学院学报》2018 年第 3 期。

势。从根源上看，公共管理学中的实证主义源自维也纳学派的逻辑实证主义。20 世纪 20 年代，德国哲学家石里克出版的《广义认识论》在对经验主义中合成先验知识批判的基础上，提出了逻辑实证主义，主张知识是通过对观察对象的科学考察和提炼获得的。在这个过程中，应当将主观判断排除在研究之外，因为主观内容会影响逻辑推导的严谨性。由此，区分逻辑的价值成分和事实成分就变得十分必要。不同于事实成分需要基于逻辑化的陈述，价值成分不包含真假、对错。西蒙吸收借鉴了石里克对于事实判断和价值判断的区分，将逻辑实证主义引入公共行政研究。西蒙所提出的"事实—价值二分法"认为，所谓事实判断即是对于事实的收集，是关于现实存在的事物及其运作方式的客观描述，是可以被经验检验的，对应的是"必然问题"；而价值判断则对应"应然问题"，是对主观偏好的表述，无法被证实或证伪。虽然西蒙的——事实"价值二分法"引发了其与罗伯特·达尔和德怀特·沃尔多等著名学者间的激烈争论，但的确为行政学的发展奠定了基石。正如何艳玲所总结的，"公共行政学自产生伊始就在技术理性与价值判断两极中徘徊。前者奠定了西蒙以逻辑实证为方法、以效率为导向的与自然科学类似的研究范式，而后者则作为一种信念支撑了沃尔多以人文关怀为前提的社会科学传统的研究范式"[1]，两者间存在着永恒的冲突与张力。

一 公共决策中的价值成分和事实成分

具体到公共决策中，我们在先前的章节中将公民有效参与公共决策的内涵界定为能够实现解决公共问题的预期目标的程度。具体而言，参与目标包括满足公民公共需求、决策科学化以及可接受性。这里内含了公共决策合法性（Legitimacy）和理性（Rationality）两个根本目标。满足公共需求的程度以及可接受性是公共决策合法性的具体体现，而决策科学化的程度则反映了对于理性的追求。从知识社会学的视角来看，公共决策过程实际上是"一个不同知识进行交涉和得以运用的过程"[2]。公共

---

① 何艳玲：《公共行政学史》，中国人民大学出版社 2018 年版，第 74 页。

② 王锡锌、章永乐：《专家、大众与知识的运用——行政规则制定过程的一个分析框架》，《中国社会科学》2003 年第 3 期。

决策的价值成分一部分可能来源于宪法所阐明的基本目标和价值取向，但往往过于笼统和模糊，更多的是来自公民参与的价值表达以及行政专家自身的价值判断。在确定价值成分的基础上，事实成分则需要行政专家调查获取。一般而言，公共决策参与的主体包括政府部门和公民，而行政专家作为"在知识和信息方面占有比较优势的个人"[1]，常常承担着联系政府与普通公民的重要角色。[2] 行政专家和普通公民由于在专业知识水平以及对于知识利用方式等方面的差异，各自在参与公共决策时扮演着不同的角色，从而对公共决策中合法性和理性部分分别产生了不同影响。王锡锌在其提出的基于知识社会学的公民参与模型中，依据行动者所拥有的知识类型，区分了"大众"和"专家"两个理想类型。他认为，所谓专家是指"处于行政官僚组织之内的专业行政人员"[3]，他们经过长期行政实践累积了专业的系统性知识。这类行政专家拥有的知识是工具理性取向的，主要关注的是实现某个目标的手段问题，类似于威尔逊在《行政的研究》中所说的有关"政府的执行、政府的操作"的事务性知识。政府管理要求行政专家在事务管理中尽可能地排除自身价值倾向的干扰保持价值中立。专家之外的大众则一般包括了普通公民和利益集团，他们不属于行政官僚组织，因而并未有对价值成分和事实成分进行区分的义务。大众的知识总是价值和事实相混合的，他们"不仅追求形式合理性，也追求实质合理性"[4]。由于行政专家和大众在拥有知识类型上的不同，他们在参与公共决策时同样具有不同的理性取向，即专家往往倾向于工具理性，而大众则与价值理性密切相关。

公共决策是以价值判断为先导的。任何公共决策只有在确定价值选择的基础上，才能依据事实手段来实现。相较于大众，行政专家和政府在价值判断上并未有任何优势。韦伯将价值判断理解为"关于受到我们

---

① 杨立华：《学者型治理：集体行动的第四种模型》，《中国行政管理》2007 年第 1 期。

② 吕姝凝、朱旭峰：《技术资源、政府资源与专家学者在群体性事件中的角色——以大庆市铝制品项目事件为例》，《公共管理与政策评论》2019 年第 1 期。

③ 王锡锌、章永乐：《专家、大众与知识的运用——行政规则制定过程的一个分析框架》，《中国社会科学》2003 年第 3 期。

④ 王锡锌、章永乐：《专家、大众与知识的运用——行政规则制定过程的一个分析框架》，《中国社会科学》2003 年第 3 期。

行动影响的现象是卑下的或是正当的实践的评价。"① 价值判断包含了评价者赞成或反对或中立的态度，很大程度上是关于偏好取向的。在民主社会，公共决策的合法性要求其要尽可能获得多数公民的认可和接受，而要实现这一目的，就要求公共决策符合多数公民的价值偏好。那么如何获得公民的价值偏好呢？公民参与无疑是一条较为直接的途径。公民通过参与公共决策表达价值倾向，在公民与公民间、公民与政府间展开协商对话，从而达成某种共识。通过这一过程，不仅公民偏好得以声张，充分辩论同样有助于形成一个更具可行性的公共决策，从而有利于决策的推进和执行。但我们同时应当注意到，诸多公民参与理论均指出，公民参与并不一定会促进公共决策的理性程度。究其原因主要集中于两点：其一，普通公民间的利益诉求往往是不一致的，由此产生的价值偏好也是千差万别的。因此，究竟哪些是"公意"，哪些又是"众意"和"私意"并不是那么易于分辨。其二，由于公共决策关乎未来发展，需要一定的预见性。而普通公民往往缺乏演绎推理的能力，更多考虑眼前利益，无法判断当下方案对于未来的影响。因此，当公共决策的价值成分基本确立后，转向对于公共决策事实成分的建构时，普通公民的知识虽然仍有其价值所在，但更多地是需要通过行政专家的工具理性专业知识，在充分衡量"成本—收益"的基础上，对决策具体手段进行选择和优化，以提升决策的理性程度，从而保障公共决策的有效性。

二 新媒体环境下决策过程角色和权力配置的不合理性

马克斯·韦伯在《社会科学方法论》中指出："只有在依照绝对明确地给定目的而考虑实现目的的恰当手段的情况下，真正可以经验地解决的问题才会出现。"② 也就是说，只有在可以明确界定决策问题的价值成分的基础上，纯粹的对于事实成分的判断才得以存在。然而，现实情况是，公共决策的价值成分和事实成分往往是混淆在一起而难以明确区分

---

① ［德］马克斯·韦伯：《社会科学方法论》，韩水法、莫茜译，商务印书馆 2015 年版，第 151 页。

② ［德］马克斯·韦伯：《社会科学方法论》，韩水法、莫茜译，商务印书馆 2015 年版，第 180 页。

的。特别是在新媒体环境下，公民各方利益偏好均可借由新媒体提供的平等化、多元化、匿名化的平台得以表达。在其中，各种声音均有其现实基础，代表了现实中不同群体间的利益偏好。而这些新媒体中的声音，又构成了一定的事实基础。新媒体环境中，"框架化（Framing）"过程的存在使得哪些事实值得探讨、哪些事实需要报道、对事实应当怎样进行报道等，本身就是经由价值选择后呈现的结果。话语者向观众传达关于问题或事件的事实时，选择使用某些特定的文字、图像、语言、风格等将契合自身价值偏好的议题带入公众视野。这其中，话语者可能是传统精英、媒体、政府，也可能是某些公民或利益集团。

事实上，由于缺乏对决策中事实成分和价值成分的有效区分，我国公民参与和专家理性间长期存在着冲突和张力。一方面，对于专家理性的过度依赖，不可避免地会导向"知识统治"，使得决策权过度集中在行政专家手中，从而具有一定的"反民主"倾向。另一方面，新媒体环境下，扩大了的公民参与要求行政专家对公民诉求予以一一回应，这无疑加大了行政负担，挤占了专家理性分析的空间，限制了专家理性知识的运用，因而加剧了多数暴政、群体极化等无序现象。具体而言，这种对于公共决策中价值成分和事实成分的混淆，使得对于公民和专家的知识在决策体制中的合理运用变得十分困难，公民、专家的角色和权力配置因此也难以平衡。很多时候，在应当充分吸收价值成分的公共决策之中，政府未能及时充分扩大公民参与的范围，一部分群体的价值偏好被排除在决策之外，因而决策最终仅体现了部分群体的利益诉求或价值判断。这类公共决策因缺乏合法性基础，在实际执行中是难以为公众所接受的。如前所述，我国目前的决策体制由于路径依赖效应的存在，还存在着决策信息垄断化和决策权力集中化的现象。在决策制度结构不合理的情况下，公共决策实际上仍然很大程度上是由行政专家主导的，公民知识难以在其中发挥作用，导致部分公民参与沦为"象征性参与"。然而，新媒体技术的发展催生了另一种极端情况。新媒体环境下，公民利益的多元化、诉求表达的海量化，使得行政专家在应对新媒体中的公民诉求的过程中耗费了大量行政资源。然而，众所周知，行政资源是十分有限的，在时间、金钱、人力、物力等方面均有其限度。如此一来，留给行政专家进行理性分析的空间十分有限，不利于理性知识的运用。不论是公民参与的不足，还是新媒体环境下公民参与过度的现象，均不利于公民有效参与，容易导致专家统治或多数暴政。

相似地，当决策进入到事实判断阶段时，由于行政专家专业化水平的不足、专业知识的欠缺，或行政专家出于利益考量而无法做到"价值无涉"，那么其在本应以工具理性为导向进行决策方案设计与选择时，则有"自觉不自觉地以本机关的利益代替公共利益"[①] 的倾向，使得公共决策异化为逐利的工具。从知识社会学的观点来看，行政专家是拥有工具理性的价值中立的专业人员。然而，在现实中，行政专家具有行政人和经济人的双重属性，同样会存在为自身或所处集体利益考量的动机。当通过成本收益分析后，行政专家发现某项决策可能威胁自身或部门利益时，其专家知识理性的作用则会受到抑制，并由此会产生"精神懈怠危险、能力不足危险、脱离群众危险、消解腐败危险"[②]。以网络政府信息公开为例，与传统政务公开相比，由于新媒体环境下信息传递的便捷性、迅速性、广泛性，公民监督也向着纵深方向发展，对于政府的透明度、公正性提出了更高要求，一定程度上对政府部门的自由裁量、寻租空间、部门利益等均造成了较大冲击。通过对成本收益进行衡量，为了维护部门利益，行政专家有着限制政务信息公开范围和内容的倾向，这也部分解释了前面小节中指出的为何我国现阶段公共决策信息公开工作尚有较大提升空间。

可见，新媒体环境下，由于缺乏对公共决策中事实成分和价值成分的有效区分，致使公众参与不足或过度和专家理性缺位的现象同时存在。这种决策过程中角色和权力配置的不合理，严重制约了我国公民参与公共决策的有效性。

第三节　理想情境与现实困境：公共领域和有效沟通条件的制约

自阿伦特（Arendt，1958）提出"公共领域"（Public sphere）这一

---

① 王锡锌、章永乐：《专家、大众与知识的运用——行政规则制定过程的一个分析框架》，《中国社会科学》2003 年第 3 期。

② 习近平：《推进党的建设新的伟大工程要一以贯之》，《求是》2019 年第 19 期。

概念，到哈贝马斯（Habermas，1961）提出公共领域的结构转型，再到网络公共领域（Cyberpublic sphere）的兴起，许多学者认为网络空间逐渐发展成为公共领域的延伸。前文第三章已提出，理想沟通情境的上述四点内涵的实现依赖于公共领域的三个基本条件的满足，即参与主体要遵循自由、平等、理性的普遍原则；公共领域具有开放性，原则上所有人都可以参与讨论；公共舆论是在理性批判的基础上形成的。也就是说公共领域必须具备三个要素：其一，具有批判精神的公众。他们以平等的身份在理性基础上，就共同关注的公共利益展开讨论。个体进入公共领域不应受到其社会阶层、教育水平等社会经济因素的限制，是"'单纯作为人'的平等"[①]。其二，自由交流、充分沟通的媒介。公共媒介对所有公民开放，在其中公民可以公开表达他们对于任何公共议题的看法和意见，其他力量都不应对之形成干扰。其三，能够形成理性批判的公共舆论。[②] 可以看到，哈贝马斯所说的公共舆论，是以理性批判为核心的，是公众在充分交流、理性讨论基础上所达成的理性共识，"公共意见，按其理想，只有在从事理性的讨论的公众存在的条件下才能形成"[③]。公共领域的形成有助于话语民主，从而促进公民有效参与公共决策的实现。

　　关于有效沟通的基本条件，如第三章所述，哈贝马斯提出的四个有效性条件可以简化为三个基本要求：第一，事实陈述的真实性；第二，沟通意向的真诚性；第三，表述话语在行为规范上的正确性。同时，"一个交往行为要达到不受干扰地继续，只有在参与者全都假定他们相互提出的有效性要求已得到验证的情形下，才是可能的"[④]。也就是说，只有当每个沟通参与者都实现了这三个要求并得到其他参与者的认可和接受时，沟通活动才能顺利和有效地进行。实际上这就是北京大学谢立中所指出的，满足这三个基本要求依赖一个重要前提，即言语者和听众必须

---

① ［德］哈贝马斯：《公共领域的结构转型》，曹卫东等译，上海学林出版社 1999 年版，第 41 页。

② 熊光清：《网络公共领域的兴起与话语民主的新发展》，《中国人民大学学报》2014 年第 5 期。

③ ［德］哈贝马斯：《公共领域》，载汪晖、陈燕谷主编《文化与公共性》，生活·读书·新知三联书店 1998 年版，第 126 页。

④ ［德］哈贝马斯：《交往与社会进化》，张博树译，重庆出版社 1988 年版，第 2—3 页。

处于同一话语体系之下。在此基础上，公民才能达成共识。①

然而，哈贝马斯所言的公共领域理想沟通情境和有效沟通是一种"理想化"的场景，我国现阶段仍未形成健康的网络公共领域，有效沟通的基本要求在新媒体环境下也未被满足。这些条件和因素共同制约了我国公民参与公共决策效果的实现，具体可以从以下几个方面来进行分析。

一　网络公共领域的现实困境

新媒体环境下聚集了多元化的公众，他们卸下偏好伪装，以便捷的方式就公共议题展开探讨，形成公共讨论，进而积极影响了公民参与公共决策。然而，尽管新媒体所创造的一定程度上自由、平等、理性的沟通空间有助于公共领域的形成，但现实情境中，新媒体空间中的公众、媒介和舆论这三个方面显然与公共领域的要求仍有距离。

精英化的主体结构。新媒体环境中的话语权仍有可能是被"选择性少数"所掌握的。② 事实上，那些社会经济地位更高的人在新媒体环境中也更热衷于参与讨论。虽然新媒体使话语权从传统媒介中的精英绝对主导向精英与草根共享方向发展，但由于精英阶层在社会、政治、经济、地位等资源方面的巨大优势，相较于普通公众，精英更可能在同等条件下吸引更多的关注、转发和评论，从而成为新媒体中的"主导"力量，其所表达的意见更容易得到广泛的传播。试想，如若是一个没有什么影响力的草根网友在微博上号召大众进行"随手拍照解救乞讨儿童"活动，能有多少人知道并加入其中？而拥有数十万粉丝的于建嵘教授在微博上发出"拍摄接头行乞儿童"的倡议，一经发出就得到了广大网友的广泛赞同和支持，这与其相对较大的影响力和较高的社会地位是密不可分的。此外，数字鸿沟的存在使得新媒体环境下的言论本就是经过选择化的结果，那些在经济、社会地位等方面处于劣势的群体以及对公共议题缺乏兴趣的群体的声音难以在网络空间中得以体现。新媒体环境中的这种精

---

① 谢立中：《哈贝马斯的"沟通有效性理论"：前提或限制》，《北京大学学报》（哲学社会科学版）2014 年第 5 期。

② Stronergalley J. ，"New Voices in the Public Sphere: A Comparative Analysis of Interpersonal and Online Political Talk"，*Javnost-the Public*，Vol. 9，No. 2，2002，pp. 23 – 41.

英气质，加剧了网络空间中的"马太效应"①，在"沉默的螺旋"中，强者愈强，弱者愈弱。

被干预的新媒体空间。哈贝马斯所构建的理想公共领域是建立在国家与社会相分离基础之上的。国家与社会的分离使得两者之间出现了一个中间地带，成为普通大众对权力进行理性批判的场所。这也就是说，理想公共领域应当是脱离于国家和市场的控制而具有独立自主性的。在这样一个独立、自由、平等的空间，公众才有可能在免受其他干扰的情况下，就公共议题进行探讨。然而，我国的新媒体长期受到来自国家和市场两股力量的影响。一方面，政府部门需要利用媒介将官方主导性话语传递给公众，以塑造公众的意识形态。此外，我国政府部门长期施行的网络审查制度，在预防集体行动和网络群体性事件中起到了重要作用。但同时，也对新媒体空间中的自由讨论造成了一定限制，公民可能会形成并强化自我审查的习惯，从而选择远离公共讨论、回避参与公共生活。② 另一方面，市场力量可以经由媒介进入政治领域，逐利化的商业媒介公司可以利用自身优势推动片面的舆论，迎合受众心理，制造即时性、爆炸性的信息吸引流量变现，放大了媒体议程对公众的意识、态度产生的影响。

缺乏理性批判精神的新媒体舆论。"政治公共领域是从文学公共领域中演变而来的；它以公共舆论为媒介，通过影响国家而影响社会需要。"③哈贝马斯认为公共领域中的公共舆论以理性批判精神为内核，且应当以公共议题为主要内容。然而，由于新媒体环境中的泛娱乐化倾向，公众实际上较少关注公共议题。新浪微博发布的用户行为发展报告显示，公众关注的前十大领域是娱乐、搞笑、媒体、情感、时尚、综艺、电影、美妆、美女、体育等内容。④ 此外，由于新媒体易于使具有相似倾向的个

①　王程韡：《从信息鸿沟到虚拟见证：网络公共领域何以可能》，《科学与社会》2012 年第3 期。

②　卢家银：《社交媒体对青年政治参与的影响及网络规制的调节作用——基于大陆九所高校大学生的调查研究》，《国际新闻界》2018 年第 8 期。

③　熊光清：《网络公共领域的兴起与话语民主的新发展》，《中国人民大学学报》2014 年第5 期。

④　新浪微博数据中心：《2018 年微博用户发展报告》，新浪微博，2019 年 3 月 15 日，https：//data. weibo. com/report/reportDetail？id =433.

体聚集在一起，使他们只接触自身感兴趣的信息，久而久之，将会使自身桎梏于如同蚕茧一般的"茧房"之中。这种信息茧房（Information co-coons）为同质化（Homophily）行为提供了便利条件。① 个人的倾向在同质化过程中被进一步加强，增加了跨群体的成本与改变认知图谱的难度，导致了新媒体空间中的"碎片化"现象。② 桂勇、李秀玫等人指出，新媒体对于网民意识形态的极化主要表现在三个方面："一是无意识形态社群逐步式微；二是文化自由主义与爱国主义社群逐渐发展壮大；三是文化自由主义与爱国主义社群之间的联系和交流逐渐减弱。"③ 这种对于不同观点的排斥，增加对于自身观点的片面自信，不利于形成理性观点，由此也更易滋生"群体极化"等非理性现象。

总之，现阶段我国的网络公共领域还存在着诸多现实困境。正如熊光清所总结的，新媒体等现代 ICT 技术仍是一种新技术，"其成熟和发展还需要更多的时间"，而作为新媒体的使用者，"他们的成熟也需要一定的时间"④。健康的网络公共领域尚需要多方共同努力建构。

二　有效沟通的现实困境

前文已经总结出来有效沟通的三个基本要求，即参与主体事实陈述的真实性、沟通意向的真诚性以及行为规范的正确性。只有达到这三个要求，才能使人们之间易于达成共识。然而，新媒体环境下匿名化、广泛化以及信息的海量化等特征增大了实现和满足这三个基本要求的难度。

对事实的真实陈述是困难的。北京大学谢立中引用了毛泽东和梁漱溟的两个陈述来说明传统沟通中对陈述真实性的难以判断，"19 世纪末20 世纪初的中国社会是一个阶级社会"／"19 世纪末 20 世纪初的中国社会不是一个阶级社会"。谢立中指出，在传统"实在论"影响下的人们倾

---

① McPherson M., Smith-Lovin L., Cook J. M., "Birds of a feather: homophily in social networks", *Annual Review Sociology*, No. 27, 2001, pp. 415 – 444。

② Dahlberg L., "The Internet and democratic discourse: Exploring the prospects of online deliberative forums extending the public sphere", *Information*, *Communication & Society*, Vol. 4, No. 4, 2001, pp. 615 – 633.

③ 桂勇、李秀玫等：《网络极端情绪人群的类型及其政治与社会意涵：基于中国网络社会心态调查数据（2014）的实证研究》，《社会》2015 年第 5 期。

④ 熊光清：《中国网络民主中的多数暴政问题分析》，《社会科学》2011 年第 3 期。

向于认为上述两个相互矛盾的陈述中一定有一个是真实的，有一个是错误的。但实际上，这两个陈述可能都是真实的。两者之间的矛盾不是源于对于观察对象的不同观察结果，而是陈述者采取了两个截然不同的话语体系。毛梁二人对于 19 世纪末 20 世纪初的中国社会的观察结论表面的矛盾性，源于他们在界定"阶级"这一概念时采纳了不同的内涵。① 传统沟通情境下对陈述真实性的分歧就已难以消弭，新媒体环境更加大了这一难度。新媒体环境中的信息本就是"真假混杂"的，信息的可信度、准确度都值得质疑。在新媒体环境中，人人都是信息源，可以就自身感兴趣的任何事情发布或传播任何信息，信息的真实性和可信性难以保证。美籍日裔学者弗朗西斯·福山（Francis Fukuyama）总结了新媒体环境所体现的这一特点指出，2016 年以来最引人注目的发展之一就是"后事实"（Post-fact）世界的出现，在一个缺少看门人（Gatekeeper）的世界里，没有人有信心认定好信息（Good Information）一定能够战胜假信息（Fake news）。② 在新媒体环境中，"越是耸人听闻、庸俗不堪的'新闻'，越是受社交媒体的青睐，越是能够迅速流传，并且流传广泛。一些人是先入为主，他们并不想知道事实的真相，更不关心有没有真相，对他们来说，所有东西都只是一种'消费'。……而对另外一些人来说，'假消息'一旦流传开来，便是真消息了"③。在新媒体环境中，判断陈述的真实性变得前所未有的复杂。④

确认言说者沟通意向的真诚性是困难的。由于新媒体环境中参与者匿名化的特点，发生在其中的沟通的真诚性是难以判断的，或者说准确识别出个体在新媒体环境中的言语行为的真实意图是十分困难的。一方面，新媒体中的信息呈现出"微"的特点，即不论是微博、微信还是短视频等渠道，其所承载的信息量是十分有限的。信息容量的限制要求传

① 谢立中：《哈贝马斯的"沟通有效性理论"：前提或限制》，《北京大学学报》（哲学社会科学版）2014 年第 5 期。

② 这里的"好信息"是与"假信息"相对的，强调信息的准确性、真实性，参见 Fukuyama F, The emergence of a Post-fact world, *Project Syndicate*, 2017, Jan 12, https://www.project-syndicate.org/onpoint/the-emergence-of-a-post-fact-world-by-francis-fukuyama-2017-01.

③ 郑永年：《互联网与新型专制的抉择》，华南理工大学公共政策研究院，2019 年 9 月 13 日，http://ipp.org.cn/index.php/home/blog/single/id/452.html.

④ 王向民：《网络暴政：蒙面人的自由行动》，《探索与争鸣》2010 年第 6 期。

播者在有限的字数或视频中体现关键信息，如此一来，信息所产生的环境特征（Context）难免会被舍去或部分舍去，而脱离了特定的情境去理解新媒体中的话语信息无疑是困难的。加之新媒体环境中的话语沟通，以"文字信息"为主要媒介，而这种媒介本身就具有模糊性、修辞性等特点，也增加了确认语言背后真诚性的难度。另一方面，新媒体中的话语者被符号化为网络环境中的一个个虚拟 ID 或符号。这些 ID 背后究竟是何人在操作我们普通用户无从知晓。新媒体环境中的沟通固然便捷、快速、涉及面广，但通过信息符号的传递所达成的沟通，过滤了现实社会沟通中的三大要素："1. 当面交流中的非语言交流因素（如表情、身势）；2. 交流中的行为'场'的因素，即沟通情境因素；3. 行为主体的社会属性（如身份地位）。"[①] 没有人知道在新媒体环境中进行激烈讨论的各方参与者究竟有着怎样的社会属性，是处于怎样的心情或情绪加入讨论之中。诸多研究表明，新媒体环境下的公民参与充斥着情绪宣泄和博人眼球的行为。[②] 我们无法从这些非理性沟通行为中确认行为者沟通意向的真诚性。

　　言说者所依循的行为规范往往是缺乏共识的。哈贝马斯在《交往与社会进化》中就有效性宣称与对应的现实领域以及交往能力间的关系进行总结时指出，对于规范性宣称的要求对应于关于社会的"我们的"世界，交往以相互作用式模式运行。因此，话语交往必须符合所处社会的规范才具有正当性。然而，行为规范同样具有一定的社会环境背景，存在于某个"给定的关联域"中。[③] 这也就是说，不同社会群体可能遵循不同的行为规范，有可能言语者各自遵循的社会规范并不为他者所理解。这种现象在新媒体环境中尤为凸显。我们在第四章现状考察中曾指出，新媒体环境中的公民参与是十分广泛的。与这种广泛性相伴的是社会群体的多元化。在新媒体环境中，来自各群体、各阶层、各种意识形态的声音均可以得到传播。这其中，虽然存在着一定的普世规范，但不同群

① 郭玉锦、王欢：《网络社会学》，中国人民大学出版社 2017 年版，第 71 页。

② 薛可、余来辉、余明阳：《公共危机传播中社交媒体用户的参与动机与行为研究》，《新闻界》2017 年第 9 期。

③ ［德］哈贝马斯：《交往与社会进化》，张博树译，重庆出版社 1989 年版，第 67 页。

体由于长期形成的风俗习惯、观念、认知等方面的差异，其行为规范要求也存在着不同，即所谓"百里不同风，千里不同俗"。此外，行为规范会随着时间的推移发生变化，体现为"暂时的正确性"。符合先前社会规范的行为，并不一定符合现今的社会规范。新媒体环境下，由于参与群体的广泛性，经济社会发展水平的不一致性同样导致不同群体采用了不同时空内的社会规范要求。正如谢立中所指出的，"只有处于同一话语体系的引导和约束之下的沟通行动者，在'何为正确地行动规范'问题上才比较容易达成一致的判断"[①]。在现实环境的沟通中，沟通行动者对彼此的社会属性背景是相对了解的，因而在沟通中会自动将彼此的言语行为置于特定的背景之下，结合特定的社会行为规范进行理解。而新媒体环境对于这些社会背景的过滤则使得判断沟通行动者所遵循的是何种行为规范变得十分困难，进而导致基于此达成共识的难度增加。

可见，我国现阶段新媒体环境中仍缺乏有效沟通的必备条件。如若想在新媒体环境中，通过沟通来对某些议题达成共识，则需要沟通涉及的多方行动者通过相互学习过程，了解彼此的话语体系和行为规范，在此基础上，通过保障信息的真实性和沟通的真诚性才能使达成共识成为可能。哈贝马斯将沟通行动者"一直已经"在其中的视野称为"生活世界"，"是人们在沟通中达成相互理解所必需的共同的背景知识，这种知识是借助语言而符号化、客观化的，从而成为人们的共同财富，也为相互理解的主体间性提供了可能。……所以，他（哈贝马斯）把'生活世界'界定为听者与说者所交会的先验境域"[②]。由于在新媒体环境中，沟通行动者了解彼此的"生活世界"是相对困难的，因而有效沟通的前提条件也是难以满足的。

第四节　尚未形成的参与文化：政治文化的制约

阿尔蒙德认为，政治文化"作为被内化（Internalized）于该系统居民

---

① 谢立中：《哈贝马斯的"沟通有效性理论"：前提或限制》，《北京大学学报》（哲学社会科学版）2014 年第 5 期。

② 傅永军：《法兰克福学派的现代性理论》，社会科学文献出版社 2007 年版，第 289 页。

的认识、情感和评价之中的政治系统"，是"一个民族在特定时期流行的一套政治态度、信仰和感情。这个政治文化是由本民族的历史和现在社会、经济、政治活动进程所形成。人们在过去的经历中形成的态度类型对未来的政治行为有着重要的强制作用。政治文化影响各个担任政治角色者的行为、他们的政治要求内容和对法律的反应"①。一般而言，特定的政治文化形态"决定了人群的基本生活方式和社会组织方式，也决定了社会的观念结构、基本行为模式和社会统合模式"②。我国传统政治文化强调对权威的顺从，倡导一种等级分明、长幼有序的秩序结构，表现为对"父权至上""君权至上"观念的认同。杨国枢将之称为"威权取向"，并认为具有权威敏感、权威崇拜和权威依赖三个主要特征。③ 威权价值观在公民参与领域表现为对政府的顺从与信赖。这种政治文化使得当前我国尚未形成公民参与的文化，具体体现在部分公民具有臣民意识，参与意识薄弱。而作为公民参与的另一主体，政府官员的思想观念仍十分落后，缺乏民主意识、服务意识以及新媒体意识。

一 公民参与意识薄弱

政治文化环境产生的影响是长期的、稳定的，特别是对于公民政治行为的影响尤为如此。从社会秩序的角度来看，作为公认的儒家社会，我国自古具有"大一统"观念，"家"是一切社会秩序的起源。因此，以"家"为核心建构起来的政治结构也成了我国传统政治、社会伦理的开始，"自古以来，家是社会结构的单元，也是政治组织的基础"④。从某种程度上，社会就是扩大了的家，或如费孝通先生所言的"差序格局"——以个人为中心，层层外推至家、邻、社区和国家。⑤ 在这样一种"家—天下"的秩序格局之中孕育的文化要求个体服从于家庭和集体利

---

① ［美］加布里埃尔·A. 阿尔蒙德、宾厄姆·G. 鲍威尔：《比较政治学——体系、过程和政策》，曹沛霖等译，东方出版社 2007 年版，第 26 页。

② 邹振东：《台湾舆论议题与政治文化变迁》，台北：崧博出版社 2014 年版，第 189 页。

③ 杨国枢：《中国人的社会取向：社会互动的观点》，台北：桂冠图书公司 1992 年版，第 87—142 页。

④ 殷海光：《中国文化的展望》，生活·读书·新知三联书店 2002 年版，第 98 页。

⑤ 费孝通：《乡土中国》，北京出版社 2005 年版，第 29—40 页。

益，并将西方社会所认同的自由至上等理念等同于自私的、没有规矩的。我国的政治文化环境由此使得个体很容易产生自愿的对于家庭和集体的顺从之情，衍生出重人情、重血缘关系的文化特质。我国儒家文化传统所倡导的这种对于权威和长辈的顺从、对于血缘和家族事务的关注，极大地埋没了公民作为个体和作为公民的意识。在这种以个体利益和家族（血缘）事务为生活核心的社会结构中，人们出于道德义务参与到家庭生活和社会生活之中，而不是作为独立的权利主体。这种社会个体权利意识缺乏的另一个体现就是"莫管他人瓦上霜"成为我国公民常有的心理，与之相伴的是对于社会公共利益的普遍漠视以及公共意识的缺乏。

从"权力距离"的角度同样可以审视我国的传统政治文化。霍夫斯塔德（Hofstede）用权力距离来衡量社会等级结构的强度，指"某个组织或机构中实力较弱（Less powerful）的成员期望并接受权力分配不均的程度"[①]。在权力距离较低的政治文化中，公民与权力持有者相对相互依存，权力在人与人之间分配不平等的程度相对较低。在这种政治文化环境之中，去中心化和扁平化的政治结构相对普遍。而在权力距离较高的政治文化中，处于不同权力等级的人群间存在很大的情感距离，人们对于掌权者有相当大的依赖性。因此，等级和地位在高权力距离的政治文化中十分重要。儒家传统文化讲究"尊卑有序"，讲求"君臣父子"间的人伦等级秩序，呈现出高权力距离社会的一般特性。在我国民众的传统观念中，政府部门如同一个"大家长"，民众赋予了家长至高无上的权力，同时也期望其承担起作为家长的责任。在这种观念的影响下，政府行为具有权威性，代表着正义和公平，而公民对于权力的高度集中也持有高度包容态度，甚至认为是理所应当的，作为个体只需处理与自身或家族相关的事务，公共事务完全交由政府这个"大家长"处理即可。可见，我国的传统政治文化使得公民缺乏参与公共生活的意识和经验。

新媒体的发展给公民意识的觉醒带来了契机，但由于传统文化的根深蒂固以及缺乏参与公共事务的经验，公民的参与意识仍处于萌芽状态。在新媒体环境中，这种公民意识的缺乏体现为网络行为的泛娱乐化倾向、

---

① Hofstede G., *Culture's Consequences: International Differences in Work-Related Values*, Beverly Hills: Sage, 1980.

政治盲从以及缺乏公民责任感。具体而言，正如许多西方学者所担忧的那样，新媒体环境创造了一个"原子化"的社会，[1] 这种现象在我国长期忽视公共生活的政治文化环境中尤甚。在空闲时间，人们更多地通过新媒体观看网络视频、听网络音乐、玩网络游戏进行消遣，而不是在其中参与公共生活。中国互联网信息中心发布的《第44次中国互联网络发展状况统计报告》显示，在网民日常使用的各类 App 中，即时通信类被使用的时间最长，占比15%，同时网络视频、短视频、网络音乐、网络文学、网络音频、网络直播、网络漫画等新媒体娱乐活动占据了网民线上生活的大多数时间，共占比61%。而用于了解网络新闻的时间仅占4%。在某种程度上，正如达姆（Damm）所总结的，我国的新媒体是一个非政治化的空间。[2] 桂勇、李秀玫等人基于微博用户极端情绪群体的潜在类别分析结果也显示，在绝大多数指标上没有极端情绪的"酱油众"占绝大多数，为72.94%，对政治持冷漠态度的"冷漠族"次之，占14.11%。"酱油众"和"冷漠族"的网络表达均以"个体性表达"为主，几乎不涉及公共议题。[3] 可见，新媒体环境整体上并未促进我国公民对于公共事务和公共生活的关注（见图6—1）。

此外，新媒体环境还滋长了公民的政治盲从。所谓政治盲从是指"公民进行政治参与，既不是被一定的目的或动机所驱使，也不是由于直接迫于某种外在压力，而是源自一种盲目的本能和不自觉"[4]。相当数量的公民参与政治生活并非出自公民责任感或对于自身权利和义务的认知，而更多地源自对于归属感和群体认同感的追求。在新媒体环境中，公民缺乏对爆炸式信息的驾驭能力，极易受到他人的影响而采取相应行动。此时，勒庞所谓的"群体"出现了，"当他们成为群体中一员的时候，他们的感情、思维和行为与他们单独一个人的时候迥然不同。他们在群体

---

① Davis R. , *The Web of Politics*: *The Internet's Impact on the American Political System*, New York: Oxford University Press, 1999.

② Damm J. , "The Internet and the Fragmentation of Chinese Society", *Critical Asian Studies*, Vol. 39, No. 2, 2007, pp. 273 – 294.

③ 桂勇、李秀玫等：《网络极端情绪人群的类型及其政治与社会意涵：基于中国网络社会心态调查数据（2014）的实证研究》，《社会》2015年第5期。

④ 郭小安：《网络政治参与和政治稳定》，《理论探索》2008年第3期。

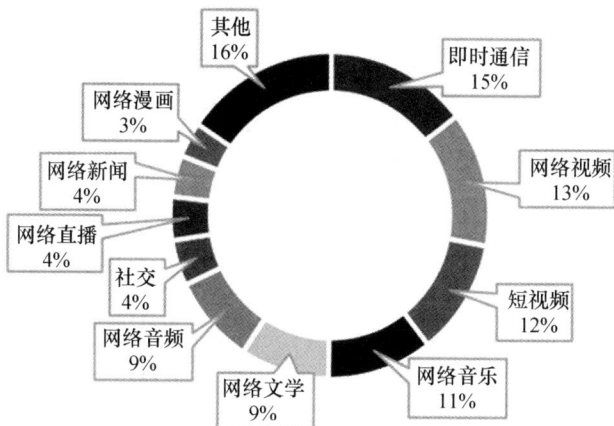

图6—1　各类应用使用市场占比

资料来源：《第44次中国互联网络发展状况统计报告》。

中的思维观念或是感情，在他们单独一个人的时候是绝无可能出现的，即使出现也绝不会形成具体的行动"。[1] 由于作为个体的人必须对自身行为承担法律或道德上的责任，而作为群体中的一员时，"群体不需要承担任何责任，群体就是法律，群体就是道德，群体的行为天然就是合理的。"[2] 特别在新媒体环境中，个人的社会属性被进一步模糊化，作为庞大网民群体中的一分子，公民在新媒体环境中的法律意识和道德意识在一定程度上被弱化，群体意识占据主导地位。此时，对于意见领袖、舆论意见的政治盲从便产生了。在群体中个人的独立思考、理性判断被群体性暗示所取代。新媒体环境即便"众声喧哗"，却无法就公共议题产生有意义的实质性探讨。[3]

新媒体降低了信息获取的成本、加速了信息的流转，公民可以更便捷地获取与公共事务相关的信息，并接触到多元价值观念之下，在理论上应当有助于促进公民意识的觉醒。然而，我国的政治文化传统使得公

① ［法］古斯塔夫·勒庞：《乌合之众：大众心理研究》，戴光年译，新世界出版社2010年版，第7页。

② ［法］古斯塔夫·勒庞：《乌合之众：大众心理研究》，戴光年译，新世界出版社2010年版，第11页。

③ 胡泳：《众声喧哗：网络时代的个人表达与公共讨论》，广西师范大学出版社2008年版。

民自古对权威有崇拜和依赖的心理，呈现出"高权力距离"的秩序格局。在这种传统观念的影响下，公民并不将参与公共生活视为自身的权利和义务，公民意识和公民责任感也较为淡薄。新媒体环境虽然对于公民意识有一定促进作用，但新媒体具有的娱乐性特征以及新媒体环境对于群体性心理的滋长和放大，在一定程度上限制了这种促进作用的发挥。

二　政府官员理念落后

在目前的决策体制下，政府在决策制定中仍然拥有不容置喙的主导性话语权，因此，政府官员对公民参与公共决策所秉持的态度对于公民参与的发展起到至关重要的作用。一个倡导公民参与的政府组织会努力建构有利于公民参与公共决策的制度保障，扩大公民参与的渠道和增加参与的方式，在公共决策的科学化和民主化之间取得平衡；反之，对公民参与持负面态度的政府组织则将公民置于对立面，将公民排斥在公共决策之外或仅仅采取象征性参与。现阶段，随着公共决策的日趋复杂化，政府部门作为决策制定的单一主体已无法解决"难解的问题"（Wicked problem）。在一些公共决策中，多元主体的参与对于促进决策的有效性是十分必要的。在公共决策制定中，政府官员正确的治理理念是决策有效性的重要前提和保障。特别在新媒体环境下，一些传统决策制定方式遭到了来自各方的挑战，"秘而不宣""封闭决策"等方式变得愈发不可行。为应对新媒体环境带来的挑战，传统的管理理念也应当向着新媒体环境下的治理理念转变。然而，在长期管理主义盛行的决策体制和官本位思想的影响下，部分政府官员的理念仍是十分落后的，具体体现在民主意识、服务意识和新媒体意识的缺乏。

缺乏民主意识。在新媒体时代，虽然政府部门相较于普通公民占有的信息优势已不再那么显著，但在决策制定中仍处于绝对优势地位。"在现有政治体制下，这一权力（公民参与）赋予在相当程度上只能依靠政府官员的自觉甚或恩赐。如果群众在官员的政治前途上没有掌握决定性权力，群众政治参与就缺乏强有力的制度保障。"① 在新媒体环境中，部分政府官员未能及时转变思想观念，仍认为在公共决策中纳入公民参与

---

① 周志忍：《群众参与的动力何在》，《人民论坛》2008 年第 6 期。

是对公民的一种"恩赐"，尚未形成自觉的民主协商意识。政府部门的依法行政意识虽然在国家的大力倡导下已有所提高，但在没有法律强制要求或者政府部门具有较大裁量权的领域，政府部门有将公民参与拒之门外的倾向，将民意视为洪水猛兽，而不善加利用。这也导致了我们在第四章现状考察中所描述的现象，即公民参与多集中于议程设置和方案评价这些在参与阶梯上位于较低层级的阶段，而鲜少涉及较高参与等级的政治协商合作。

缺乏服务意识。在近年来兴起的治理理论的视野下，政府并不是与公民相对立的统治者，而是承担公共责任的服务者，代表着公共利益。然而，在现实中，部分政府官员仍然存在"官本位""权力本位"思想，将公民视为被管理的对象，缺乏为人民服务的热情。很多时候为了应对绩效考核指标，部分政府官员倾向于"功利性"地提供服务，即纳入考核的部分认真完成，考核指标不包含的部分则忽视，更有甚者挪用公共资源为个人或部门谋取利益。在公民参与公共决策中，政府服务意识仍有欠缺，主要表现在：政府信息公开工作开展并不理想；部委、省级政府、地市级政府、县级政府网站均存在政务信息不公开、不及时公开、公开信息的链接丢失等现象。此外，新媒体环境下公民参与公共决策的制度化渠道建设仍然存在很大不足，一方面，政府部门未能充分利用新媒体的优势特征来完善制度化参与途径的设置以及提供强有力的技术支撑；另一方面，公民的利益诉求日益高涨，但由于缺乏制度化的表达渠道致使他们选择无序的方式进行参与，这造成了许多负面影响。

缺乏新媒体意识。在新媒体环境中，信息的闭锁已几无可能，公民与公民间、公民与政府间的连接更趋多元，社会的脆弱性也由此增加。新媒体中看似不经意的一篇报道、一条微博、随手转发的一条公众号文章等都可能轻易地煽动人们潜伏已久的情绪，掀起舆论狂潮，引发网络中甚至现实中的群体性事件。新媒体环境更加彰显了"蝴蝶效应"的威力。在信息传播如此之快、之广的新媒体环境下，政府官员也需要及时将传统维稳思维向着新媒体意识转变。在面对突发舆情时，需要及时、有效、权威的回应，以第一时间占领舆论场，掌握事件处理的主动权。然而，当前在应对新媒体舆论时，许多政府官员仍然以"压力型体制"下的刚性维稳思维为主。这种刚性维稳思维"以垄断政治权力为目标，以僵硬稳定为表象，以国家暴力为基础，以控制社会意识和社会组织为手段"，"缺乏韧性、延展性和缓冲地带，执政者时刻处于高度紧张状态，企图运用一切资源来维系其'专政'地位，最终可能因不能承担不断递增的巨大社会政治成本，而导致政治统治的断裂和社会管治秩序的失范"。① 这种压力型体制下的刚性维稳思路（简称为"压力维稳"）在应对新媒体环境下的公民参与中，具体表现为对新媒体舆论的"堵""封""删"或者不回应/被迫回应/不及时回应等，期望可以通过这些手段抑制舆论传播，维护新媒体环境中的稳定。然而，新媒体环境下这种以"压力维稳"为导向的应对举措在实践中屡屡受挫，甚至政府的被动介入反而对事件解决产生消极影响，进一步推动事件向着极端方向发展。

可见，即便是在强调建设服务型政府、法治政府的今天，部分政府官员在实践中仍然存在着缺乏民主协商意识、服务意识以及适应新媒体环境的新媒体意识的现象。部分政府官员理念的落后严重制约了新媒体环境下我国公民参与公共决策效果的实现。

第五节　数字鸿沟的三个维度：
经济社会发展的制约

由于经济社会发展的不平衡和文化教育发展的滞后，我国仍然存在部分公民不能或很少利用新媒体参与公共决策。虽然在近三十年间，我国的信息通信技术发展迅猛，但在我国的不同区域、不同社会群体间仍然存在着巨大的数字鸿沟（Digital divide）。所谓数字鸿沟是指"不同区域、地区、行业、群体在对信息通讯技术的访问（Access）、使用（Use）和影响（Impact）方面的不平衡"②。数字鸿沟"导致了借由信息技术推动的经济发展的不平衡，从而从一个技术差距问题演变为经济问题和社

---

① 于建嵘：《当前压力维稳的困境与出路——再论中国社会的刚性稳定》，《探索与争鸣》2012 年第 9 期。

② U. S. Department of Commerce, National Telecommunications and Information Administration (NTIA), *Falling Through the Net: A Survey of the Have Nots in Rural and Urban America*, 1995.

会问题"①，而经济社会问题又反过来加剧着数字鸿沟，两者间形成了一种恶性循环。莫斯伯格（Mossberger）认为应当从三个维度理解数字鸿沟，即在基本的获取网络和电脑等方面的不公平——获取鸿沟；在相关技能和信息素养方面的不公平——技能鸿沟；以及个体为满足自身经济社会地位提升，能在多大程度上利用信息方面的不公平——知识鸿沟。②在新媒体环境下公民参与公共决策领域也受到来自数字鸿沟的这三个维度的制约和影响。

一　获取鸿沟：信息接入的不平等

新媒体接入设施的建设往往受到经济发展、社会需求、自然地理等多方面因素的限制。通信设施企业往往从理性经济人的角度出发，以"成本—收益"为原则，优先选择成本低、收益高的区域进行信息基础设施建设，在此基础上才逐渐向成本高、收益低的地区扩散。③因此，那些经济发展好、人口密度大、自然地理条件优越的地区的信息基础设施建设往往处于领先地位，而经济发展落后、人口稀少、自然地理条件较差的地区的通信设施则较为落后。在第四章的现状考察中我们指出，从区域结构看，东部10个省份中有8个省份的互联网普及率超过全国水平，而中西部地区的18个省份中仅有3个省份超过全国水平，占比仅为16.7%。百度统计流量研究院的数据同样显示，网页用户浏览量较多的省份分别为广东（13.32%）、江苏（7.18%）、浙江（6.5%）、山东（6.39%）、河南（5.8%）；而位于后五位的省份为西藏（0.13%）、青海（0.26%）、宁夏（0.45%）、海南（0.71%）和新疆（0.94%），浏览量占比均不足1%。④互联网普及率较高和网页浏览量较高的省份绝大多数位于经济发展较好的东部或沿海地区。从城乡结构看，我国农村网

①　郑永年：《技术赋权：中国的互联网、国家与社会》，东方出版社2013年版，第53页。

②　Mossberger K., Tolbert C. J. and Stansbury M. et al., *Virtual Inequality：Beyond the Digital Divide*，Washington D. C.：Georgetown University Press，2003，p. 9.

③　邱泽奇、袁东明：《弥合数字鸿沟　促进数字红利普惠大众》，《中国经济时报》2019年10月14日。

④　百度统计流量研究院：《用户画像：地域分布》，百度统计，2019年9月30日，https：//tongji. baidu. com/research/site#profile.

民数量大体占网民总数的 26%—28%，而同期人口普查数据显示农村人口占总人口的比例为 41.48%，[①] 说明仍有大量农村人口未接入新媒体。腾讯研究院发布的《中国"互联网+"指数报告（2018）》首次引入了"数字基尼系数"的概念，以衡量我国数字化发展不均衡的状况。报告显示，2017 年我国的数字基尼系数为 0.59，处于相对不均衡的状态。[②] 可见，现阶段从获取鸿沟的维度来看，我国在信息基础设施建设方面仍存在着较大的地域间、城乡间的差异。

此外，除了上述无法"硬件入网"的人群外，我国还存在着数量庞大的无法"软件入网"的人群——残障人士及特殊群体可用的新媒体应用不足。以政府网站和政务服务网站为例，人民网发布的 2019 年第一季度《全国公共服务网站无障碍建设情况调查》首次就全国公共服务网站的无障碍建设情况以及服务效能进行了调查。数据显示，在全国 31 个省级政务服务网站中，仅有北京、上海、湖南、甘肃、西藏和贵州 6 个省开展了网站无障碍建设，占比不足 20%。各省县、区以上政府门户网站中仅上海市全部 17 个网站均进行了无障碍建设；而在各省市、区党政机关单位网站中，排名第一位的上海市也未达到 100%，在其 42 个党政机关单位网站中，有 38 个进行了无障碍建设。[③] 可见，目前我国市县级政府门户网站、党政机关网站、政务服务网站的无障碍服务普及率相对较低、效能不高。无障碍服务的欠缺使得这些残障人士和特殊人群无法使用新媒体中的各种服务，更无法在其中参与公共决策，他们的声音因此也被隔绝在新媒体之外。

获取鸿沟的存在由此衍生出新媒体环境下公民参与代表性不足的问题。以我国各级政府大力推进的"精准扶贫"为例，虽然"互联网+"被视为破解扶贫问题的良方，但在许多偏远地区，连起码的电力保障、

---

① 中华人民共和国中央人民政府：《中华人民共和国 2017 年国民经济和社会发展统计公报》，中国政府网，2018 年 2 月 28 日，http：//www. gov. cn/xinwen/2018 – 02/28/content_5269506. htm.

② 腾讯研究院：《中国"互联网+"指数报告（2018）》，腾讯新闻，2019 年 1 月 1 日，https：//new. qq. com/omn/20190101/20190101A08HD5. html.

③ 中国互联网协会：《2019 年第一季度〈全国公共服务网站无障碍建设情况调查〉报告在北京发布》，人民网，2019 年 8 月 11 日，http：//wza. people. com. cn/zxd/a/zuixinzixun/2019/0811/13. html.

手机信号等基础条件都无法实现。而新媒体无障碍建设的不足，同样使得那些我们需要重点关注和服务的人群无法享受新媒体技术带来的便利。当我们大力推进基于新媒体中的大数据进行公共决策时，这些正需要我们提供帮助、给予支持的群体可能就此"失声"，消失在新媒体环境之中，无法成为新媒体环境中一个个可被获取的、并用于统计计算和分析的数据点。对此有学者不禁质问道："过去政府部门依靠实地走访了解民意和体察民情，现在和未来则可能经由大数据平台获取相关数据。当民众的心声被这些先进技术层层过滤和'净化'以后，它们能在多大程度上代表民意？"[①]

二　技能鸿沟：信息素养的不平等

新媒体技术具有一定的使用门槛，由于在知识水平、年龄、收入等方面的差异，仍然有部分公众虽然实现了物理意义上的新媒体接入，但却无法掌握相关的信息技能，无法顺利融入网络生活，这也就是信息素养差异所带来的技能鸿沟。对于20世纪90年代后出生的青年一代，他们一出生便被新媒体包围，甚至可以被称作"数字原住民"（Digital Natives）。[②] 新媒体的使用技能对于他们来说再简单、再普通不过，任何新媒体产品在他们手中使用起来都畅通无阻。而对于年长者，特别是教育水平较低的年长者，却需要克服相对较大的困难学习新媒体使用技能。对比CNNIC第44次调查报告中的网民年龄结构和2018中国统计年鉴中的年龄结构，可以发现，网民整体相较于全国人口更偏向年轻化，网民中青壮年占到绝大多数，其中又以20—39岁的人口最多。而在全国人口中，40岁及以上的人口占近半数，60岁及以上年龄组人口比例在所有年龄组中最大，高达17.3%。可见，新媒体中的老年人口是相对较少的，无法有效代表老年人口的整体诉求。显然，年长者在信息技能方面相较于年轻人来说处于劣势地位（见图6—2）。

从城乡结构来看，除了一些农村地区尚未具备接入新媒体的硬件设

---

① 马亮：《大数据治理：地方政府准备好了吗？》，《电子政务》2017年第1期。

② Prensky M.，"Digital Natives, Digital Immigrants"，*On the Horizon*，Vol. 9，No. 5，2001，pp. 1–6.

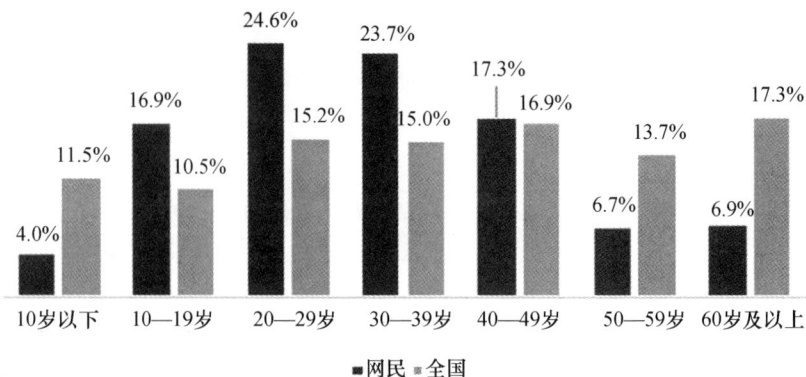

图6—2 网民和全国人口年龄结构

资料来源：网民年龄结构来自CNNIC《第44次中国互联网络发展状况统计报告》，统计数据截止到2019年6月；全国人口年龄结构来自国家统计局《中国统计年鉴2018》，统计数据来自2017年全国抽样。

施，农民工在信息素养上与城市居民间仍存在着差距。例如，2012年铁道部开始实行网络实名制购票，以使人们可以更便利地购买火车票。然而，当年1月2日的《温州都市报》公布了农民工黄庆红写给铁道部的公开信《一个农民工写给铁道部的一封信》，信中他向铁道部诉苦道，在实行网络购票后，票已在网上卖光了。原本可以通过现场排队拼体力抢到回乡车票的农民工群体，则有力无处使。黄庆红在信中描述了自己曾4次在售票处排队买票却未能如愿的经历。网络购票的操作对于农民工群体而言过于复杂，不仅需要注册、绑定手机、身份证，还需要设置支付手段等操作。而农民工因为缺乏相关技能，根本无法顺利操作这些流程，网络购票的推行则在无形中将农民工群体置于极为不利的地位。此外，城乡人口间信息素养的差别也侧面反映出我国不同学历水平的人群在信息素养方面的差异。我们同样将网民和全国人口的学历结构进行对比，可以发现，网民相较于全国人口在学历水平上仍是相对偏高的。具体体现在，受过小学及以下教育的人口在网民中仅占18.0%，而全国人口中这一比例则高达30.5%。高中及以上学历人口中，网民学历分布占比均高于全国水平（见图6—3）。

众多数据表明，新媒体使用的技能门槛对于年长、低学历等弱势群体而言是相对较高的。CNNIC对于非网民不上网原因进行调查的结果更

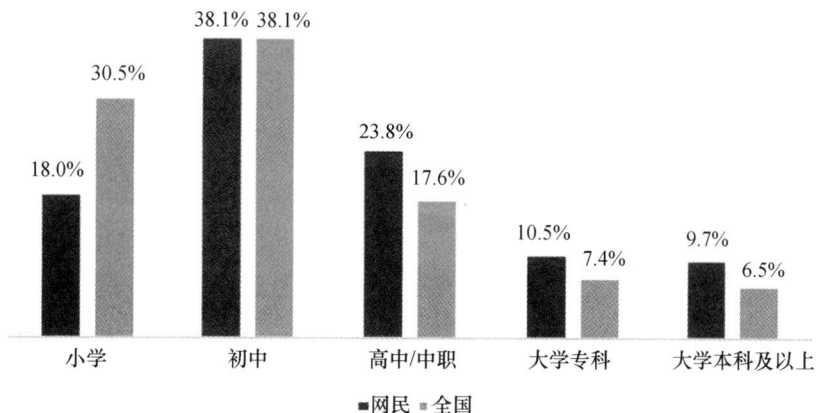

图6—3　网民和全国人口学历结构

资料来源：网民年龄结构来自CNNIC《第44次中国互联网络发展状况统计报告》，统计数据截止到2019年6月；全国人口年龄结构来自国家统计局《中国统计年鉴2018》，统计数据来自2017年全国抽样。

加证实了技能鸿沟是制约公民使用网络的主要因素。调查数据显示，"不懂电脑/网络"和"不懂拼音等文化程度限制"占比分别高达44.6%和36.8%，两者均属于莫斯伯格所界定的技能鸿沟的范畴。观察数据还可发现，"当地无法连接互联网"以及"没有电脑等上网设备"这两个属于获取鸿沟的因素的影响程度则相对较小，分别为5.4%和15.3%。也就是说，很大一部分人群不上网不是因为"不能"介入新媒体生活，而是因为"不会"。因而，在大力推进新媒体基础设施建设的同时，对于这些弱势群体的信息技术知识普及、技能培训更加任重而道远（见图6—4）。

三　知识鸿沟：参政能力的不平等

信息资源蕴含着巨大的价值，谁可以充分挖掘并利用信息，谁就能占据数字金字塔的顶端，谁就在新媒体环境下的公民参与中拥有话语权。在新媒体环境中，"信息是行为的核心，不确定性提供了获取信息的驱动力"[1]。因为通过获取和使用信息来减少不确定性是人类活动的基本特征之一。"如果信息是活跃参与的先决条件，那么拥有更多信息的人，就越

---

① 郑永年：《技术赋权：中国的互联网、国家与社会》，东方出版社2014年版，第111页。

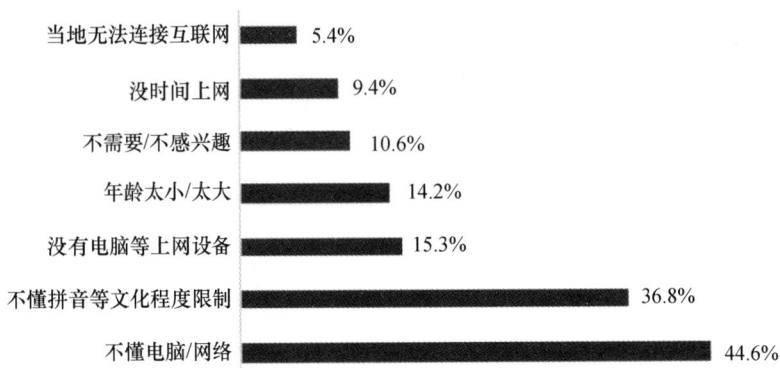

当地无法连接互联网 5.4%

没时间上网 9.4%

不需要/不感兴趣 10.6%

年龄太小/太大 14.2%

没有电脑等上网设备 15.3%

不懂拼音等文化程度限制 36.8%

不懂电脑/网络 44.6%

图6—4 非网民不上网原因

资料来源：CNNIC《第 44 次中国互联网络发展状况统计报告》。

有可能拥有参与政治的能力。"① 虽然新媒体通过减少信息成本、加快信息流通、扩大信息范围等方式使人们的信息充裕程度得到了前所未有的提高，但现实情境是，信息资源具有累积性特征，使得新媒体先行者和"原住民"们可以更好地从新媒体中获取信息并更加善于利用，例如较早介入新媒体的利益集团经过长期累积，在先发优势下拥有的数据资源和数据利用能力是普通民众所无法比拟的。那些较早介入新媒体的公民，由于其对于新媒体环境更为熟练，可以更好地从海量信息资源中挖掘并利用所需信息。反之，新接入新媒体的用户，则需要通过漫长的学习过程逐渐掌握这一能力。而与此同时，那些新媒体先行者也在以更快的速度学习和发展。如此一来，两者间的鸿沟将不断扩大，新媒体的马太效应将社会进一步分化为信息富有者和信息贫穷者，且呈现出富者越富、穷者越穷的情形，两者间的"数字鸿沟"由此出现。另外，社会经济地位更高的人群在信息使用技能上往往具有更大优势。明尼苏达大学的帝奇诺（Tichenor）、多诺霍（Donohue）和奥利恩（Olien）三位研究者在1970 年提出知识鸿沟假说（Knowledge Gap Hypothesis）描述了这种现象。他们指出，随着新媒体信息向社会系统的渗透逐渐深入，具有较高社会经济地位的人群相较于较低地位的人群可以更快地获取信息，两者间的

① 郑永年：《技术赋权：中国的互联网、国家与社会》，东方出版社 2014 年版，第 111 页。

知识鸿沟将因此扩大而非减少。① 厦门大学陈福平基于我国的实证研究也证实，我国经济社会地位较高的阶层在新媒体中具有信息和互动的双重优势。②

不断扩大的知识鸿沟使得新媒体中的公民参与同样呈现出"金字塔"结构。正如拉扎斯菲尔德所描绘的，"他们（意见领袖）要比其他选民更多地参与政治讨论，但他们却认为正式媒介是比人际关系更有效的影响来源。这就意味着信息是从广播和印刷媒介流向意见领袖，再从意见领袖传递给那些不太活跃的人群的。"③ 在新媒体环境下，一些大型新媒体机构或者意见领袖这类具有极大信息优势的群体，可以借由各种营销手段或自身的影响力，引导公民进行特定目的的参与行为，进而在公共决策中体现其意图。④ 例如，信息富有者可能通过掌握的大数据精准计算公民的偏好，并定向投放虚假广告或信息，从而起到支配其政治行为的目的。而相对处于信息劣势的普通民众，则暴露于各种真假混杂的信息轰炸之下，只能被动盲从或无意识地被这些操纵者影响，进而失去自身判断，最终致使公共决策被资本操纵。

此外，由于我国传统政治文化强调对政府的依赖与信任，公民并无充足的实践政治参与和学习参与技巧与能力的机会，因而也相对缺乏关于在协商中如何争取与他人的合作、如何表达观点才能为他人接受、如何说服他人等方面的知识和技能。而信息富有者由于知识水平和认知能力相对较高，对于政治议题也更为关注，往往拥有更好的政治协商技巧。因此，少数信息富有者，凭借其出色的协商能力在参与公共决策时拥有较大影响力，而缺乏参政议政能力的公民则沦为沉默的多数。而多数人的沉默进一步扩大了其与信息富有者在参政能力上的差距，使得公共决策最终被少数积极分子左右。

---

① Tichenor P. A., Donohue G. A., Olien C. N., "Mass media flow and differential growth in knowledge", *Public Opinion Quarterly*, Vol. 34, No. 2, 1970, pp. 159 – 170.

② 陈福平：《跨越参与鸿沟：数字不平等下的在线政治参与》，《公共行政评论》2013 年第4 期。

③ ［美］拉扎斯菲尔德：《人民的选择：选民如何在总统选战中做决定》，唐茜译，中国人民大学出版社 2012 年版，第 128 页。

④ 陈剩勇、卢志朋：《信息技术革命、公共治理转型与治道变革》，《公共管理与政策评论》2019 年第 1 期。

　　现阶段，数字鸿沟仍然广泛存在于我国的各个地区和各个群体间。虽然获取鸿沟正逐渐被国家大力推进、高速发展的信息基础设施建设所拉平，影响程度逐渐减小，但公民之间在技能鸿沟、知识鸿沟方面的差距仍然存在，并且将长期制约着新媒体环境下我国公民参与公共决策有效性的实现。

第七章

新媒体环境下公民有效参与
公共决策的制度建设路径

公民参与公共决策是公民政治参与的重要内容，公民有效参与公共决策是我国社会主义民主政治建设的重要环节之一。新媒体作为当代社会最重要的公民参与工具，给公民参与公共决策提供了良好的参与途径和表达平台，给其带来了根本性的变化。前面的章节阐述了新媒体环境下公民有效参与公共决策的制约因素，在此基础上，本章提出问题的解决路径。本章对策分析是本研究前面章节分析的落脚点和逻辑结果，探讨新媒体环境下如何实现公民有效参与公共决策。

第一节　新媒体环境下实现公民
有效参与公共决策的路径

公民参与公共决策的活动具有广泛性、复杂性、政治性和公共性，新媒体环境下公民参与公共决策更增添了自主性、多元性、便捷性、情绪性、批判性和难控性等特点。因为思想是行动的先导，公民参与公共决策不仅牵涉物质技术层面的新媒体信息技术，也涉及公民观念意识层面。同时新媒体环境下公民参与公共决策是通过意见的表达形成舆论的参与，涉及价值理念的交流碰撞，这两个都可以归纳为思想文化层面。此外更重要的是，公民参与是一种行为，而人类的行为很大程度上是由制度决定的，公民参与公共决策涉及社会的政治参与制度尤其是公共决策参与制度。因此，新媒体环境下公民参与公共决策是一个主体要素众多、层面因素多样、结构关系复杂的系统，而且受到外部环境的广泛影响。内部系统要素和外部环境要素相互制约和影响。要实现公民有效参与公共决策，至少应从技术—制度—文化三条路径出发，探寻解决问题的思路和方法措施。在这三条路径中，技术、文化主要属于外部环境层面的因素，而制度主要属于系统内核层面，不仅直接决定着公民参与公共决策的有效程度，而且极大影响着技术和文化环境的形态。因此，制度是新媒体环境下实现公民有效参与公共决策最重要的路径和影响因素。同时，制度体系和技术环境以及文化环境的内容构成有一定交叉重叠，制度和技术环境的交叉重叠部分主要是信息安全，制度和文化环境的交叉重叠部分主要是政治参与文化中的行为规范即非正式制度（后文有具体论述）。具体的内容和结构如图 7—1 所示。

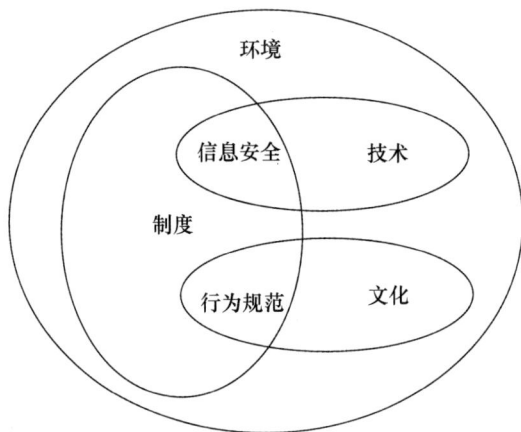

图 7—1　新媒体环境下公民参与公共决策的建设路径

一　技术建设路径

新媒体本质上是一种信息通信技术（ICT）的应用，新媒体的顺畅运行需要先进技术的支持。相应地，公民经由新媒体途径参与公共决策也需要信息通信技术提供保障。因此，新媒体环境下公民有效参与公共决策需要良好的技术平台，发展与公民参与公共决策要求相适应的技术条件和技术平台也就是技术路径十分重要。技术条件和技术平台主要包括两个层面的内容。

（一）网络基础层

这是技术系统最底层的平台。它主要由互联网服务提供商（ISP）提供，通过"三网"甚至多网的连接与融合，为公民参与公共决策提供一个跨媒体交流和无障碍沟通的互联网环境。各种信息传播渠道的高效畅通是新媒体环境公民有效参与公共决策的前提，也是网络基础层技术支持发展的目标。通过信息通信设备的更新和技术的创新及应用，实现信息在互联网与通信网络之间、有线与无线网络之间等多网之间、多平台之间、多媒体之间的顺畅传播和无障碍交流，这是公民有效参与公共决策最基础的条件。

（二）软件应用层

这主要由网络应用服务商（ASP）提供。网络应用服务商不直接生产信息，主要是开发各类应用和软件，为网络信息提供存储空间和搜索引擎等服务，以方便新媒体用户获取和传播信息，开展交流讨论，如维护网络论坛、政务微信、政府网站的正常运转或百度、必应等搜索引擎，为新媒体用户提供信息传播平台和技术应用服务。新媒体意义上的软件应用经历了三个发展阶段，相应地型塑了公民参与不同的阶段与特征。第一阶段以门户网站、E-mail、网络论坛、在线调查、网络评论和留言板等应用为主，极大拓展了人们获取信息的渠道，公民参与更多地表现为知情权的实现；第二阶段以即时通讯软件、新闻组、聊天群组等应用为主，使人们交流和沟通更为便捷，公民参与的渠道更加丰富；第三阶段以博客、播客、微博、百科及各种社交媒体和移动网络的发展为主，每个人都成为信息的生产者和传播者，公民参与的主动性增强，对公共决策的影响力显著增大。当前一方面要保证最新的新媒体软件应用的推广、应用和普及，另一方面要研发如可视化、语言处理、在线会议、网络中继聊天、主持人聊天等技术并实现在公民参与中的应用，整合使用多样化参与方式，实现优势互补。未来新媒体技术肯定会不断发展出新的软件应用，要及时将它们应用到公民参与公共决策中。

二 文化建设路径

（一）政治参与文化的内容和结构体系

对于公民参与公共决策而言，这里的文化路径主要指的是政治参与文化环境的改善。政治参与文化是指公民在参与国家政治活动及社会公共事务管理过程中，所形成的调控公民之间、公民和国家之间关系的价值理念、主观意识和行为规范的总和。对公民的权利和义务关系的认识和理解是政治参与文化的核心内容。新媒体环境下，新媒体技术带来一系列新的伦理问题，需要道德约束，但在新媒体空间，人们的行为主要是间接的、虚拟的、符号化的，这决定了新媒体空间的价值观念、道德规范等文化与现实社会有一定差异。但它并不构成一套独立的文化体系，依然遵循现实社会传统文化的基本原则，受到现实社会传统文化的约束和调节。因此，新媒体环境下政治参与文化的内容仍然可以划分为价值理念、主观意识和行为规范三个层面。其中，主观意识具体表现为公民的参与意识和参与精神，侧重于使公民明确"应该做什么"；行为规范表现为公民参与的伦理道德规范，侧重于使公民知晓"应该如何做"；而价值理念则是主观意识和行为规范理论化抽象化的结果，指导和规定着主观意识和行为规范的取向和内容。三者共同构成政治参与文化的内容体系。同时，文化是一种思想意识和道德观念，都可归结为社会个体头脑中的思想观念。因此社会个体是政治文化的主体。政治参与文化的主体包括两类，一类是公民个体，一类是政府官员。每一类主体都拥有价值理念、主观意识和行为规范三个层面的政治参与文化内容体系。

其中，政府和公民的价值理念、主观意识层面的内容，更具有意识观念、思维方式等思想文化的内涵，而行为道德规范更具有非正式制度的属性。因此，本研究把价值理念和主观意识作为政治参与文化环境的主要内容，在本节予以介绍，把行为规范作为非正式制度，纳入公民有效参与公共决策保障性制度的范畴，在制度建设路径部分进行分析阐述。

（二）政治参与文化的建设路径

新媒体环境下政治参与文化建设主要就是转变价值理念、更新主观意识，培育新型政治参与文化。政治参与文化建设可以分为政府文化建设和公民文化建设两部分。其中，由于政府在社会中占据支配和统领地位，政府官员的价值理念、伦理规范等文化也在社会政治文化中起到主导和引领作用。政府参与文化建设因而是政治参与文化建设的关键性内容和首要任务。

1. 政府参与文化建设

政府参与文化建设主要包括价值理念和主观意识两个层面的内容。在工业社会和传统媒体环境下，政府管理的价值理念和思维模式是一种强调命令和控制的管制型的模式。在信息社会和新媒体环境下，政府的行政模式和管理公共事务的价值理念将发生巨大的转变，即从管制型模式转变为强调合作共治的治理模式。治理模式在中国语境下具体化为服务型政府的价值理念和模式。服务型政府意味着官本向民本、权力本位向权利本位的转变，也意味着合作共治的理念。因此，我国政府的价值理念主要包括"立党为公、执政为民""人民当家做主""民主行政、科学行政、依法行政"以及服务型政府和合作共治的理念。在主观意识层面，政府官员应该保障公民的知情权、表达权、参与权和监督权等权利；政府工作要"体现人民意志、保障人民权益、激发人民创造活力"；发展社会主义协商民主等。因此，政府参与文化建设要求转变政府官员价值理念，保证人民依法实行民主选举、民主协商、民主决策、民主管理、民主监督，树立服务型政府和合作共治的理念，建构新媒体时代的新型行政文化。需要特别强调，政府官员应认识到公民参与公共决策是公民的一项基本权利，不仅具有改善政府管理的工具性价值，而且具有目的性价值。

2. 公民参与文化建设

公民参与文化在价值理念方面主要表现为自由平等、民主法治、公平正义等社会主义核心价值观的价值取向，并由此衍生出公民的主体观念、权利观念、理性观念、责任义务观念、法治观念，要将这些价值和观念内化为公民的内心信念。同时，公民参与文化还要求树立平等、尊重、互信、协商等理念以及诚信、自律、公正、公开的观念，塑造健康良好的新媒体空间文化氛围。此外，新媒体环境下公民参与公共决策过程中应积极培育理性包容、沟通对话、协商妥协等现代民主政治的基本价值理念。

公民参与文化在主观意识方面主要表现为增强公民参与意识。公民是参与的主体和原动力。通过提升公民的参与意识，可以增强公民的民主政治观念，激发公民参与公共决策等公共事务的积极性与热情。这是实现公民有效参与公共决策的前提和关键性因素。参与意识以公民的权利和义务观念为核心内容，具体表现为以下主要内容：公民对自身的政治参与权利如知情权、表达权、参与权和监督权的知晓；公民知晓应承担的义务，具备明确的责任和义务意识；在表达意见、参与公共决策时要以公共利益为目标和导向，维护全局利益和长远利益。

对新媒体环境下公民有效参与公共决策而言，需要重点培育三种公民参与意识：一是主动参与意识。目前大多数公民的新媒体参与局限于浏览和获取信息，在新媒体空间主动发言者所占比例很低，出现"沉默的大多数"和"沉默的螺旋"效应。如果没有主动参与，就难以得到良好的参与效果。二是理性参与精神。就是公民慎重和负责任地参与，平和包容地进行沟通讨论，承认对方观点的可取之处，并愿意修改自身的观点。三是依法参与意识。公民在享受通过新媒体途径参与的便利和言论自由权利的同时要依法履行相应的义务和责任。在虚拟世界之中公民也要严格规范自身行为，在法律法规的规定之内行使权利。

第二节　新媒体环境下公民有效参与
公共决策的制度建设路径

按照亨廷顿的界定，制度是"稳定、受重视和反复出现的行为模式"，新媒体环境下公民有效参与公共决策的制度路径是"组织和程序借以取得重要性和稳定性的过程"①。制度又是一种人们有意识设计的产物，是一种行为规则，因此制度建设路径就是从制度层面对公民参与公共决策的主体、行为、内容、对象、途径、方式与参与的环境因素等进行有效的规制，以提升公民参与的效率、改善参与的效果，也即提高公民参与的有效程度。制度一般表现为一个具有一定结构和层次性的规则规范体系。新媒体环境下公民有效参与公共决策的制度体系亦是如此。

这个制度体系由顶层设计制度、基本制度和运行机制三个层次构成。顶层设计制度主要表现为公民参与公共决策的权责界定、发展方向和建设目标等。基本制度是实现有效参与公共决策目标的核心制度，需要进

---

① ［美］塞缪尔·亨廷顿：《变动社会中的政治秩序》，张岱云等译，上海译文出版社1989年版，第14页。

行重点设计和建设。运行机制是实现制度效果和预期目标的环节和手段，包括参与的途径、形式、程序、方式等。各层级的制度之间的关系主要体现为高层级制度决定低层级制度，以及相互促进和相互补充。不同层级制度之间、同一层级的制度之间需要协调配合，才能实现制度体系效果的最大化。顶层设计制度设定基本制度安排的行为选择集合。基本制度决定运行机制层面的制度安排，而运行机制的实施也会推进基本制度的改进。基本制度位于中间层次，是这一制度体系的核心和主干，包括基础性制度、主体性制度和保障性制度三个类别六种制度。运行机制是这一制度体系的第三层次，每种基本制度都需要有健全科学的运行机制与之配套，才能实现基本制度的目标。这个制度体系的具体结构如图7—2所示。

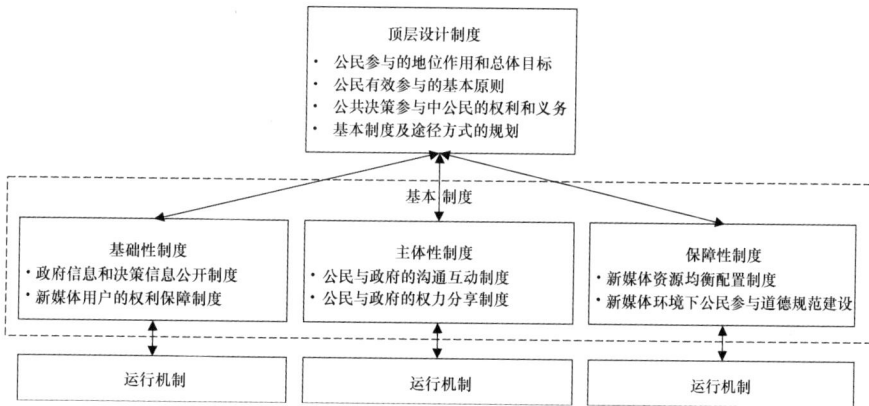

图7—2　新媒体环境下公民有效参与公共决策的制度体系

下面具体阐述新媒体环境下公民有效参与公共决策制度体系的主要内容和建设路径。

一　顶层设计制度

顶层设计的概念源于系统工程学，是指整合统筹系统各构成要素，整体谋划，在最高层次上寻找解决问题的思路与规划。顶层设计制度为公民有效参与公共决策活动提供最高层级的制度指导和依据。新媒体环境下公民参与公共决策的顶层设计制度主要表现为党和国家出台的有关的政策性文件，为全国各个部门领域、各级政府开展工作提供方向性指导，主要可以划分为两大类：一类包含在党代会报告和中央全会的决定以及国家的发展规划和政府工作报告之中。需要说明的是，这类综合性政策体系文件一般不会专门论述新媒体环境下的公民参与公共决策，而是包含对这项工作内在支持的相关内容，往往涵盖对公民有效参与公共决策地位作用的阐明、公民在参与过程中权利和义务的规定、推进公民参与公共决策的目标和进程、基本原则等。另一类是国家相对专门地对新媒体环境下公民参与公共决策做出的规定，主要表现为国务院和各部委出台的政策法规、发展规划、意见办法等政策文件，主要内容包括公民参与的基础条件、环境保障、参与途径工具等。与基本制度相对应，这一类的顶层设计制度也可划分为六种制度或六个方面的内容。

从整体上来看，新媒体环境下公民有效参与公共决策的顶层设计制度主要包括四个方面的内容：第一，新媒体环境下公民参与公共决策的地位作用和总体目标。党的十九大报告提出，"扩大人民有序政治参与，保证人民依法实行民主选举、民主协商、民主决策、民主管理、民主监督"，"保障人民知情权、参与权、表达权、监督权"。刚刚闭幕的十九届四中全会通过的《关于坚持和完善中国特色社会主义制度、推进国家治理体系和治理能力现代化若干重大问题的决定》提出，"保持党同人民群众的血肉联系，把尊重民意、汇集民智、凝聚民力、改善民生贯穿党治国理政全部工作之中"，"构建程序合理、环节完整的协商民主体系，完善协商于决策之前和决策实施之中的落实机制，丰富有事好商量、众人的事情由众人商量的制度化实践"，同时要求"创新互联网时代群众工作机制，始终做到为了群众、相信群众、依靠群众、引领群众，深入群众、深入基层"。这些表述既指出了公民参与公共决策的地位作用，又提出了新媒体环境下公民参与公共决策的总体要求。

第二，新媒体环境下公民有效参与公共决策的基本原则。为了实现有效参与，在公民参与公共决策活动中应该坚持和遵守一些基本原则。这些原则主要包括：政府信息和决策信息透明公开，保障公民的知情权；保障公民表达权，加强舆论引导，维护网络安全；平等沟通、理性包容、协商妥协、及时回应精神；决策的科学化民主化，保障公民的参与权；参与权利行使和参与能力平等化；培养参与意识和树立参与政治文化。

这些基本原则应该体现在所有的基本制度和运行机制层面的制度之中。

第三，新媒体环境下公民参与公共决策中享有的权利和应履行的义务，同时也规定政府在参与过程中的职责和义务，作为处理公民参与公共决策过程中公民与政府之间关系的依据。同时，这些规定一方面有助于公民寻求权利救济，维护和保障自身的合法权益，另一方面也有助于政府约束部分公民的情绪化、非理性的参与行为，惩处某些违法违规的参与行为。

第四，关于公民参与公共决策的基本制度以及途径方式的规划。顶层设计制度还应该明确新媒体环境下公民参与公共决策包含哪些基本制度，并进行简要的说明。对于新媒体环境下公民参与公共决策的途径渠道和方式，也应该做出说明和规划。这些规划将成为基本制度和运行机制设计、建设的依据和指导。

顶层设计制度的建设路径具有自身的独特性，具有宏观性、基础性、指导性、方向性、约束性的特征。因此，新媒体环境下公民有效参与公共决策顶层设计制度的建设路径主要有三个：一是加强法律保障。法律是一种最严格意义上的制度，具有权威性、普适性和强制性。因而以法律来明确公民参与公共决策的地位，规定公民参与方面的权利和义务，会激发公民权利意识的生成和增长，也能使公民在参与过程中的责任意识得到树立和强化。同时，法律对公民参与公共决策的程序方式以及对政府在其中的职责和责任的规定也能规范政府和公民的行为，促进有效参与程度的提升。二是党和国家的政策规划。通过党中央和中央政府发布各类发展规划、实施纲要、意见办法等政策文件，这是具有中国特色同时又行之有效的制度建设路径和方式。由于中国政治体制强调集中统一领导的特点，这种政策规划可以统一全国的各级政府的官员和社会公众的思想和行动，对各个方面、各个层级的政府工作进行指导和规范，起到凝心聚力、齐心协力的效果。三是注重激励和约束机制建设。仅仅有法律的规定和政策的号召还不够，还需要有科学的实施机制的建设，即对行动主体的激励和约束机制的建设。激励机制包括对公民参与的激励机制和政府开展工作的激励机制两个方面，要强调通过物质激励和精神激励两种方式来调动公民和政府官员的积极性。对政府官员的激励应以考核评价、评优评先和升职晋升等精神激励方式为主。约束机制则主要表现为惩处机制。对公民的非理性极端行为，以至造谣诽谤、泄露个人隐私、攻击党和政府等行为要建立惩处机制；对政府官员懒政怠政、拒不回应或回应新媒体舆情不力、压制舆论甚至打击有关公民的，应建立惩处机制，及时追究责任。

二 基础性制度和运行机制

基础性制度是指新媒体环境下实现公民有效参与公共决策的基础性的制度条件和制度要求，主要包括两种基本制度，即政府信息和决策信息公开制度和新媒体用户的权利保障制度。

（一）健全政府信息和决策信息公开制度

在公民参与公共决策过程中，公民对信息的拥有和控制具有极大的价值和重要性。这可以从三个层面来理解。第一，公民对信息的拥有和控制是有效而实质性的公民参与的基础。必要而充分的信息不仅是公民理解和界定自身利益的基础，而且如果缺乏必要信息，公民就不可能获得认知目标所必需的知识，也难以对达到目标的各种手段进行分析并选择有效的行动。信息的占有和控制在很大程度上会影响参与者的认知能力和行动能力。信息的开放和共享可以促进公民之间的利益认同、集体行动和利益的组织化，从而降低参与过程的交易成本，提升参与的有效性。信息的公开和开放，有助于形成一个信息流动、交换、互动以及在此基础上的学习过程，促进参与者采取理性的、有效的行动策略。因而信息的拥有和控制，在很大程度上决定了参与者的学习能力。第二，当代社会，政府在行使权力和履行管理与服务职能过程中收集、处理和保存了大量的信息。这些信息的公开可视为政府向社会的信息输出。而公民参与可以被理解为公众向政府输入信息的活动。公众所输入的信息的质量会对参与的效果产生影响。而政府的信息输出，会极大地影响公众输入信息的能力，影响到公众的参与能力，进而影响到公民参与的效果。第三，对我国而言，人民是国家的主人，人民自然拥有政府信息的所有权。但由于信息多由政府实际占有，政府与民众之间出现了信息的不对称，这使得政府有了偏离公共利益滥用权力的机会，也使得公民无法有效地参与和监督政府的管理。没有充分的信息，公民将不知道何时参与、如何参与，无法对公共事务进行评价和判断，也即公民无法有效地参与，参与只能流于形式。所以公民的知情权意义十分重大。而知情权的实现取决于政府信息公开制度的健全程度。综上所述，要实现公民有效参与公共决策，实现公共决策的科学化民主化，最为基础的就是保障和实现公民的知情权，使公民获得充足的信息。知情是参与的基础，知情的质量决定参与的质量。这就要求政府信息的充分和有效公开，要求建立科学有效的政府信息公开制度。

当前我国的政府信息公开实践中存在着公开程度较低、公开方式以主动公开为主、政府对公开内容的裁量性强等问题。这些问题反映出当前政府信息公开的制度和机制还不够合理和健全。自中国进入网络时代以来，党和政府高度重视信息化和电子政务建设，大量投入资金，发起一轮又一轮的电子政务建设高潮。我国的政府信息公开工作也是与电子政务建设相结合进行的，政府网站成为我国政府信息公开最主要的平台和载体。在公开方式上以主动公开为主，因为主动公开便于政府掌握公开的主动权，便于掌控公开的信息的内容，导致政府习惯于"选择性公开"，仅仅选择正面信息进行公开，把信息公开当作一种宣传的手段。

因此，当前应与电子政务建设相结合，改进和健全政府信息公开制度及其运行机制，充分利用新媒体手段公开政府信息，特别是公开公共决策的相关信息和政府权力运行的程序，提高信息公开的效果，建设阳光政府。第一，改进政府信息经由新媒体途径公开的相关规定，将《政府信息公开条例》中规定"行政机关应当通过政府网站等方式发布"中的"应当"改为"必须"，使其成为一项强制性的规定。第二，建立新媒体政府信息推送制度，创新和综合运用新媒体技术，通过政府网站、政务新媒体、网络发言人、手机短信、电子邮件、RSS 订阅、微博微信等方式，实现政务信息和时事热点等直接面向公民个体的即时、点对点精准传播，使公民及时获得权威和全面信息。第三，政府可以利用新媒体具有的多媒体、存储和检索方便的特点，通过新媒体提供系统全面完整的历史和当下的数据资料，以音频、视频等多媒体为信息载体，并配备强大的检索功能，从而使公民能够方便地获取丰富而系统的政府信息和有关公共决策的背景信息。

在建设路径及措施方面，首先，更新政府官员的理念，树立开放政府理念。传统的行政管理是一种基于信息封闭和信息控制治理思维的政府管理体制。这种思维模式不仅反映了政府的不自信，也隐含了政府对民众不信任的倾向，最终导致民众对政府的不信任。因此需要转变为信息开放型的治理理念和思维，树立开放政府的理念。通过信息的开放和分享，构建起政府与民众之间的互信和合作，这能极大提升公共治理的效果。思想是行动的先导。只有真正转变了政府官员的思想观念，才能建立科学的政府信息公开制度，实现政府信息的公开透明。实施政府公务员的学习培训、大力开展宣传教育是更新政府官员思想观念的主要途径。

其次，加大政府信息公开立法的力度，推进制度的法治化。法律具有权威性、普适性和强制性，是制度化的最高层级。当前，有必要将《政府信息公开条例》上升为《政府信息公开法》，由全国人大常委会制定通过，并以改变政府自我规制为契机，建立健全科学的政府信息公开的制度和机制。比如明确规定权利原则，强调信息公开是政府的义务，减少公开的随意性；确定信息自由使用的原则，以保障信息的合理流动；明确规定信息需要保密的范围和内容，防止以保密为由侵犯公民的知情权；明确规定信息公开的内容、方式、程序等，促进依申请公开方式的发展，限制政府对公开内容的选择权和自由裁量权。

再次，加强政府信息公开工作的领导和监督。政府信息公开工作涉及各个政府部门，目前对政府信息公开工作的协调领导一般是设立跨部门的政务公开领导小组或联席会议，主要承担的是议事协调职能，统筹资源、推进工作的手段和能力有限。现实中实际上主要是靠行政部门的自我推行和自我监督来开展工作，导致政府信息公开工作既缺乏集中统一和强有力的领导，又没有建立超越自身利益的有效监督机制。因此，应规定独立的专门主管政府信息公开的政府机构，并明确其职责，赋予其应有的资源和权力，使其统一领导政府信息公开工作，全面负责政府信息的管理和发布。

最后，建立针对公民的信息获取权利的救济制度。无救济即无权利，权利救济就是为公民的知情权提供第三方的裁决和评判。目前比较常见的行政复议救济和行政诉讼救济还没有在政府信息公开制度中得到普遍建立。即使在建立了这两项制度的地方，实践中也存在着种种制约和局限性，难以有效保障公民的知情权。行政复议制度的最大问题是中立性不足，行政诉讼又存在程序复杂、时间长、成本高的问题。好的救济制度应该是成本最小又能及时有效保障公民权利的制度。为此，应该建立独立于政府、具有权威性、类似于仲裁机构的裁判机构，裁决公民和政府之间政府信息公开的争议，实现有效的权利救济。

（二）建立新媒体用户的权利保障制度

新媒体用户的权利主要包括信息获取权利和信息交换的权利，还包括安全使用信息和获得信息内容服务的权利。首先，信息获取权利在政府信息公开部分已经进行了阐述，本部分分析论述新媒体环境下公民的信息自由、信息安全和信息内容服务方面的权利和制度实现。如前所述，组织化的利益能降低参与过程的交易成本，提升参与的理性和稳定性，进而提升参与的有效性。而利益组织化所需要的信任、利益认同以及社会动员和集体行动，都必须以信息获取和信息交换作为前提。而信息的交换和分享，主要依赖于信息自由，即信息表达和传播的自由。这种信息自由的实现，则依赖于具有开放性的媒体制度提供一个表达和传播的载体和平台。以往传统大众媒体很难实现信息表达和传播的自由，而当前的新媒体则很大程度上实现了信息的自由表达和传播，但还缺乏权利层面的申明和制度的保障。其次，公民掌握的信息的质量对其参与公共决策的有效性有很大的影响。政府公开的信息有时是非常复杂和专业化的，一般公众往往难以理解和掌握。因此对信息进行分析和解读，使信息转化为参与者所掌握的"知识"，是非常重要的基础性工作。媒体对信息进行的传播和处理，起到的就是这种作用。媒体的舆论引导，会帮助公众理解复杂信息背后存在的利益关系；媒体的专业性解读，也会帮助公众理解信息蕴含的专业背景知识。再次，信息的自由表达和传播所带来的信息的交流和分享，也会提升参与者的学习能力。因为参与者对足够信息的拥有和分享，构成参与过程的公共知识。在这些知识的基础上，参与者在参与中会不断与其他主体包括政府交流讨论，反思调整自己的行为，或采取新的行动，这就构成一个学习过程。因此信息的自由流通会提高参与者的学习能力，进而提升参与者理性和有效参与公共决策的程度。

新媒体用户的权利不仅包括信息自由方面的权利，还包括信息安全和信息内容服务方面的权利。信息安全指的是媒体技术层面的安全，为用户提供一个安全的媒体环境，信息内容服务提供一个良好的信息和舆论环境。媒体技术安全与技术环境有交叉重叠，在技术环境部分已做了论述。信息内容服务方面可以分为阻止有害信息和传播优质信息两个方面。一方面阻止国内外虚假信息和有害信息的传播，比如反政府、反社会的言论等西方敌对势力的反动思想以及自由至上的有害思潮，可能危害到国家安全和社会稳定，这些信息必须加以屏蔽和阻断。另一方面政府有责任在新媒体空间发布和传播优质和权威的信息，这对减少政治谣言、消除公民的信息残缺等起到重要作用；同时应加强舆论引导，维护主流意识形态和政治文化的主导地位，塑造积极向上、理性健康、充满正能量的舆论氛围。

因此，应建立保障新媒体用户权利的制度和机制，实现新媒体环境下公民参与公共决策过程中信息的自由流通和信息安全，保障公民获得优良的信息内容服务。通过健全和改进政府对新媒体的监督管理制度，维护信息安全，提供新媒体技术服务和信息服务，保障新媒体用户合法权益。在信息内容的安全和服务方面，做到既容许公民自由发表意见，参与公共决策，又加强必要的监管和引导，避免极端思想在新媒体上的传播泛滥。为此，应建立起一系列的相关制度和运行机制，保障新媒体用户的权利的实现。

首先，推进新媒体用户权利保护的立法，保障新媒体环境下公民的知情权、表达权、参与权和监督权的实现。信息的自由表达和传播一定程度上属于公民言论自由的范畴。言论自由是我国宪法规定的公民的权利。而公民行使权利要承担相应的义务和责任，不能侵犯他人的合法权益和危害国家安全。因此，应当通过人大立法尽量明确公民参与过程中言论自由的边界，做到既保障公民个体的表达权又不损害他人的合法权益和社会公共利益。这其中一个受人关注的领域是公民个人信息和隐私权的保护问题。既要保护进行信息表达和传播的公民的个人信息和隐私不被泄露，又要使公民的信息表达不会侵犯其他公民的个人信息和隐私权。为此，可以学习西方国家做法，出台专门的法律法规保护公民参与公共决策过程中的个人信息和隐私权。此外，应建立新媒体用户的权利救济的法律法规，健全权利救济的渠道和机制，以便于公民在参与公共决策中进行维权。

其次，建立信息安全制度和机制，提供安全的新媒体环境。信息安全既包括宏观上新媒体传播系统的软件硬件系统不被破坏，保护数据安全，自动过滤病毒和黑客攻击者，保障系统软硬件稳定运行，也包括微观上保障用户不被垃圾邮件和垃圾信息骚扰，避免被虚假网站和虚假信息侵害，软件使用的知情权和选择权以及个人的隐私权的保护等。信息安全的实现一方面依靠信息技术手段保障，需要加大资金投入，研发和推广身份识别技术、防火墙技术、加密技术、公民隐私保护、语言过滤技术等，防止黑客攻击、人肉搜索等技术的不当使用，减少公民参与公共决策中最低层次的安全顾虑。另一方面保障信息安全也要建立对新媒体空间的违法违规行为的有力的惩罚机制。有效的惩罚机制的关键是提升新媒体空间违法犯罪和侵犯他人权益行为的机会成本，加大惩罚力度，从而遏止政治谣言和欺骗、诽谤攻击、危害国家安全和社会公共利益的行为。

再次，健全信息内容服务的制度和机制，防止不良有害信息的传播。新媒体信息内容服务主要由以新媒体机构为主的互联网内容提供商（ICP）和用户个人来提供。他们是信息内容的直接生产者和提供者。这两类主体提供的信息的质量直接影响公民参与公共决策的秩序和效果。新媒体机构一般是作为企业来运营，它们为在市场竞争中胜出或者赚取经济收益，经常会以传播夸大或虚假信息或给其提供传播平台来获得公众的关注度。用户常常被称为自媒体，在新媒体环境下可以随时随地发布传播信息，他们为了成为"网络名人"，获得更多的粉丝，也可能采取和新媒体机构相同的策略来获取关注度。为了阻止劣质信息的提供，应该按照自律和他律相结合原则，健全信息内容服务的制度和机制。一方面，要以法律法规限定信息内容提供者的行为权限和责任，规定对违法违规行为的惩罚措施和实施机制，同时促进公民个人和社会力量发挥监督作用；另一方面，建立行业自律机制，通过新媒体行业协会和行业监督评价机构进行行业自律，发挥行业自治和自我净化功能，约束和规范媒体机构的行为。

最后，建立舆论引导制度和机制，提供和传播优质信息。新媒体空间的信息可以分为事实形态的信息、观念形态的信息和情绪形态的信息三类。新媒体环境下公民可获取的信息无比丰富，信息来源多样化，但信息纷繁芜杂、真伪难辨、良莠不齐，公民难以从中分辨和选择出优质和可靠信息。同时由于新媒体环境下出现一个无序竞争的"意见自由市场"，公众的意见具有分散性、批判性、情绪性和群体极化性的特点，甚至会出现攻击诽谤、人肉搜索等群体暴力现象。为此，政府需要提供和传播优质权威信息，加强舆论的引导和调控。政府应该建章立制，分类施策，调控这三种形态的信息在新媒体空间的传播。第一，对于事实形态的信息，政府和传统媒体应通过各种新媒体渠道和平台，及时发布具有权威性的全面准确翔实的事实信息，从而使公众释疑解惑，降低信息的模糊性，澄清各种流言或谣言，减少公众的信息不完整以及由此带来的偏见。第二，观念形态的信息是政府舆论引导的重点。新媒体舆论的形成具有快速性、肤浅性的特点，为此，在观念形态的信息和舆论形成之初，政府和大众媒体应主动介入，及时提供简单明确的价值判断或权威性的主流意见，帮助公民很快树立正确的观念；对于已经形成的观念，要采取平等和柔和的姿态，以朋友的角色和风细雨式地进行科学的分析与比较，让公民自己主动修正意见与看法。同时，要维持新媒体空间话题和意见的多样化态势，实行舆论分流，避免群体极化现象的产生。第三，情绪形态的信息涉及人的情感与心理因素，因此把握和引导起来难度较大。一方面，要结合情感和道理有针对性地引导，晓之以理，动之以情，同时各类媒体应注重积极向上、富含正能量的舆论氛围的营造。另一方面，应发挥议程设置功能，培养新的兴趣关注点，弱化情绪信息的强度；通过社会名人和意见领袖来引导舆论，利用两者对公众的感召力和影响力，引导和改变公众的情绪倾向。

三　主体性制度和运行机制

主体性制度是新媒体环境下实现公民有效参与公共决策核心和关键性的制度要求，是有效参与的制度体系中的主体和核心。主体性制度也包括两种制度，即新媒体环境下公民与政府的沟通互动制度和公共决策的权力分享制度。

（一）健全新媒体环境下公民与政府的沟通互动制度

在知识社会学的视角下，公共决策的过程被视为不同利益主体，也就是拥有特定知识的主体，通过各种程序和制度，交换、学习、整合关于利益和决策方案的知识的过程。在公民参与的主题视域内,公民和政府是最主要的两个知识主体。公共决策的科学化,就是实现公民和政府两者所拥有的知识的互补和合理运用。要实现知识的合理运用,在公共决策过程中需要建立促成不同知识的交换、学习和整合的制度。这些制度可以被统称为公民与政府的沟通互动制度。因为公民所拥有的知识是个体性的、碎片化的、竞争性的甚至是冲突的,所以首先需要有一个公民之间交流讨论以实现知识聚合或利益组织化的过程,然后才能开始公民参与公共决策过程。因此,公民与政府的沟通互动制度主要包括公民之间的交流讨论制度、政府回应反馈制度和官民之间协商对话制度三种制度。在新媒体环境下,这三种制度都具有一些新的特点和新的要求。制度建设的总的原则是,加强官民互动,建立健全基于新媒体的政治沟通机制和社会协商对话机制,促进不同种类知识的合理利用。

1. 公民之间的交流讨论制度

公民之间的交流讨论是公民参与公共决策过程的起始阶段。交流讨论的状况效果对公民参与公共决策的效果有基础性的重要影响。因此,公民之间交流讨论制度是整个公民参与制度的基础。前面章节对新媒体环境下意见交互和舆论形成的过程及特点有较为详细的描述。新媒体充分实现了言论的自由和公民的话语权,近似形成了一个意见自由市场,但同时这种完全自发的言论空间也呈现无序竞争,存在情绪化、短暂性、批判性、群体极化性的特点。因此,必须对公民之间的交流讨论过程进行制度规范和约束,促进公民之间理性平和、理解包容、富有建设性的交流讨论。

公民之间交流讨论制度建设可以分为政府的制度建设和交流讨论的制度建设两方面。政府制度建设重点是对网络服务提供者和信息内容提供者的权责进行界定,对删帖、信息过滤、内容转发等行为进行规范和约束,以保障公民发表言论的权利和自由。此外,政府可以委派专人以普通公民身份参与讨论,对公民的交流讨论进行引导。新媒体空间公民的交流讨论的制度建设一般是通过网络服务提供商或新媒体机构等论坛管理者实施,构建交流讨论制度规范。主要表现为设立论坛管理规范、论坛使用规则等。内容主要包括:第一,设立最低限度的参与门槛,公民通过邮箱注册和提供用户名即可参与交流讨论;第二,议题由参与者自发设定，建立用户之间互评制度和系统自动统计及自动置顶制度；第三，设定论坛发言基本规范，如尊重他人、遵守宪法和法律、不泄露他人的隐私、禁止谩骂和人身攻击、理性包容等；第四，运用语言处理技术对有害信息进行自动过滤，对讨论中的观点进行实时自动分类和总结，以便于公民全面了解各方观点，形成客观判断和相互学习；第五，健全奖惩制度，对模范遵守基本规范者给予精神奖励，对违反基本规范者视程度轻重给予通告批评、禁言直至关停账户的惩罚。

2. 政府回应反馈制度

公民参与公共决策有两种民意提出方式，一种是公民通过彼此之间的交流讨论，形成一致性的意见即舆论共识，这些共识往往是指向政府的对公共决策提出的诉求，另一种是公民个体直接向政府提出对公共决策的诉求。在这个过程中，实现公民有效参与公共决策主要涉及两个因素：公民表达参与的途径渠道和政府回应反馈状况。途径渠道的设置是有效参与的基础，政府回应反馈的状况是有序有效参与的关键。公民参与公共决策的有效程度，很大程度上取决于政府回应的速度和质量。如果公民的诉求或意见得不到政府的认真对待，不能得到回应或及时回应，不能被告知他们的意见是否影响了公共决策，为什么被采纳或没有被采纳，会挫伤公民参与的积极性，导致对政府不满情绪的积累和非理性参与行为的产生。

政府对公民诉求的回应反馈一般发生在两类公民参与公共决策的途径平台上，一类是以政府网站为主的政府发起和设立的公民参与平台，另一类是各类新媒体机构设立的公民交流讨论平台。政府发起和设立的公民参与平台主要属于政治咨询范畴，表现为各级政府网站普遍设立的政民互动板块，主要包括领导信箱、在线问答、意见征集、咨询投诉、网络信访、网络留言办理等形式。这类参与属于公民个体的参与，社会影响力小，相对比较可控。各类互联网服务企业和新媒体机构也设立了大量的论坛社区、微博微信等公民交流讨论的平台。这些平台成为公民交流讨论、形成舆论和意见共识、对政府提出诉求的途径和渠道。这类参与属于公民群体的参与，社会影响力大，控制相对困难，是政府回应的重点和难点。政府应随时监测这类民间论坛的舆情舆论，及时做出回应和处置。

公民诉求和新媒体舆论的政府回应反馈制度主要包括政府回应反馈的主体确定、内容要求、办理流程、时限、责任追究以及考核等制度和运行机制。回应的总的原则是及时发现和回应民众诉求，广泛集中民意民智，增强政府与公众的交流和沟通，以引导新媒体舆情舆论的发展，减少线上及线下群体性事件的发生。制度建设的路径主要包括：第一，政府回应反馈的第一原则是迅速及时原则。新媒体环境下舆论舆情发展迅速，急剧扩大，同时人们的信息接收和观念形成具有先入为主的特点，因此政府必须第一时间发现和回应，以扭转舆论发展态势。一般现在政府发现和回应舆情的时间为"黄金4小时"，即在舆情发生的4小时内必须做出首次回应。第二，发展舆情监测与分析技术，对社会机构设立的公民交流讨论平台进行全天候的实时监测、分析和研判，对舆情的发展动态或网络群体性事件进行及时发现和干预。第三，整合回应的主体。政府组建跨层级跨部门的协同团队，整合不同资源组成一个主要通过网络连接但实现统一领导的虚拟组织队伍，团队成员共享信息资源。第四，赋予团队成员一定决定和回复的权限，减少管理层级，精简上传下达和审核批准的中间环节，缩短政府回应的时间，提升效率。第五，促进公民咨询处理流程的公开透明，公民可以随时查阅回复和问题解决的进度，利于公民对政府回应反馈的监督。

3. 官民之间协商对话制度

政府通过运用政务新媒体、网络政务论坛、网络立法听证会、在线访谈等形式，发起与公众之间的讨论、协商和合作。这一层次属于较高层级的公民参与形式，体现了政府和公民之间平等的协商和合作，但政府一般占据主导地位。在政府与公民之间建立协商对话制度，构建双方平等讨论和对话的平台，实现民众知识和政府拥有的知识的相互学习和整合互补，从而实现两者知识的合理运用，进而促进公共决策的科学化；协商本身所包含的民意吸纳成分也体现了公共决策的民主化。官民之间协商对话制度建设主要包括参与平台和参与方式的设立；协商议题设定和目标公众定位；协商讨论程序和决策吸纳流程设定；平等对话沟通规则的确立；及时提供公共决策吸纳民意状况的反馈报告等。其中，平等对话沟通的协商规则和程序以及政府采纳民意情况反馈是公民有效参与公共决策的关键。

制度建设路径主要包括以下几个方面：第一，构建一个安全、易用的协商对话平台。这一平台能够保护参与者的个人信息和隐私的安全，能实现公民简单快捷地注册进入参与，平台功能设置健全、清晰、易用，政府和公民之间交流互动便捷。第二，优化协商对话的基础性条件。议题设定环节应根据当前舆论热点和公共决策需要设定协商讨论议题，可以进行议题征集由公民设定议题；参与者范围要保证目标人群全部被覆盖，实现参与群体的多元化；在网上提供议题相关背景信息和协商讨论文字实录，以提高公民参与的针对性和发言的质量。第三，制定开展协商讨论的程序和规则。制定参与者使用指南，明确参与者的权利和责任，使得协商讨论规则实现参与者包括政府代表发言机会均等、协商过程公开透明和平等宽松的讨论氛围。按照哈贝马斯的理性沟通情境理论，应该规定如下规则：参与成员的开放性，不限制成员的资格；议题和观点的包容性，不限制讨论的主题和观点；参与者地位的平等性，政府以普通民众的身份和公民讨论协商，不以势压人；理性原则，官民之间在理性的指导下进行讨论、达成共识。第四，引进应用网络语言处理技术，对讨论内容和重点进行阶段性自动提炼和总结，将各种观点客观呈现给参与者，帮助公民了解辩论全貌和调整偏好观点，以促进多元观点整合和理性协商局面的形成。第五，强化协商讨论之后政府的结果反馈制度。政府及时反馈协商讨论的结果及其对公共决策的影响具有重要的作用和价值。政府以报告形式表明公民意见及协商讨论的结果如何在公共决策中被考虑和吸纳，如何影响公共决策，会形成对公民参与的认可与激励，也是政府尊重和重视民意的直接体现，从而促进政府与公民的良性互动与合作。

（二）建立公共决策过程中公民与政府的权力分享制度

借鉴法学中程序性规定和实体性规定的区分，公民参与公共决策所涉及的制度大体上可以分为程序性的制度和实体性的制度两个方面，也可称为过程性的制度和结构性的制度。前者包括公民参与公共决策的形式、渠道、方式、程序等，后者主要是指公共决策参与主体之间权力的配置状况。新媒体环境下公民参与公共决策程序性和过程性的制度主要体现为公民与政府的沟通互动制度，已在前面进行了阐述。本部分专门考察公共决策中政府和公民之间的权力配置状况，并分析新媒体环境下公民参与公共决策权力配置制度建设的路径。

由于现代政府按照科层制的结构组织，并被假定具备专业技术性知识，因此政府可以被视为一种"知识—权力"结构。而由于当代社会公共决策问题的复杂化和专业化，实证主义决策方法的盛行，导致强调决策的理性、技术性和专业性的"技术路线"占据主导地位。这种公共决策的理念赋予了政府的技术官僚决策的合理性和正当性。由此形成政府在公共决策中垄断"知识—权力"的局面，政府不仅垄断了决策权，而且掌握了知识和话语的霸权。公众参与的兴起以及新媒体的出现带来的公民参与的深化都没有根本改变这种决策权力配置体制。在我国公民参与公共决策的实践中，各级地方政府固然积极推动公民参与，但主要的关注点和着力点都放在程序性的制度建设上，而公共决策中各参与主体的权力配置体制则很少触及。公民参与虽然形式上热闹隆重，程序上健全齐备，但公民对决策的参与是形式上的、表面化的，并不能对政府的决策权形成一种制约。政府是否考虑和吸纳公众和舆论的意见，仍然具有相当大的自主权和随意性。

公共决策技术路线的理念和思维在当代语境下是站不住脚的。我们可以从知识社会学的视角来批判和反思。知识社会学认为，知识具有多元性和多维度的特点。政府、专家和公众各自拥有不同种类的知识，对此前章已做出了分析，政府的知识表现为对各种关联信息的综合，对全局和长远利益的判断等；公民拥有的知识表现为对事实的了解，对自身利益的情境化理解和以此形成的价值偏好等，专家的知识表现为对决策问题的客观分析和方案设计等。公共决策过程就是各类知识主体之间促进知识互补的交换、学习和整合知识的过程，即对各种知识的吸纳和利用的过程。公共决策的科学化就是实现对各类知识的合理利用。需要强调的是，这几种类型的知识是平等的，没有高低优劣之分。一个公正合理的公共决策体制，应当在公众与政府的知识之间建立平衡，应当在公民参与中形成一种防止政府的知识和话语垄断局面的制衡机制。然而，现行的公共决策体制中并没有一种保障不同参与主体平等地位和均等配置话语权的制度安排，公民在决策体制结构中不能成为平等的知识提供者和对话者。现行的决策体制没有承认公民拥有的知识与政府知识的平等性，认为政府的知识更加可靠、具有优势地位，导致政府形成一种

"知识—权力"的垄断结构。

打破这种垄断结构，关键并不在于公民参与的方式形式等程序性内容，而在于充实公民参与权的实体性内容，使公民对政府的决策话语和权力构成一种有效的制约，也就是公共决策过程中公民与政府的权力分享。落实到制度建设上，就是改革公共决策的权力配置结构即实体性制度，建立公共决策中公民与政府的权力分享制度。另外，也不能走向另一个极端，即公民公众在各类公共决策中都起决定性作用的公众主导型决策体制，这也是不科学、不合理的。因为公民意见的局限性和缺陷已被古往今来无数学者的论述和历史的实践所证明。从知识社会学的视角来看，公众知识的主要缺陷有：公众的知识往往是碎片化的、竞争性甚至是相互冲突的，公众有可能夸大或贬低某种价值或利益诉求；由于公共决策是一种公共产品，并不是每个公民都有参与的积极性，只有少数利益受到较大影响的公民才积极参与，这就导致通过参与而提供的知识往往是不准确和不全面的；并不是所有公民都具有同等的个人能力以及经济和社会资源，这导致提供知识和参与效果的不平等。唯一的出路只能是公众和政府开展协商和讨论，实现合作，寻求有共识的而不是任何一方专断的权力行使，也就是寻求政府和公民对公共决策权力的合理的分配和合作性的分享。

按照西蒙的理论，任何决策都可以区分为价值层面和事实层面也就是目标和手段两个方面。决策权力一方面表现为价值层面的判断，而价值判断要以价值层面的知识为基础；另一方面也表现为事实层面的判断，事实判断要以事实方面的知识为基础。由此，公共决策权力配置体制改革总的原则是按照公共决策的价值判断由公众和政府主导、事实判断由政府和专家主导改造公共决策体制，实现公民参与对政府决策权一定的制约。当然，公共决策过程可以划分为不同的环节和阶段，每个阶段对不同类型的知识的需求程度各不相同，公民与政府的权力分享并不意味着公民和政府在公共决策各个阶段的权力配置结构都是相同的。因此，我们应该从公共决策的具体阶段进行具体深入的分析。

如第三章所述，本研究将公共决策过程划分为问题界定、议程设立、政策规划和政策合法化四个阶段。在公共决策的问题界定阶段，公民参与活动一般由政府发起，公民往往是被动参与，政府发起公民参与的目的是收集和获取关于社会问题的事实信息，从公民的视角来看就是向政府传递关于社会问题的事实信息，参与形式主要表现为各类社会调查和民意调查，最终目的是把握和界定社会问题，了解公众的各种需求和愿望。在这个阶段政府收集的信息主要是事实层面的信息和知识，形成事实判断。如前所述，由于无法区分事实和价值，公众关于事实的信息和知识往往是主观的、片面的和不准确的，因而事实判断需要以政府和专家为主导，政府掌握大部分的决定权以及社会调查和民意调查活动的控制权。但公民也不是完全不享有权力。公民所拥有的事实信息和知识是政府没有掌握的，政府必须依赖于公民的提供和合作才能实现目的，因此公民公众拥有对社会调查过程的知情权和监督权。

在公共决策的议程设立阶段，要决定将要处理和解决的政策问题。这主要是各种不同价值偏好之间的聚合问题，从政府的角度来看就是价值的吸纳。最终形成关于政策问题的价值的判断。因为公民公众是拥有价值信息和知识的主要参与主体，"公众是价值和规范知识的最重要主体，因而公众参与是决策过程中价值选择的最主要机制。"① 因此，在这个阶段，公众要掌握大部分的决定价值判断的实质性的权力。当然，公众的价值信息和知识也存在着缺陷，公众的价值偏好和利益倾向经常是基于情感的、短视的以及缺乏全局考虑的，而这恰好是政府所拥有的价值知识的优势。因此，应该实现公众和政府拥有的知识之间的互补。也就是说议程设立阶段权力分享机制是公众掌握主要的权力，政府掌握次要的权力。当然这是从总体上来说的，具体分析这种权力分享机制需要强调两点：一是公民拥有的价值知识和政府拥有的价值知识是平等的，各有优势长处，不存在高低优劣之分；二是知识互补和合理利用的方式是公众和政府之间平等的协商讨论，政府作为普通参与者参加协商讨论，按照理性包容、相互学习的精神达成共识，实现知识的聚合和增长，实现权力分享。

在公共决策的政策规划阶段，要确定政策的目标，设计各种不同的政策方案，并对各个方案进行评估和择优。而这些工作具有较强的专业

① 王锡锌：《公众参与和行政过程——一个理念和制度分析的框架》，中国民主法制出版社 2007 年版，第 249 页。

性和技术性，需要大量的事实层面的专业技术性知识，这既包括关于政策问题现状的知识，也包括设定目标的知识，还包括关于达成目标的手段以及手段预测评估的知识。这些知识主要由以行政专家为代表的政府所拥有。公众因为无法区分知识的价值成分和事实成分，除了能够在提供政策问题现状和设定政策目标方面发挥一定作用以外，总体上在这个阶段的知识利用和作用发挥是有限的。不过在新媒体环境下，蕴藏在民众之中的智慧和经由交流碰撞产生的知识增长十分可观，公民的参与可以发挥建言献策功能，提出建设性意见建议，弥补政府专业知识的欠缺和疏漏，促进公共决策的理性化和科学化。因此新媒体环境下政策规划阶段公民参与的知识利用和作用发挥得到了增强。总的来说，在这个阶段政府和专家应掌握政策规划的主导权和实质性的权力，拥有结果控制的权力。公众主要行使的是知情权和监督权，拥有过程控制的权力。

在公共决策的政策合法化阶段，政府要宣传解释已通过的政策，公民参与主要形式是政策咨询，表现为获取政策信息、政府对政策的答疑解惑等。因为政府是公共决策的制定者、责任者，享有对公共决策的解释权和执行权，因此在这一阶段的信息和知识主要由政府来提供，公民只是提供极少量且不重要的关于事实场景的信息，以获取政府的解释和答复。因此，在公共决策政策合法化阶段公民基本上不掌握权力，政府掌握了实质性和程序性的权力，也就是政府拥有了结果控制和过程控制的权力。公民只拥有反馈信息的权力和制度实施上的监督权。这是政府和公民之间的权力配置和权力分享最不平衡的一个阶段。之所以如此，乃是因为在政策合法化阶段公共决策已经确定，发起公民参与的目的是增进民众对政策的理解和认同，增强政策的可接受性。公民参与主要发挥的是沟通和动员的功能，为下一步公共决策的执行创造有利条件。

综上所述，新媒体环境下公民有效参与公共决策要建立公共决策过程中公民与政府的权力分享机制，建立科学的公共决策权力配置制度。这就要求针对公共决策不同的环节和阶段，建立不同的政府和公众之间的权力配置制度，构建政府和公众之间不同程度的权力分享机制和权力制约机制，从而实现公共决策对公民诉求建议和新媒体舆论的科学合理的吸纳。这是新媒体环境下公民有效参与公共决策静态结构层面的运行机制，也是宏观层面的制度建设要求。根据约翰·克莱顿·托马斯的理论，界定公民参与的适宜度主要取决于最终决策中政策质量要求和政策可接受性要求之间的相互限制。① 一项公共决策是否需要以及需要多大程度的公民参与可以根据决策的问题来做出分析判断。确定公民参与的适宜度之后，根据本研究的研究结论，可以根据公共决策的不同的环节和阶段，确定不同的开展公民参与的目的与功能，然后根据参与的目的和功能来选择不同的公民参与的类型，再根据这些公民参与类型各自有效参与的衡量标准，科学界定公民参与的范围规模、广度深度、途径渠道、方式方法等，最后以此为依据设计出一项公共决策过程实现公民有效参与的规划方案。这是公民有效参与公共决策体现动态过程的运行机制，也是具体操作层面的制度建设路径。

四　保障性制度和运行机制

保障性制度是新媒体环境下公民有效参与公共决策提供外围支持和保障的制度。这些制度对公民的有效参与产生全面性的、深层次和持续性的影响。这些制度的健全和优化将全面促进和持续保障新媒体环境下公民的有效参与，提升公民参与公共决策的有效程度。保障性制度主要包括新媒体资源均衡配置制度和公民参与道德规范两个基本制度。

（一）健全新媒体资源均衡配置制度

新媒体资源配置主要包括新媒体硬件软件资源在城乡和区域的布局，新媒体使用技能在不同年龄阶段、不同社会阶层、不同文化程度人群中的分布状况。通过新媒体资源均衡配置，可以消除数字鸿沟，保障新媒体环境下公民参与公共决策中参与主体的广泛性和代表性，为公民有效参与公共决策提供物质技术基础。如前所述，当代社会数字鸿沟主要表现在四个方面，可以简明地概括为信息媒体接入鸿沟、使用技能鸿沟、内容倾向鸿沟和意识兴趣鸿沟，其中后两个鸿沟属于政治文化方面的范畴，将在其他部分考察论述。本部分主要考察论述信息鸿沟的前两个表现形式，即新媒体接入鸿沟和使用技能方面的鸿沟。为缩小和消除这两方面的鸿沟，应该建立两个制度和机制，即新媒体基础资源均衡分布制

---

① ［美］约翰·克莱顿·托马斯：《公共决策中的公民参与》，孙柏瑛等译，中国人民大学出版社 2010 年版，第 25 页。

度和新媒体使用技能培训制度。这两者分别促进和实现新媒体环境下公民参与公共决策的机会均等性和能力均等性，共同促进公民参与公共决策的信息共享和参与的公平性。

为了建设和推行这两种制度，至少可以设计和建立三种运行机制和建设路径，一是基础资源均衡发展机制、侧重于加大落后地区基础资源建设力度；二是弱势群体和障碍人士技术服务保障机制，侧重于最低水平的保障和底线公平的实现；三是相关群体新媒体使用技能培训机制，侧重于弱势群体的能力建设与技能提升。具体来说，第一，建立新媒体基础资源均衡发展机制。当前，我国新媒体的硬件软件基础资源的分布尚不均衡，发展不平衡。从整体上来看，城市的新媒体资源发展水平明显优于农村，经济发达地区基础资源建设水平明显高于欠发达地区的基础资源建设水平。虽然这种分布不均衡根本上是由城乡及各地的经济发展水平决定的，但中央政府可以统筹城乡和区域发展，促进城乡区域新媒体基础资源的协调和均衡化发展。中央政府应通过建立相关制度和机制进行调控。一是制定加大资金投入向农村和欠发达地区倾斜的政策，通过对这些地区的政策倾斜和资金投入，加快这些地区的新媒体基础资源的发展；二是实施建设项目带动战略，在农村和欠发达地区优先安排信息基础设施、新技术攻关等项目，加大落后地区基础资源建设力度。第二，发展新媒体技术，建立弱势群体和障碍人士技术服务保障机制。研发新媒体技术并进行推广普及，开展面向少数民族等弱势群体和残疾人等障碍人士的针对性的技术服务，如完善电子政务系统的信息传递方式，设置视频、音频、聋哑手语、盲文和多民族语言文字等方式，为弱势群体和障碍人士使用新媒体参与公共决策提供便利，保障弱势群体和障碍人士都可以通过新媒体获取信息和表达意见与诉求，实现新媒体技术和信息资源的全民共享。第三，建立针对某些群体的新媒体使用技能培训机制，有计划、有针对性地开展新媒体使用技能培训。实施培训的重点人群是老年人、农民工等城市低收入群体和文化程度低的农民等群体，提升这些群体的新媒体技术使用能力，使他们能够学会通过各类新媒体获取信息、互动交流和表达利益诉求，提高公民利用新媒体参与公共决策的能力的均等性，从而拓展新媒体途径的公民参与主体的覆盖范围，使更多的民众能够加入到新媒体途径的公民参与中来，保障公民参与主体的普遍性。

（二）推进新媒体环境下公民参与道德规范建设

一个社会思想文化的自然演进过于缓慢，而且具有不确定性，因此公民参与道德规范的建设不能仅仅依靠自发的演化，需要发挥人类的主观能动性，以加速道德规范的变迁和转换，这就需要正式制度及其运行机制的推动。这些制度包括宣传教育制度以及奖励和惩罚制度两类。制度的运行机制主要包括确立总体目标、制定中短期实施计划、建立组织保障以及评估与考核机制等内容。加强新媒体环境下公民参与道德规范建设，需要有科学的制度和运行机制予以推动和保障。如前所述，公民参与道德规范建设包括政府官员行为道德规范和公民行为道德规范两方面，下面分别进行分析论述。

1. 推进新媒体环境下政府官员新型道德规范建设

在新媒体环境下公民参与公共决策领域，政府官员行为道德规范一般以民主决策、科学决策和依法决策以及协商对话、理性包容等要求为核心内容。当前应重点强调以下行为取向：首先，绝大多数公民参与的目的是维护自身合法权益，帮助政府解决公共问题，提高公共管理水平。因此政府官员要以鼓励和引导的态度对待公民参与行为，并为其创造机会和便利条件，而非限制和排斥公民参与。新公共服务理论认为，"鼓励公民参与是公务员角色的一个必不可少的要素"，政府官员"不仅要始终关注普通公民的需要，而且还要努力地使不活跃的公民活跃起来"①。其次，对公民意见的宽容和包容。公民在新媒体上发表的言论和意见多种多样，很多是对政府工作提出的意见和批评，其中包含一些对政府工作的误解曲解甚至激烈的批评。政府官员要以宽容包容的态度面对，尊重公民的言论自由权利，塑造宽松自由的舆论环境。最后，官民之间的平等协商。在新媒体环境下，政府官员要改变官本位、为民做主、偏好命令管制等观念，树立与公民平等协商、合作共治的观念。只有政府在公共决策中与公民进行平等的协商和合作，才能实现公民有效参与公共决策。

---

① ［美］珍妮特·登哈特、罗伯特·登哈特：《新公共服务：服务，而不是掌舵》，中国人民大学出版社2004年版，第54页。

在正式制度及其运行机制上，主要包括三个方面：一是强化宣传教育制度实施。各级政府要制定针对公务员观念和行为转变开展宣传普及和教育培训工作的实施规划，主要包括确立总体目标、制定中短期实施计划、建立组织保障以及评估与考核机制等，并确保实施规划的严格贯彻落实。二是强化奖励惩罚制度。观念是行为的先导，行为反映出观念。可以通过行为的约束引导来促进观念的转变。因此，应健全促进政府官员遵守其行为道德规范的激励约束机制，即公务员行为的奖励惩罚制度。对遵守行为道德规范的行为予以奖励，对违反行为道德规范的行为予以惩罚，以促进政府官员观念的转变。三是在政府组织机构内部，要加强学习型组织建设。通过促进组织成员的自我学习、相互学习、集体学习，开展各种丰富多样的学习和培训活动，使公务员知晓和遵守行为道德规范。通过学习型组织建设，在政府组织内部推进新媒体时代新型公务员行为道德规范建设。

2. 加强新媒体环境下公民行为道德规范建设

公民行为道德规范侧重于使公民知晓"应该如何做"。公民参与行为的道德规范体现和受制于公民参与的价值理念和主观意识，将公民参与的价值理念和主观意识转化为对公民行为的具体要求，明确告诉公众在参与活动中什么可以做、什么不可以做、应该怎么做以及相应的奖励惩罚标准，使公民参与的权利、义务及责任都有明确规定，为人们的参与行为提供非正式制度约束。公民行为道德规范的内容主要包括遵守国家法律法规；摆事实、讲道理式的观点表达和平等协商；非情绪化和非暴力；宽容妥协和理性包容；监督公职人员行为并敢于合理抗争等。由于新媒体空间的匿名性和虚拟性特点，人们隐藏了自己的身份、地位等社会标签，摆脱了传统道德对人的自律和他律的约束，人们可以轻易地逃避舆论压力和道德谴责。表达行为主体的不确定性也使得责任主体难以确定，道德规范难以发挥作用。新媒体成为一个道德规范失灵的高度自由而无约束的空间。这极大地阻碍了新媒体环境下公民对公共决策的有效参与。为此，需要依靠建立正式制度及其运行机制，大力加强新媒体环境下公民行为道德规范建设。

为此，首先，应规定公民参与行为道德规范的原则要求，如公民在意见表达、沟通协商、信息传播等方面的权利和责任。除此之外，还要具体规定新媒体环境下公民参与行为的道德规范，如人肉搜索的使用范围以及对谣言传播、语言暴力、侵犯他人隐私等行为的惩罚规则等。其次，制定新媒体环境下公民行为道德规范建设实施规划。这个规划经过政府广泛论证后出台，包括建立健全新媒体环境下公民行为道德规范建设的内容形式、机制途径、方法手段等。实施规划应具体规定公民行为道德规范建设的主要制度及运行机制，包括宣传教育制度、对公民行为的奖励和惩罚制度以及配套实施机制等。再次，实现公民行为道德规范的法制化，将已经成熟稳定和被普遍认同的道德规范上升为法律法规，以立法明确公民参与行为的权利和责任的边界，同时以严格的执法保证法律法规的实施，依法惩处违背公民行为道德规范的行为，为公民参与行为道德规范建设提供法治保障。最后，倡导公民道德自律。新媒体空间具有弱控制、高自治的特点，"少干预、重自律"已经成为各国新媒体管理的一个共同思路。因此，应大力倡导道德自律，促进公民行为道德规范的普遍遵守。政府和主流媒体应通过倡议签署自律协议、举办大型网民签名活动等形式引导新媒体从业者和广大公民加强道德自律；基层社区组织和志愿者应开展丰富多样的活动，促进公民道德自律。

第 八 章

结论与展望

第一节　本研究的结论

随着中国进入以固网和移动网连通、媒介融合为特征的新媒体时代，公民通过新媒体交流讨论、形成舆论进而参与和影响政府公共决策的事件不断涌现、层出不穷。然而，在公民参与公共决策事件中，不论是公民参与层面还是政府应对层面都存在种种问题，对公共决策产生了负面的效果和影响。所有这些都可以归结为政策科学视角下公民参与公共决策的有效性问题。这正是本课题研究的缘起。本研究关注当前新媒体环境下公民参与公共决策问题，以有效参与为核心主题，探寻新媒体环境下如何实现公民有效参与公共决策。

本研究认为，制度建设是新媒体环境下公民有效参与公共决策最重要的路径。因此，本研究将制度建设作为新媒体环境下公民有效参与公共决策研究的落脚点和逻辑结果。本研究通过对公民参与公共决策以及新媒体环境的理论研究，围绕有效参与展开，建立了本研究的分析框架：新媒体环境下公民有效参与公共决策的理论基础—有效参与的衡量标准—有效参与的现状—有效参与的实证研究—有效参与的制约因素—有效参与的制度建设。具体来说，本研究从阐述新媒体环境下公民参与公共决策的基本理论出发，首先界定出政策科学视角下有效参与的内涵以及四种公民参与类型的衡量标准，然后以这个衡量标准为依据和参照，宏观考察新媒体环境下公民参与公共决策的总体现状，并进行典型性微观个案的实证研究，分析公民参与的有效性程度，然后再回到宏观层面，进行全面深入地制约因素分析，最后拟定出新媒体环境下公民有效参与公共决策制度建设的思路和路径。通过研究，得出以下五个主要结论。

一　新媒体环境下当前我国公民参与公共决策的有效性总体偏低

新媒体环境下公民参与公共决策呈现出参与主体广泛性、参与渠道多样性和便捷化的特点，在参与的内容和决策过程阶段方面主要集中于议程设立和决策方案评估阶段。同时新媒体的技术优势导致公民参与的成本也大大降低。这些都是新媒体环境给公民参与带来的巨大变化和积极影响。总体来说新媒体环境促进了公民参与公共决策。但与此同时，新媒体环境下公民参与公共决策的有效性呈现总体偏低的状况。这一方面表现为参与主体在城乡区域和社会群体之间的不平衡，公共决策过程中公民参与的内容和环节阶段不够全面完整；另一方面表现为公民参与公共决策的等级较低，实际影响较小，多数是象征性参与，政府对公民参与态度消极、回应缓慢滞后以及参与过程中"群体极化"现象突出等问题。

二　新媒体环境下公民参与的有效性受制于传统的公共决策体制

一个公正合理的公共决策体制，应当在公众与政府的知识之间建立平衡，应当在公民参与中形成一种防止政府的知识和话语垄断局面的制衡机制。然而，现行的公共决策体制中并没有一种保障不同参与主体平等地位和均衡配置话语权的制度安排，公民在决策体制结构中不能成为平等的知识提供者和对话者。现行的决策体制没有承认公民拥有的知识与政府知识的平等性，认为政府的知识更加可靠、具有优势地位，导致政府形成一种"知识—权力"的垄断结构。新媒体环境下的公共决策体制本质上仍然是这种"信息（知识）—权力"垄断体制。公共决策信息和程序不公开透明，政府部门对于决策信息的天然垄断使得公民在公共决策参与中成为劣势一方，决策权实际上仍由政府掌握，公众难以对政府的权力形成一定的制约。这一决策体制无疑是受到传统决策体制的路径依赖效应影响的结果，制约了公民参与公共决策的效果。虽然新媒体赋予了公民一定的"自下而上"影响议程设置的能力，且可借由焦点事件形成的舆论洪流促使决策发生变革。但整体上看，公民所拥有的决策权是十分有限的。

三 新媒体环境下决策过程中公民和政府角色和权力配置不合理

新媒体环境下，由于缺乏对公共决策中事实成分和价值成分的有效区分，致使同时存在着公众参与不足或过量和专家理性缺位的现象。这种公共决策过程中公民和政府的角色与权力配置的不合理性，严重制约了我国公民参与公共决策的有效性。对于公共决策中价值成分和事实成分的混淆，使得公民、行政专家的知识在决策体制中的合理运用变得十分困难。公民和政府的角色与权力配置因此也难以平衡。很多时候，在应当充分吸收价值成分的公共决策之中，政府未能及时充分扩大公民参与的范围，一部分群体的价值偏好被排除在决策之外，因而决策最终仅体现了部分群体的利益诉求或价值判断。新媒体环境下还会出现另一种情况。公民利益的多元化、诉求表达的海量化，使得行政专家在应对新媒体环境下的公民诉求时耗费了大量行政资源。如此一来，留给行政专家进行理性分析的空间十分有限，不利于理性知识的运用，从而会出现参与过度甚至多数暴政的现象。

四 新媒体环境下公民与政府的沟通互动制约了参与效果的实现

根据德国思想家哈贝马斯的理论观点，新媒体环境下公民与政府的沟通互动可以分为公共领域的理想情境和沟通有效性两个层面，并分别提出了具体的条件要求。在新媒体环境下，公民与政府的沟通互动未能满足理想情境和有效沟通的要求，制约了我国公民参与公共决策效果的实现。一方面，尽管新媒体所创造的一定程度上自由、平等、理性的沟通空间，有助于公共领域的形成，但现实情境中，新媒体空间中的公众、媒介和舆论显然与公共领域"理想情境"的要求仍有很大距离，存在着诸多现实困境。主要表现在：精英化的参与主体结构、被干预的新媒体空间以及缺乏理性批判精神的网络舆论。另一方面，哈贝马斯所提出的有效沟通的三个条件，即参与主体事实陈述的真实性、沟通意向的真诚性以及行为规范的正确性，有助于共识的达成。然而，新媒体环境下用户的匿名化、广泛化以及信息的海量化等特征增大了达成这三大基本条件的难度。在新媒体空间，对事实的真实陈述和确认言说者沟通意向的真诚性都是困难的，言说者所依循的行为规范往往也缺乏共识。因此我国现阶段新媒体环境仍缺乏有效沟通的必备条件。

五 新媒体环境下公民有效参与公共决策制度是多层级的制度体系

新媒体环境下公民有效参与公共决策的根本对策是制度创新和制度建设，目的是在政府的主导权、决定权和公民的参与权、制约权之间取得平衡。新媒体环境下公民有效参与公共决策的制度体系包含顶层设计制度、基本制度和运行机制三个层次。不同层级制度之间、同一层级的制度之间需要协调配合，才能实现制度体系效果的最大化。其中，基本制度是制度设计和建设的核心和重点，包括基础性制度、主体性制度和保障性制度三个类别六种制度。基础性制度包括政府信息、决策信息公开制度和新媒体用户的权利保障制度，主体性制度包括新媒体环境下公民与政府的沟通互动制度和公共决策的权力分享制度，保障性制度包括新媒体资源均衡配置制度以及包括政府和公民两方面的新媒体环境下公民参与道德规范制度。每种基本制度都有对应的顶层设计制度和具体的运行机制来实现其制度目标。基本制度中主体性制度的作用最为重要和关键。对于新媒体环境下公民与政府的沟通互动制度，需要注意的是，新媒体环境下公民参与公共决策具有非理性化、情绪化的弊端，同时其代表性和平衡性亦存在缺失。因此对新媒体的适度监管及其舆论的引导是必要的。对于政府和公民公共决策的权力分享制度，需要注意的是，要针对公共决策不同的环节和阶段，建立不同的政府和公众之间的权力配置制度，构建政府和公众之间科学的权力分享机制和权力制约机制，从而实现公共决策对公民诉求意见和新媒体舆论的科学合理的吸纳。

第二节 前景展望

自中国进入网络社会即新媒体时代以来，公民参与的事件与活动蓬勃兴起，风起云涌，有些甚至形成了社会运动。大量的公民参与以公共决策为指向，并最终对政府的公共决策产生了影响，其中在新媒体上产生和传播的舆论发挥了巨大的作用。新媒体舆论已经从大众媒体舆论的补充形式发展成为社会舆论的主要表现形式。新媒体作为当代社会公民参与最重要的工具和途径，成为社会舆论的放大器、晴雨表和风向标，在社会舆论的形成和发展中起着关键作用。然而，公民利用新媒体途径和工具参与公共决策的效果却利弊并存，从决策科学化民主化的要求看，公民参与总体的有效性程度偏低。本研究即是在这种背景下，聚焦于有效参与主题，分析探讨新媒体环境下如何实现公民有效参与公共决策的问题。本研究发现，新媒体环境下公民有效参与公共决策的根本对策是制度创新和制度建设，目的是在政府的主导权、决定权和公民的参与权、制约权之间取得平衡。

本研究综合运用政治学、传播学、社会学、管理学等多学科交叉的理论作为理论工具来展开分析研究，特别是将知识社会学理论、哈贝马斯的公共领域和有效沟通理论与公共政策学理论结合起来，围绕有效参与这一主题，设定新媒体环境下公民参与公共决策中有效参与的衡量标准，分析当前公民有效参与公共决策的各种制约因素，探寻实现公民有效参与公共决策的解决之道。以上是本研究的显著特色与学术价值所在，也是本研究试图做出的理论突破和创新之处。但是，囿于研究者的学科背景、知识储备以及研究能力特别是数据收集的能力所限，本研究也存在着一些局限性和不足。主要表现在以下三个方面：

一是新媒体环境下公民有效参与公共决策的衡量标准还显得稚嫩和简单，还存在很大的改进和提升空间。具体而言，本研究虽然依据相关理论构建了公民有效参与公共决策的衡量标准，但并未进一步完善相关的指标体系，如进行各级指标构建、指标赋权等。这也进而限制了本研究对有效性的定量衡量。

二是制度建设是本研究的逻辑结果和落脚点，然而本研究基本上没有将新制度主义的理论作为分析工具。新制度主义作为当代世界至今盛行的理论分析工具，具有很强的解释力和影响力，特别是对于国家和社会的关系、对于一项制度的兴衰演变、改革创新等动态变迁的研究十分具有说服力。而本研究主要是基于制度的静态结构视角进行分析，提出实现公民有效参与公共决策制度体系的主要内容及建设路径，较为宏观，缺乏基于制度动态变迁的视角即以新制度主义作为理论工具的分析。

三是在研究方法上，本研究虽然运用了典型案例分析等实证研究方法，也运用了一些宏观统计和社会调查的数据，但在总体上偏重于定性的研究方法，包括文献分析、概念术语分析、学术史分析和逻辑分析等，对社会调查统计、模型建构运算等定量研究方法的运用不足，观察体验等研究方法也没有得到应用。这使得本研究对影响有效参与的各个因素等变量之间的关系的描述分析不够明确和严谨，对某些具体事件的分析也不够深入。

本研究以上三个方面的不足之处其实也表明了本研究主题有待进一步深入探讨和研究的问题。针对上述新的理论视角的引入或研究不足的弥补而开展的研究正是对本课题研究的深化和拓展，代表着本课题领域研究未来的发展方向，也是学界同人和本人未来的努力方向。

参考文献

一 中文著作

陈甦、田禾等:《法治蓝皮书:中国法治发展报告 No. 17（2019）》，社会科学文献出版社 2019 年版。

陈向明:《质的研究方法与社会科学研究》，教育科学出版社 2000 年版。

陈振明:《公共政策分析》，中国人民大学出版社 2003 年版。

费孝通:《乡土中国》，北京出版社 2005 年版。

付宏:《基于社会化媒体的公民政治参与》，国家行政学院出版社 2014 年版。

傅永军:《法兰克福学派的现代性理论》，社会科学文献出版社 2007 年版。

郭庆光:《传播学教程》，中国人民大学出版社 1999 年版。

郭小安:《网络民主的可能及限度》，中国社会科学出版社 2011 年版。

郭玉锦、王欢:《网络社会学》，中国人民大学出版社 2017 年版。

何艳玲:《公共行政学史》，中国人民大学出版社 2018 年版。

何增科:《公民社会与第三部门》，社会科学文献出版社 2000 年版。

胡百精:《新媒体语境、危机话语与社会性格》，载彭兰主编《中国新媒体传播学研究前沿》，中国人民大学出版社 2009 年版。

胡泳:《网络政治——当代中国社会与传媒的行动选择》，国家行政学院出版社 2014 年版。

胡泳:《众声喧哗:网络时代的个人表达与公共讨论》，广西师范大学出版社 2008 年版。

黄春莹:《中国公民网络政治有序参与的政府制度供给研究》，博士学位论文，东北大学，2016 年。

江泽民:《党的建设的目标和任务》，载《十四大以来重要文献选编》，人民出版社 1997 年版。

匡文波:《新媒体概论》,中国人民大学出版社 2012 年版。

李斌:《网络参政》,中国社会科学出版社 2009 年版。

李永刚:《我们的防火墙:网络时代的表达与监管》,广西师范大学出版社 2009 年版。

刘力锐:《基于网络政治动员态势的政府回应机制研究》,东北大学出版社 2012 年版。

刘文富:《网络政治——网络社会与国家治理》,商务印书馆 2002 年版。

罗坤瑾:《从虚拟幻象到现实图景:网络舆论与公共领域的构建》,中国社会科学出版社 2012 年版。

浦兴祖:《中华人民共和国政治制度》,人民出版社 2005 年版。

强月新、张明新:《转型社会的媒介景观》,武汉大学出版社 2007 年版。

师曾志、金锦萍:《新媒介赋权》,社会科学文献出版社 2013 年版。

孙柏瑛、杜英歌:《地方治理中的有序公民参与》,中国人民大学出版社 2013 年版。

王法硕:《公民网络参与公共政策过程研究》,上海交通大学出版社 2013 年版。

王赓武、郑永年:《中国的"主义"之争》,八方文化创作室出版社 2009 年版。

王贵斌:《Web2.0 时代网络公共舆论研究》,中国传媒大学出版社 2015 年版。

王金水:《网络政治参与与政治稳定机制研究》,中国社会科学出版社 2013 年版。

王绍光、樊鹏:《中国式共识型决策:"开门"与"磨合"》,中国人民大学出版社 2013 年版。

王淑华:《互联网的公共性》,社会科学文献出版社 2014 年版。

王锡锌:《公众参与和行政过程——一个理念和制度分析的框架》,中国民主法制出版社 2007 年版。

文远竹:《转型中的微力量:微博公共事件中的公众参与》,世界图书出版公司 2014 年版。

翁士洪:《"弱"关系"强"在哪里:网络参与下地方政府决策回应模式

研究》，中国社会科学出版社 2018 年版。

谢新洲等：《互联网等新媒体对社会舆论影响与利用研究》，经济科学出版社 2013 年版。

严利华：《从个体激情到群体理性——新媒介时代公民参与的理论与实践》，武汉大学出版社 2013 年版。

杨成虎：《政策过程中的公民参与》，天津人民出版社 2015 年版。

杨国枢：《中国人的社会取向：社会互动的观点》，桂冠图书公司 1992 年版。

杨吉、张解放：《在线革命：网络空间的权利表达与正义实现》，清华大学出版社 2013 年版。

殷海光：《中国文化的展望》，生活·读书·新知三联书店 2002 年版。

袁峰、顾铮铮等：《网络社会的政府与政治——网络技术在现代社会中的政治效应分析》，北京大学出版社 2006 年版。

臧雷振：《变迁中的政治机会结构与政治参与：新媒体时代的中国图景》，中国社会科学出版社 2015 年版。

曾凡斌：《互联网使用与中国中间阶层的政治参与研究》，中国社会科学出版社 2016 年版。

张春华：《网络舆情：社会学的阐释》，社会科学文献出版社 2012 年版。

张明澍：《中国"政治人"——中国公民政治素质调查报告》，中国社会科学出版社 1994 年版。

张淑华：《网络民意与公共决策：权利和权力的对话》，复旦大学出版社 2010 年版。

张小劲、景跃进：《比较政治学导论》，中国人民大学出版社 2008 年第二版。

赵春丽：《网络民主发展研究》，经济科学出版社 2011 年版。

郑永年：《技术赋权：中国的互联网、国家与社会》，邱道隆译，东方出版社 2014 年版。

朱德米：《公共政策制定与公民参与研究》，同济大学出版社 2014 年版。

朱鑫灏：《网络公民社会研究》，中国社会科学出版社 2014 年版。

朱旭峰：《政策变迁中的专家参与》，中国人民大学出版社 2012 年版。

祝华新、廖灿亮等：《2018 年中国互联网舆论分析报告》，载《2019 年中国社会形势分析与预测》，社会科学文献出版社 2019 年版。

邹振东：《台湾舆论议题与政治文化变迁》，崧博出版社 2014 年版。

二 中文译著

［德］哈贝马斯：《公共领域》，载汪晖、陈燕谷主编：《文化与公共性》，生活·读书·新知三联书店 1998 年版。

［德］哈贝马斯：《公共领域的结构转型》，曹卫东等译，上海学林出版社 1999 年版。

［德］哈贝马斯：《交往与社会进化》，张博树译，重庆出版社 1989 年版。

［德］马克斯·韦伯：《社会科学方法论》，韩水法、莫茜译，商务印书馆 2015 年版。

［法］古斯塔夫·勒庞：《乌合之众：大众心理研究》，戴光年译，新世界出版社 2010 年版。

［法］卢梭：《社会契约论》，何兆武译，商务印书馆 2003 年版。

［古罗马］修昔底德：《伯罗奔尼撒战争史》，谢德风译，商务印书馆 1978 年版。

［古希腊］亚里士多德：《政治学》，吴寿彭译，商务印书馆 1965 年版。

［荷］简·梵·迪克：《网络社会——新媒体的社会层面》，蔡静译，清华大学出版社 2014 年版。

［加拿大］马歇尔·麦克卢汉：《理解媒介：论人的延伸》，何道宽译，商务印书馆 2000 年版。

［美］阿尔文·托夫勒：《力量转移：临近 21 世纪时的知识、财富和暴力》，刘炳章译，新华出版社 1996 年版。

［美］阿兰·艾萨克：《政治学的视野与方法》，张继武、段小光译，南京大学出版社 1988 年版。

［美］安德鲁·基恩：《网民的狂欢——关于互联网弊端的反思》，丁德良译，南海出版公司 2010 年版。

［美］本杰明·巴伯：《强势民主》，彭斌等译，吉林人民出版社 1990 年版。

［美］比尔·盖茨：《未来之路》，辜正坤译，北京大学出版社 1996 年版。

［美］道格拉斯·G.诺思：《制度、制度变迁与经济绩效》，杭行译，格

致出版社 2014 年版。

[美] 第默尔·库兰:《偏好伪装的社会后果》,丁振寰、欧阳武译,长春出版社 2005 年版。

[美] 加布里埃尔·A. 阿尔蒙德、西德尼·维巴:《公民文化——五个国家的政治态度和民主制》,徐湘林等译,东方出版社 2008 年版。

[美] 加布里埃尔·A. 阿尔蒙德、小 G. 宾厄姆·鲍威尔:《比较政治学——体系、过程和政策》,曹沛霖等译,东方出版社 2007 年版。

[美] 卡罗尔·佩特曼:《参与和民主理论》,陈尧译,上海人民出版社 2006 年版。

[美] 凯斯·桑斯坦:《网络共和国:网络社会中的民主问题》,黄维明译,上海人民出版社 2003 年版。

[美] 科恩:《论民主》,聂崇信、朱秀贤译,商务印书馆 1988 年版。

[美] 库兰:《偏好伪装的社会后果》,丁振寰、欧阳武译,长春出版社 2005 年版。

[美] 拉扎斯菲尔德:《人民的选择:选民如何在总统选战中做决定》,唐茜译,中国人民大学出版社 2012 年版。

[美] 迈克尔·曼:《社会权力的来源》第 1 卷,刘北成、李少军译,上海人民出版社 2007 年版。

[美] 塞缪尔·P. 亨廷顿:《难以抉择:发展中国家的政治参与》,汪晓寿等译,华夏出版社 1989 年版。

[美] 塞缪尔·亨廷顿:《变动社会中的政治秩序》,张岱云等译,上海译文出版社 1989 年版。

[美] 托马斯·R. 戴伊:《理解公共政策》,谢明译,中国人民大学出版社 2010 年版。

[美] 约翰·克莱顿·托马斯:《公共决策中的公民参与》,孙柏瑛等译,中国人民大学出版社 2014 年版。

[美] 詹姆斯·E. 安德森:《公共决策》,唐亮译,华夏出版社 1990 年版。

[美] 珍妮特·登哈特、罗伯特·登哈特:《新公共服务:服务,而不是掌舵》,丁煌译,中国人民大学出版社 2004 年版。

[日] 蒲岛郁夫:《政治参与》,解丽丽译,经济日报出版社 1989 年版。

［英］阿瑟·刘易斯：《经济增长理论》，梁晓明译，上海人民出版社 1994
年版。

［英］拉尔夫·密利本德：《马克思主义与政治学》，黄子都译，商务印书
馆 1984 年版。

［英］詹姆斯·柯兰、娜塔莉·芬顿、德斯·弗里德曼：《互联网的误
读》，何道宽译，中国人民大学出版社 2014 年版。

三 中文期刊文献

陈柏峰：《当代传媒的政治性及其法律规制》，《法制与社会发展》2017 年
第 3 期。

陈春彦：《互联网促进公民参与决策的"有限性"——以"2014 年假日安
排为例"》，《今传媒》2015 年第 8 期。

陈福平：《跨越参与鸿沟：数字不平等下的在线政治参与》，《公共行政评
论》2013 年第 4 期。

陈娇娥、王国华：《网络时代政策议程设置机制研究》，《中国行政管理》
2013 年第 1 期。

陈剩勇、卢志朋：《互联网平台企业的网络垄断与公民隐私保护——兼论
互联网时代公民隐私权的新发展与维权困境》，《学术界》2018 年第
7 期。

陈剩勇、卢志朋：《信息技术革命、公共治理转型与治道变革》，《公共管
理与政策评论》2019 年第 1 期。

陈振明、李东云：《"政治参与"概念辨析》，《东南学术》2008 年第
4 期。

成俊会、张思等：《基于 SNA 的社会热点事件微博舆情阶段性传播网络的
结构分析——以"于欢案"为例》，《管理评论》2019 年第 3 期。

崔鹏、张巍等：《突发公共事件网络舆情演化及政府应对研究》，《现代情
报》2018 年第 2 期。

邓喆、孟庆国：《自媒体的议程设置：公共政策形成的新路径》，《公共管
理学报》2016 年第 2 期。

范燕宁、赵伟：《中国网络公共领域的两面性及网络秩序的合理构建》，
《湖南社会科学》2014 年第 6 期。

桂勇、李秀玫等：《网络极端情绪人群的类型及其政治与社会意涵：基于中国网络社会心态调查数据（2014）的实证研究》，《社会》2015 年第5 期。

郭韧、陈福集等：《移动网络对网络舆情演化的影响研究》，《情报杂志》2015 年第 7 期。

郭小安：《网络政治参与和政治稳定》，《理论探索》2008 年第 3 期。

韩晓宁、王军：《网络政治参与的心理因素及其影响机制探究》，《新闻大学》2018 年第 2 期。

何植民：《网络参与政策问题建构的社会条件审视》，《行政论坛》2017 年第 6 期。

何志武：《打开决策"黑箱"：大众媒介参与公共决策转化的核心环节》，《新闻大学》2008 年第 1 期。

胡改丽、陈婷等：《新媒体视角下网络热点事件信息传播结构及模型研究》，《图书馆杂志》2016 年第 10 期。

胡荣：《社会资本与城市居民的政治参与》，《社会学研究》2008 年第5 期。

黄春莹、孙萍：《公民网络政治参与的内涵界定与行为识别》，《理论导刊》2016 年第 3 期。

黄少华：《社会资本对网络政治参与行为的影响——对天津、长沙、西安、兰州四城市居民的调查分析》，《社会学评论》2018 年第 2 期。

黄少华：《网络公民参与：一个基于文献的概念梳理》，《中共杭州市委党校学报》2015 年第 1 期。

黄扬、李伟权：《网络舆情推动下的网约车规制政策变迁逻辑》，《情报杂志》2018 年第 8 期。

李洁、韩啸：《公民自愿、技术接受与网络参与：基于结构方程模型的实证研究》，《情报杂志》2019 年第 2 期。

李明德、张玥等：《2014—2017 年雾霾网络舆情现状特征及发展态势研究——以新浪微博的内容与数据为例》，《情报杂志》2018 年第 12 期。

李一：《网络行为：一个网络社会学概念的简要分析》，《兰州大学学报》（社会科学版）2006 年第 5 期。

李永刚：《中国互联网上的民意表达》，《二十一世纪评论》2009 年第

4 期。

刘敬、杜洁：《媒体融合下网络公共领域的理性缺失》，《传媒论坛》2019
年第 2 期。

卢家银：《社交媒体对青年政治参与的影响及网络规制的调节作用——基
于大陆九所高校大学生的调查研究》，《国际新闻界》2018 年第 8 期。

吕姝凝、朱旭峰：《技术资源、政府资源与专家学者在群体性事件中的角
色——以大庆市铝制品项目事件为例》，《公共管理与政策评论》2019
年第 1 期。

罗婧：《动员还是弱化：媒体使用对公众选举参与的影响机制——以贵州
省安顺市为例》，《云南行政学院学报》2018 年第 3 期。

马亮：《大数据治理：地方政府准备好了吗？》，《电子政务》2017 年第
1 期。

马亮：《政务短视频的现状、挑战与前景》，《电子政务》2019 年第 7 期。

孟天广、季程远：《重访数字民主：互联网介入与网络政治参与——基于
列举实验的发现》，《清华大学学报》（哲学社会科学版）2016 年第
4 期。

孟天广、赵娟：《网络驱动的回应性政府：网络问政的制度扩散及运行模
式》，《上海行政学院学报》2018 年第 3 期。

孟天广、郑思尧：《信息、传播与影响：网络治理中的政府新媒体——结
合大数据与小数据分析的探索》，《公共行政评论》2017 年第 10 期。

钱再见、董明牛：《黑箱何以打开？——公共决策权力运行公开化的路径
研究》，《学习论坛》2018 年第 6 期。

邱雨：《网络时代公共领域的解构危机》，《求实》2019 年第 3 期。

邱泽奇、袁东明：《弥合数字鸿沟　促进数字红利普惠大众》，《中国经济
时报》2019 年 10 月 14 日。

《三大运营商公布提速降费成绩单》，《经济参考报》2019 年 7 月 30 日。

孙彩虹：《公民参与城市政府公共政策的实证研究——基于五个城市政府
网站数据的分析》，《行政论坛》2018 年第 1 期。

汤景泰：《论新媒体语境下公共决策中的民意沟通》，《暨南学报》（哲学
社会科学版）2013 年第 8 期。

唐任伍、张伟群等：《管理主义行为的价值迷思及其矫正》，《中国行政管

理》2016 年第 1 期。

唐亚林：《网络政治空间与公民政治参与》，《文汇报》2009 年 3 月 17 日。

王程韡：《从信息鸿沟到虚拟见证：网络公共领域何以可能》，《科学与社会》2012 年第 3 期。

王巨新：《加强新时期网上信访工作》，《经济与社会发展》2010 年第 5 期。

王丽娜、马得勇：《新媒体时代媒体的可信度分析——以中国网民为对象的实证研究》，《武汉大学学报》（人文科学版）2016 年第 1 期。

王美文：《公共政策网络民意参与的困境与对策》，《当代世界与社会主义》2011 年第 5 期。

王美文：《网络众意条件下公共决策机制优化路径探析》，《国家行政学院学报》2011 年第 6 期。

王绍光：《中国公共政策议程设置的模式》，《中国社会科学》2006 年第 5 期。

王维佳：《追问"新闻专业主义迷思"》，《新闻记者》2014 年第 2 期。

王锡锌、章永乐：《专家、大众与知识的运用——行政规则制定过程的一个分析框架》，《中国社会科学》2003 年第 3 期。

王向民：《网络暴政：蒙面人的自由行动》，《探索与争鸣》2010 年第 6 期。

《网络舆论成为"公开的内参"，民意汇进中南海》，《半月谈》2004 年 4 月 10 日。

文宏：《网络群体性事件中舆情导向与政府回应的逻辑互动——基于"雪乡"事件大数据的情感分析》，《政治学研究》2019 年第 1 期。

翁士洪、叶笑云：《网络参与下地方政府决策回应的逻辑分析——以宁波 PX 事件为例》，《公共管理学报》2013 年第 4 期。

翁士洪、张云：《公共议程设置中微博舆情互动的社会网络分析》，《武汉大学学报》（人文科学版）2016 年第 1 期。

武俊斌：《网络政治参与的内涵、价值与限度分析》，《黑龙江社会科学》2015 年第 1 期。

习近平：《推进党的建设新的伟大工程要一以贯之》，《求是》2019 年第 19 期。

肖唐镖、易申波：《当代我国大陆公民政治参与的变迁与类型学特点——基于 2002 与 2011 年两波全国抽样调查的分析》，《政治学研究》2016 年第 5 期。

谢立中：《哈贝马斯的“沟通有效性理论”：前提或限制》，《北京大学学报》（哲学社会科学版）2014 年第 5 期。

熊光清：《网络公共领域的兴起与话语民主的新发展》，《中国人民大学学报》2014 年第 5 期。

熊光清：《中国网络民主中的多数暴政问题分析》，《社会科学》2011 年第 3 期。

熊光清：《中国网络政治参与的形式、特征及影响》，《当代世界与社会主义》2017 年第 3 期。

许国贤：《商议式民主与民主想象》，《政治科学论丛》2000 年第 13 期。

许鑫：《网络公共事件政府回应的现状、问题与策略》，《情报杂志》2016 年第 7 期。

薛可、余来辉等：《公共危机传播中社交媒体用户的参与动机与行为研究》，《新闻界》2017 年第 9 期。

杨立华：《学者型治理：集体行动的第四种模型》，《中国行政管理》2007 年第 1 期。

杨伟民、吴显庆：《论网络政治在我国的建立和发展》，《学习与探索》2004 年第 5 期。

杨妍：《自媒体时代政府如何应对微博传播中的“塔西佗陷阱”》，《中国行政管理》2012 年第 5 期。

于建嵘：《当前压力维稳的困境与出路——再论中国社会的刚性稳定》，《探索与争鸣》2012 年第 9 期。

虞铭明、朱德米：《环境群体性事件的网络舆情扩散动力学机制分析——以“昆明 PX 事件”为例》，《情报杂志》2015 年第 8 期。

郁建兴、刘大志：《互联网与中国公民社会研究：反思与展望》，《哲学研究》2011 年第 5 期。

张爱军、张媛：《网络协商民主的实践优势、困境及其化解》，《江淮论坛》2019 年第 4 期。

张会平、吴帅磊等：《政策制定过程中不同层次网络参与行为的影响因素研究》，《电子政务》2017 年第 1 期。

张亮、邹旭怡：《当下中国的网络公共领域：形态、成因与秩序建构》，《武汉理工大学学报》（社会科学版）2014 年第 6 期。

张宁、唐嘉仪：《社交媒体、网民心态与网络非制度化政治参与——以微博为例的实证研究》，《新闻与传播评论》2018 年第 2 期。

张尚仁：《网络问政——公共管理的创新形式》，《云南社会科学》2010 年第 3 期。

张伟：《刍议政治参与理论》，《学习时报》2005 年 5 月 18 日。

赵静、薛澜：《回应式议程设置模式——基于中国公共政策转型一类案例的分析》，《政治学研究》2017 年第 3 期。

郑磊、高丰：《中国开放政府数据平台研究：框架、现状与建议》，《电子政务》2015 年第 7 期。

周志忍：《群众参与的动力何在》，《人民论坛》2008 年第 6 期。

朱旭峰、田君：《知识与中国公共政策的议程设置：一个实证研究》，《中国行政管理》2008 年第 6 期。

四　外文著作及期刊文献

Alvin Toffler, *Previews & Premises: An Interview with the Author of Future Shock and the Third Wave*, 1st ed. , New York: W. Morrow, 1983.

Arnstein S. R. , "A ladder of citizen participation", *Journal of the American Institute of Planners*, Vol. 35, No. 3, 1969.

Ashley E. , and Xiao Qiang, "Digital communication and political change in China", *International Journal of Communication*, No. 5, 2011.

Ashley E. , and Xiao Qiang, "Political expression in the Chinese blogosphere", *Asian Survey*, Vol. 48, No. 5, 2008.

Bakshy E. , Messing S. , Adamic L. A. , "Exposure to Ideologically Diverse News and Opinion on Facebook", *Science*, Vol. 348, No. 6263, 2015.

Barnes W. B. and Williams B. N. , "Appling technology to enhance citizen engagement with city and county government", In Schachter H. L. and Yang K, *The state of citizen participation in America*, *Charlotte*, NC: Information Age Publishing Inc, 2012.

Barros S. A. R. and Sampaio R. C. , "Do citizens trust electronic participatory budgeting? Public expression in online forums as an evaluation method in Belo Horizonte", *Policy & Internet*, Vol. 8, No. 3, 2016.

Battaglini M, "Public protests and policy making", *Quarterly Journal of Economics*", Vol. 132, No. 1, 2017.

Bimber B. A. , *Digital Media and Citizenship*, *Sage Handbook of Political Communication*, HA Simetko, M Scammell, Thousand Oaks, CA: Sage, 2012.

Brundidge J. , "Encountering 'difference' in the contemporary public sphere: The contribution of the Internet to the heterogeneity of political discussion networks", *Journal of Communication*, Vol. 60, No. 4, 2010.

Calhoun C. , "Civil society and the public sphere. In: Edwards, Michael", *The Oxford Handbook of Civil Society*, NY, USA: Oxford University Press, 2013.

Castells M. , Networks of outrage and hope: *Social movement in the Internet age*, Cambridge: John Wiley & Sons, 2013.

Chong D. , Druckman J. N. , "Framing theory", Annu. Rev. *Political Science*, No. 10, 2007.

Cliff Z. , *A New Engagement Political Participation*, *Civic Life*, *and the Changing American citizen*, New York: Oxford University Press, 2006.

Cohen Bernard, *The Press and Foreign Policy*, Princeton: Princeton University Press, 1963.

College of St George, *Democracy in a Post-Truth Information Age: Background Paper*.

Dahlberg L. , "The Internet and democratic discourse: Exploring the prospects of online deliberative forums extending the public sphere", *Information, Communication & Society*, Vol. 4, No. 4, 2001.

Dahlgren, "The internet, Public spheres, and Political communication: Dispersion and deliberation", *Political Communication*, Vol. 22, No. 2, 2005.

Dahl R. A. , *Democracy and Its Critics*, New Haven, CT: Yale University Press, 1989.

Damm J. , "The Internet and the Fragmentation of Chinese Society", *Critical Asian Studies*, Vol. 39, No. 2, 2007.

Davis R. , The web of politics: *The Internet's Impact on the American Political System*, New York: Oxford University Press, 1999.

Deb A. , Donohue S. and Glaisyer T. , "Is Social Media a Threat to Democracy?" *Omidyar Group*, 2017.

Druckman J. N. and Nelson K. R. , "Framing and deliberation: How citizens' conversations limit elite influence", *American Journal of Political Science*, Vol. 47, No. 4, 2003.

Evgeny Morozov, *The Net Delusion: The Dark Side of Internet Freedom*, New York: PublicAffairs, 2011.

Farkas J. and Schou J. , "Fake News as a Floating Signifier: Hegemony, Antagonism and the Politics of Falsehood", *Javnost-The Public*, Vol. 25, No. 3, 2018.

Fuchs C. and Trottier D. , "Internet surveillance after Snowden, A critical empirical study of computer experts' attitudes on commercial and state surveillance of the Internet and social media post-Edward Snowden", *Journal of Information, Communication and Ethics in Society*, Vol. 15, No. 4, 2017.

Fukuyama F, The emergence of a Post-fact world, *Project Syndicate*, 2017, Jan 12, https://www. project-syndicate. org/onpoint/the-emergence-of-a-post-fact-world-by-francis-fukuyama – 2017 – 01.

Gabore S. M. and Deng X. J. , "Opinion formation in social media: The influence of online new dissemination of Facebook posts", *Communication, Cultural, Journalism and Media Studies*, 2018.

Ghosh D. and Scott B. , *The Technologies Behind Precision Propaganda on the Internet*, 2018.

Glynn C. J. , Herbst S. H. , Lindeman M. et al. , *Stereotyping, Social Norms, and Public Opinion, Public Opinion*, New York, NY: Routledge, 2016.

Hofstede G. , *Culture's Consequences: International Differences in Work-Related Values*, Beverly Hills: Sage, 1980.

Holcomb J. and Mitchell A. , "Investigative journalists and digital security",

Pew Research Center, 2015.

J. S. Mill, *Essays on Politics and Culture*, Himmelfarb G. ed. , New York, 1963.

Karl Deutsch, *The Nerves of Government*: *Model of Political Communication and Control*, New York: Eastern University Press, 2004.

Kim Veltman, *Understanding New Media*: *Augmented Knowledge and Culture*, Calgary: University of Calgary Press, 2006.

King G. , Pan J. and Roberts M. E. , "How censorship in China allows government criticism but silences collective expression", *American Political Science Review*, Vol. 107, No. 2, 2013.

King G. , R. O. Keohane & S. Verba, *Designing Social Inquiry*: *Scientific Inference in Qualitative Research*, Princeton University Press, 1994.

LidénG. , "Inequality in local digital politics: How different preconditions for citizen engagement can be explained", *Policy & Internet*, Vol. 8, No. 3, 2016.

Li H. and Sakamoto Y. , "Social impacts in social media: An examination of perceived truthfulness and sharing of information", *Computers in Human Behavior*, Vol. 41, 2014.

Li Y. , Ma S. , Zhang Y. H. and Huang R. H. , "An improved mix framework for opinion leader identification in online learning communities", *Knowledge-Based Systems*, Vol. 43, 2013.

Macintosh, A. and Whyte A. , "Towards an evaluation framework for e-participation", *Transforming Government*: *People*, *Process & Policy*, Vol. 2, No. 1, 2008.

McPherson M. , Smith-Lovin L. and Cook J. M. , "Birds of a feather: homophily in social networks", *Annual Review of Sociology*, 2001.

Medaglia R. , "e-Participation research: Moving characterization forward (2006 – 2011)", *Government Information Quarterly*, Vol. 29, 2012.

Miller C. , *The Rise of Digital Politics*, London: Demos, 2016.

Miller C. , Xenos M. , Vromen A. and Loader B. D. , "The great equalizer? Patterns of social media use and youth political engagement in three advanced democracies", *Information, Communication & Society*, Vol. 17, No. 2, 2014.

Mossberger K. , Tolbert C. J. and Stansbury M. et al. , *Virtual Inequality: Beyond the Digital Divide*, Washington D. C. : Georgetown University Press, 2003.

National Research Council and NRenaissance Committee. *Realizing the Information Future—The Internet and Beyond*, Washington D. C. : National Academy Press, 1994.

Obo U. B. , Eteng F. O. and Coker M. A. "Public opinion and the public policy making process in Nigeria: A critical assessment", *Canadian Social Science*, Vol. 10, No. 5, 2014.

OECD, *Open Government: Fostering Dialogue with Civil Society*, Paris: OECD, 2003.

Papacharissi Z. , "The virtual sphere: The Internet as a public sphere", *New Media & Society*, Vol. 4, No. 1, 2002.

Pariser E. , *The Filter Bubble: How the New Personalized Web is Changing What we Read and How we Think*, New York, NY: Penguin, 2011.

Park C. S. , "Does Twitter motive involvement in politics? Tweeting, Opinion leadership and political engagement", *Computers in Human Behavior*, Vol. 29, 2013.

Prensky M. , "Digital Natives, Digital Immigrants", *On the Horizon*, Vol. 9, No. 5, 2001.

Putnam R. D. , *Bowling Alone: The Collapse and Revival of American Community*, New York: Simon & Schuster, 2001.

Putnam R. D. , Leonardi R. and Raffaella Y. N. , *Making Democracy Work: Civic traditions in Modern Italy*, Princeton University Press, 1994.

Schachter H. L. and Yang K, *The state of citizen participation in America*, Charlotte, NC: Information Age Publishing Inc, 2012.

Shah D. V. , Jaeho C. , Eveland J. R. , William P. and Nojin K. , "Information and expression in a digital age: Modeling Internet effects on civic participation", *Communication Research*, Vol. 32, No. 5, 2005.

Shao D. L. , Stevenson R. L. and Hamm B. J, "Agenda setting theory and public opinion studies in a post-mass media age", *International Journal of Public Opinion Research*, 2001.

Shaw, Donald L. and Maxwell E. McCombs, *The Emergence of American Political Issues*, St Paul, MN: West, 1977.

Shi Tianjian, *Political Participation in Beijing*, Harvard University Press, 1997.

Sivarajah U. , Weerakkody V. , Waller P. , et al. "The role of e-participation and open data in evidence-based policy decision making in local government", *Journal of Organization Computing and Electronic Commerce*, Vol. 26, No. 2, 2016.

Sohn D. Y. , "Coping with information in social media: The effects on network structure and knowledge on perception of information value", *Computers in Human Behavior*, Vol. 32, 2014.

Srnicek N. , *Platform capitalism*, Cambridge, UK: Polity Press, 2017.

Stoycheff E. , "Under surveillance: Examining Facebook's spiral of silence effects in the wake of NSA Internet monitoring", *Journalism & Mass Communication Quarterly*, Vol. 93, 2016.

Stronergalley J. , "New Voices in the Public Sphere: A Comparative Analysis of Interpersonal and Online Political Talk", *Javnost-the Public*, Vol. 9, No. 2, 2002.

Su Z. and Meng T. G. , "Selective Responsiveness: Online Public Demands and Government Responsiveness in Authoritarian China", *Social Science Research*, Vol. 59, 2016.

Theocharis Y. and Lowe W. , "Does Facebook increase political participation? Evidence from a field experiment", *Information, Communication & Society*, Vol. 19, No. 10, 2016.

Tichenor P. A. , Donohue G. A. , Olien C. N. , "Mass media flow and differential growth in knowledge", *Public Opinion Quarterly*, Vol. 34, No. 2, 1970.

U. S. Department of Commerce, National Telecommunications and Information

Administration（NTIA），*Falling Through the Net：A Survey of the Have Nots in Rural and Urban America*，1995.

Vicente，M. R. and Novo，A.，"An empirical analysis of e-participation. The role of social networks and e-government over citizens' online engagement"，*Government Information Quarterly*，Vol. 31，No. 3，2014.

Vosoughi S.，Roy D. and Aral S.，"The Spread of True and False News Online"，*Science*，Vol. 359，No. 6380，2018.

Wei Lu，Yan Yanrong，Knowledge production and political participation：Reconsidering the knowledge gap theory in the Web 2. 0 environment，Information Management and Engineering（ICIME），2010 The 2nd IEEE *International Conference*，2010.

Yang Guobin，"The Internet and civil society in China：A preliminary assessment"，*Journal of Contemporary China*，Vol. 12，No. 36，2003.

Yarchi M.，and Samuel-Azran T.，"Women politicians are more engaging：Male versus female politicians' ability to generate users' engagement on social media during an election campaign"，*Information，Communication & Society*，Vol. 21，No. 7，2018.

Ye Yinjiao，Xu Ping，Zhang Mingxin，"Social media，public discourse and civic engagement in modern China"，*Telematics and Informatics*，Vol. 34，No. 3，2016.

Yin R. K.，*Case Study Research：Design and Methods*，4th ed，London：Sage，2009.

Zou Z.，Qian H. and Zhao K.，"Understanding the field of public affairs through the lens of ranked Ph. D programs in the United States"，*Policy Studies Journal*，Vol. 45，No. 1，2019.

五　网络文献

北京市人民代表大会常务委员会：《公开征求对〈北京市文明行为促进条例（草案征求意见稿）〉意见的通告》，北京人大网，2019 年 10 月 10 日，http：//fuwu. bjrd. gov. cn/rdzw/legislation/draft/front/draft. do？ method = detailDraft&_draftId = 20191900000156.

法制日报:《国家信访局网上信访量超过半数》,新华网,2018 年 7 月 27 日,http://www. xinhuanet. com/legal/2018 – 07/27/c_129921519. htm.

法制日报:《中国首部疫苗管理法:用最严制度维护人民身体健康》,新华网,2019 年 7 月 2 日,http://www. xinhuanet. com/politics/2019 – 07/02/c_1124696747. htm.

凤凰卫视:《媒体盘点雾霾带来的五大意外收获惊呆小伙伴》,凤凰网,2013 年 12 月 11 日,http://phtv. ifeng. com/program/zbjsj/detail_2013_12/11/32024045_0. shtml.

国家信访局:《王学军赴四川广西调研网上信访试点工作进展情况》,中国政府网,2007 年 9 月 13 日,http://www. gov. cn/zfjs/2007 – 09/13/content_747580. htm.

国家信访局:《中共中央办公厅国务院办公厅印发〈关于创新群众工作方法解决信访突出问题的意见〉》,国家信访局网站,2014 年 2 月 25 日,http://www. gjxfj. gov. cn/gjxfj/news/xwfb/webinfo/2016/03/1460416226540253. htm.

国务院:《重大行政决策程序暂行条例》,中国政府网,2019 年 5 月 8 日,http://www. gov. cn/zhengce/content/2019 – 05/08/content _ 5389670. htm.

国务院办公厅:《国务院办公厅关于推进政务新媒体健康有序发展的意见》,中国政府网,2018 年 12 月 27 日,http://www. gov. cn/zhengce/content/2018 – 12/27/content_5352666. htm.

国务院办公厅:《国务院办公厅关于在政务公开工作中进一步做好政务舆情回应的通知》,中国政府网,2016 年 8 月 12 日,http://www. gov. cn/zhengce/content/2016 – 08/12/content_5099138. htm.

国务院法制办:《国务院法制办公室关于公布〈国有土地上房屋征收与补偿条例(第二次公开征求意见稿)〉公开征求意见的通知》,中国政府网,2010 年 12 月 15 日,http://www. gov. cn/gzdt/2010 – 12/15/content _ 1766386. htm.

河南商报:《限行首日,郑州 6154 辆车闯限行被罚 同一天违规多次上路,不是只罚一次!》,搜狐网,2017 年 12 月 4 日,http://www. so-hu. com/a/208419356_ 99965877.

《两高发布关于办理网络诽谤等刑事案件适用法律若干问题的解释》，中华人民共和国最高人民检察院，2013 年 9 月 10 日，http：//www.spp. gov. cn/zdgz/201309/t20130910_62417. shtml.

马亮：《16000＋家政务机构入驻！"政务抖音号"凭啥异军崛起》，载微信公众号《网络传播杂志》2019 年 9 月 14 日。

人民日报：《国内首次网上立法听证会四成网民意见被采纳》，新浪财经，2005 年 12 月 28 日，http：//finance. sina. com. cn/g/20051228/075922 33022. shtml.

《深圳市法制办：微信听证新形式，开门立法新尝试》，广东省法制办，2016 年 5 月 6 日，http：//zffz. gdsf. gov. cn/sofpro/otherproject/text/content. jsp？info_id = 13540.

生态环境部：《专家解读〈环境空气质量标准〉修改单》，生态环境部网站，2018 年 7 月 21 日，http：//www. mee. gov. cn/gkml/sthjbgw/qt/201 807/t20180721_447045. htm.

首都文明办：《北京市促进文明行为社会问卷调查全面启动》，首都文明网，2019 年 8 月 5 日，http：//www. bjwmb. gov. cn/xxgk/xcjy/t201908 05_944039. htm.

新华社：《北京开通网上"市长信箱"信访工作进入新阶段》，中国政府网，2005 年 12 月 26 日，http：//www. gov. cn/jrzg/2005 – 12/26/content _ 137220. htm.

新华社：《发展改革委：新医改方案征求意见收到3.5 万条反馈》，中国政府网，2008 年 11 月 15 日，http：//www. gov. cn/jrzg/2008 – 11/15/content_1150149. htm.

新华网：《浙江微博直播立法听证会》，新华网，2012 年 12 月 6 日，http：//www. xinhuanet. com//politics/2012 – 12/06/c_113933412. htm.

新京报：《向雾霾宣战 北京超常规手段治理大气》，新华网，2019 年 2 月 26 日，http：//www. xinhuanet. com/energy/2019 – 02/26/c_1124163433. htm.

新民周刊：《中国 PM2.5 标准来了》，新浪网，2011 年 11 月 23 日，http：//news. sina. com. cn/c/2011 – 11 – 23/133923512606_3. shtml.

蚁坊软件：《重庆公交车坠江事故》，2018 年 11 月 9 日，https：//www.

eefung. com/hot-report/20181109142755.

郑永年：《互联网与新型专制的抉择》，华南理工大学公共政策研究院，2019 年 9 月 13 日，http：//ipp. org. cn/index. php/home/blog/single/id/452. html.

《政府网站瘦身：严重问题网站关停上移 2 年砍掉 5 万个》，新华网，2017 年 7 月 19 日，http：//www. xinhuanet. com//politics/2017 – 07/19/c_1121341075_2. htm.

《中共中央关于加强社会主义协商民主建设的意见》，新华网，2015 年 2 月 9 日，http：// news. xinhuanet. com/2015 – 02/09/c_1114310670. htm.

中国花卉协会：《中国花卉协会关于国花网上民意调查情况的通报》，国家林业和草原局网站，2019 年 7 月 23 日，http：//www. forestry. gov. cn/hhxh/276/20190723/101232868167560. html.

中华人民共和国中央人民政府：《中华人民共和国 2017 年国民经济和社会发展统计公报》，中国政府网，2018 年 2 月 28 日，http：//www. gov. cn/xinwen/2018 – 02/28/content_5269506. htm.

《专家解读：不公布 PM2. 5 数据是很正常的事情》，观察者网，2011 年 12 月 9 日，https：//www. guancha. cn/ZhangRui/2011_12_09_125630. shtml.

最高人民法院、最高人民检察院、公安部：《关于惩治妨害公共交通工具安全驾驶行为的意见》，最高人民法院网站，2019 年 1 月 10 日，http：//www. court. gov. cn/zixun-xiangqing – 138641. html.

后　　记

　　本书是本人主持的国家社会科学基金一般项目"新媒体环境下公民有效参与公共决策制度建设研究"的最终成果。2014 年，本人在以往长期关注和积累的基础上，申报并成功获批了此项研究课题。此后历经 5个寒暑，课题于 2019 年年底顺利结项。在此期间，课题组成员广泛查阅收集文献资料，不断召开会议，反复修订研究方案，研讨课题大纲。同时课题组成员也多次参加相关主题的学术会议，汲取学术研究的新鲜资源和养分；多次赴省内外开展社会调研，获取第一手的现实案例和材料。此外，本人 2018 年获得国家留学基金委资助，赴美国普渡大学担任为期1 年的访问学者，在美期间也收集了许多外文的文献资料，直接观察了美国社区基层的公民参与状况。回国后课题组成员进一步切磋研究内容，分工合作，撰写结项成果，并不断修改完善，终于完成了研究课题。

　　在诸多公共管理和公共事务的研究领域中，本人之所以选择这一研究选题，主要有以下两个方面的考虑：

　　第一个是中国时代发展的需要。中国改革开放以来在民主发展模式上，大体上是选举式民主和参与式民主齐头并进的局面。然而随着国内外形势的变化，这一态势在 21 世纪第二个十年发生了变化，党和政府更加强调大力发展参与式民主，对发展选举式民主十分审慎。这从官方对发展社会主义协商民主的重视和强调中可见一斑。而公民参与公共决策或公民政治参与是社会主义协商民主的主要表现形式之一。在发展协商民主的路径或途径上，我们党提出，"加强协商民主制度建设，形成完整的制度程序和参与实践，保证人民在日常政治生活中有广泛持续深入参与的权利"。因此，我们的研究关注和聚焦于公民参与公共决策问题，并以制度建设作为思考的落脚点和归宿。

第二个是走出现实困境的需要。当前，中国党和政府虽然十分重视公民参与各级政府的公共决策，大力开展和推进这些工作，但现实中各领域的参与活动往往存在着各种问题，遇到了各种体制制度的、观念文化的尤其是地方和基层政府层面的障碍和阻力，处于实际进展缓慢的状态。然而，以互联网为代表的新媒体的出现，彻底改变了这种局面。新媒体与传统媒体密切配合、紧密合作，极大地促进了公民参与公共决策的扩大和发展。然而，新媒体在发挥对公民参与公共决策的激活效应的同时，也带来了一些新的问题。这些问题一言以蔽之，就是公民不能有效参与或参与的有效性问题。这里的有效性是政策科学视角下的有效性，而非政府官员或公民一方的有效性。

因此，本书的关注点和主旨是，在新媒体环境下，如何通过制度建设途径来提升公民参与公共决策的有效性，同时又保障公民参与权利的实现，从而实现各级政府公共决策的科学化和民主化。虽然公民参与权利的实现和公民参与的有效性之间存在一定的张力，但本书认为，通过对新媒体环境下公民参与公共决策的制度创新和制度建设，可以在政府的主导权、决定权和公民的参与权、制约权之间取得平衡，从而很大程度上消解公民参与权利和公民参与公共决策有效性之间的张力，提升和增强公民参与的有效性，实现新媒体环境下公民有效参与公共决策。由此，本书的学术价值在于，在大力加强和推进社会主义协商民主的背景下，为新媒体环境下公民有效参与公共决策提供了一种理论依据和分析框架，为公民参与各级政府公共决策有效性的提升提供了一种分析视角和对策思路。

作为国家社科基金课题的结项成果，本书由课题主持人李占乐提出研究思路，经课题组成员讨论拟定写作大纲、明确任务分工，初稿完成后又进行分头和交叉阅读修改，最后由李占乐统稿定稿。具体任务分工和承担的任务如下：李占乐负责第一、二、三、六、七、八章的写作；郑州航空工业管理学院魏楠博士负责第四、五章的写作；本人指导的3位硕士研究生时鑫、王珂、张燕承担了文献资料收集整理的工作。同时，时鑫负责第一、二、三章的修改校对工作；王珂负责第四、五、六章的修改校对工作；张燕负责第七、八章和参考文献的修改、整理和校对工作。

在本书成书付梓之际，本人要向所有对课题的研究结项和本书的写作出版提供支持帮助的人表示衷心的感谢。感谢郑州大学社科处的老师特别是周倩处长以及政治与公共管理学院的领导对课题研究提供的便利条件与支持；还要感谢学院的好友兼同事——孙发锋和何欣峰两位老师，他们为书稿写作提出了宝贵的意见和建议；特别要感谢郑州大学公共管理学科带头人郑志龙教授，他尽管事务繁忙，慨然应允为本书的出版作序。此外，还要感谢我可爱的研究生们，她们承担了大量最琐碎而基础的工作，和她们的每一次交流其实也是我的一次提升和学习。祝愿她们在未来的人生里前程似锦。

本书得以顺利出版，还要感谢中国社会科学出版社的编辑老师们，尤其是本书的责任编辑孔继萍老师。他们给本书的修改完善提出了许多有价值的意见，为本书的出版付出了大量的辛勤工作，他们认真严谨的态度、坦诚负责的工作热忱和无私奉献的精神都令本人十分感动和敬佩。本人再次向他们致以深深的谢意。

新媒体技术的发展日新月异，基于新媒体技术的公民参与也处于迅速的变化发展之中。因此，本书的一些观点和思考可能已经跟不上时代和社会发展的步伐。此外，本书的修改正值新冠肺炎疫情持续之际，在此次新冠肺炎疫情期间，新媒体平台空间公民对公共事务的参与和讨论达到了一个前所未有的范围和高度，但同时也使得公民参与的弊端最大限度地暴露出来。如何对新媒体环境下的公民参与扶持与规范并举，宽严相济，从而兴利除弊，确实是一个高难度的问题。这些最新的思考也没有在书稿中得到充分的反映。总之，本书成书相对仓促，加之水平有限，其中的舛误不妥之处在所难免，恳请各位专家学者和广大读者不吝赐教！

李占乐

2020 年 6 月于郑州大学盛和苑